प्राचीन भारत में यवन

परम पूज्य पिता

स्व. राधेश्याम जी

के चरणों में

प्राचीन भारत में यवन

श्याम बिहारी लाल

अनामिका पब्लिशर्स एंड डिस्ट्रीब्यूटर्स (प्रा.) लिमिटेड
4697/3, 21-ए, अंसारी रोड, दरियागंज, नई दिल्ली 110 002
फोन : 011-2328 1655, 011-2327 0239
फैक्स : 011-2786 8035
E-mail: anamikapublishers@yahoo.co.in

प्रथम संस्करण : 2014

आई.एस.बी.एन. 978-81-7975-605-8

भारत में मुद्रित

अनामिका पब्लिशर्स एंड डिस्ट्रीब्यूटर्स (प्रा.) लिमिटेड, 4697/3, 21-ए, अंसारी रोड, दरियागंज, नई दिल्ली 110 002 द्वारा प्रकाशित। आदिल प्रिंटोग्राफिक्स, दिल्ली 110 092 द्वारा शब्दांकित एवं मुद्रित

अनुक्रम

प्राक्कथन

प्राक्-ऐतिहासिक युग से ही भारत का अनेक विदेशी संस्कृतियों के साथ सम्पर्क रहा है। किश, लगश, सूसा, उर और तैल-असमॅर से प्राप्त सैन्धव युगीन मुद्राओं के आधार पर कहा जा सकता है कि हड़प्पा और पश्चिमी एशिया की सभ्यताओं के मध्य यह सम्पर्क आज से 4000-4500 पूर्व विद्यमान था। लोथल और बहरीन के प्रमाण परस्पर आवागमन की पुष्टि समुद्री मार्ग से भी करते हैं। *बावेरू जातक* के आधार पर यह माना जाता है कि 800-700 ई. पूर्व के लगभग भारतीय व्यापारी फारस की खाड़ी के तटवर्ती मार्ग से बैबिलोनिया की यात्र प्रायः करते थे। पुनश्च यदि *ओल्ड-टेस्टामेंट* में उल्लिखित ओफिर की स्थिति भारत में माना जाना सत्य है, तब भारत और जूडिया के मध्य व्यापारिक संबंधों को सोलोमॅन के काल (दसवीं शताब्दी ई.पू.) में रखा जा सकता है।

बाह्य सम्पर्कों की निरंतरता बनी रहने के परिणामस्वरूप अनेक बाह्य जातियों का आगमन भारत में अत्यंत प्राचीन समय से होता रहा। भारतीय और विदेशी जातियों के मध्य सांस्कृतिक आदान-प्रदान से इस देश में मिली-जुली अनेक संस्कृतियों का विकास हुआ। किसी एक का वर्चस्व रहा हो, ऐसा भारत के इतिहास में कभी नहीं हुआ। संयुक्त राष्ट्र अमेरिका, ब्रिटेन, आस्ट्रेलिया, कनाडा आदि देशों में भी इस समय बहु संस्कृतियों का उदय हो रहा है, किन्तु वहां यह वर्तमान युग की देन है, जबकि 'मल्टी कल्चरिलज्म' भारत में कोई नई चीज नहीं है। सभ्यता के प्रारम्भ से ही इसका यहां अस्तित्व रहा है। आज से लगभग 5000 वर्ष पूर्व जब नगरों की स्थापना यहां प्रथम बार कांस्य युगीन सिंधु घाटी की सभ्यता में हुई थी, उस युग तक में हमें प्रोटो-ऑस्ट्रोलॉयड, भूमध्य सागरीय, अल्पाइन और मंगोल नस्ल के लोगों के अवशेष एक साथ मिलते हैं। यह विभिन्न तत्वों के परस्पर मिश्रण का ही परिणाम था जिसे

सिंधु संस्कृति की प्रगति का श्रेय दिया जा सकता है। सिंधु संस्कृति के निवासियों का एक लंबा संपर्क जब नॉर्डिक इण्डो-आर्य के साथ स्थापित हुआ, तब इस देश में नवीन व्रात्य परम्परा ने जन्म लिया।

यह बिना किसी संदेह के कहा जा सकता है कि अरबों, तुर्कों और अफगानों के आगमन बहुत पहले ही इस देश में लगभग अनेक बाह्य जातियां सभी कोनों में छा गयी थीं। ईरानी उत्तर भारत में थे। यूनानी क्रिया-कलापों का केन्द्र मुख्यतः पश्चिमोत्तर और पश्चिमी भारत में था। मध्य एशिया से आने वाले आक्रमणकारी सीथियन, कुषाण, हूण, गुर्जर और शूलिक भारत के लगभग सभी भागों में फैल गये थे। सीथियनों से जुड़े मुरुंडों का आधिपत्य तो कुछ समय पाटलिपुत्र तक में रहा। मध्य एशिया मूल के आभीर, जो मुख्यतः पश्चिमी भारत में थे, दक्षिण में कोंकण तक आ गए थे। इसी प्रकार पूर्वोत्तर भारत में असम-म्यांमार के मार्ग से तथा उत्तर में भूटान, तिब्बत और नेपाल के मार्ग से अनेक मंगोल जातियों का भारत में प्रवेश हुआ। दक्षिण में जो बाहरी आगमन हुआ उसके विषय में सूचनाएं अत्यन्त है।

प्राचीन भारत में बाहर से आने वाली इन जातियों में सर्वाधिक महत्वपूर्ण स्थान यूनानियों को दिया जाता है। संस्कृत में यूनानियों के लिए 'यवन' तथा 'पालि' में योन शब्द का प्रयोग किया गया है। प्रारंभ में केवल यूनानियों के लिए प्रयुक्त किया जाने वाला यह शब्द धीरे-धीरे पश्चिम की ओर से आने वाले सभी विदेशियों के लिए किया जाने लगा। मध्यकाल में मुस्लिमों तक को यवन कहा गया। नेपाल में आज भी मुस्लिमों के लिए यवन शब्द का प्रयोग बहुधा किया जाता है। यह उसी तरह है जैसे वर्तमान समय में बाहर से आये किसी भी गोरे के लिए एक साधारण भारतीय, अंग्रेज शब्द का प्रयोग करता है। जिस प्रकार यूरोप में आज हमारे लिए अंग्रेजों के सर्वाधिक महत्वपूर्ण होने के कारण हम बाहर से आए किसी भी गोरे को अंग्रेज कहने लगे हैं, उसी प्रकार प्राचीन समय में पश्चिम से आने वाले विदेशियों सम्भवतः यूनानियों के सर्वाधिक महत्वपूर्ण होने के कारण 'यवन' शब्द का प्रयोग सभी विदेशी जातियों के लिए किया जाने लगा।

विदेशी होने के कारण वर्ण-जाति व्यवस्था में यवनों को सम्मानित स्थान देना भारतीय समाज के लिए सरल नहीं था। विभिन्न प्राचीन भारतीय ग्रन्थों में यवनों का बहुधा शक, कम्बोज, पह्लव, पारद, वाह्लीक, पुलिन्द, चीन, आभीर, किरात, दरद, हूण, पारसीक, आदि के साथ जोड़कर म्लेच्छ, नीच, वृषल, अराजक, अनाय 'दुष्टविक्रान्त' अधर्मी जैसे विशेषणों का प्रयोग किया गया है, किन्तु धीरे-धीरे स्थिति

बदली। भारतीयों के दृष्टिकोण में परिवर्तन हुआ। यह परिवर्तन विशेष रूप से यवनों के ज्ञान से प्रभावित होने के कारण था। *महाभारत* में यवनों को 'सर्वज्ञ यवनस' अर्थात् सब कुछ जानने वाला माना गया है। वराहमिहिर लिखते हैं कि यूनानी यद्यपि म्लेच्छ हैं, किन्तु नक्षत्र विज्ञान के क्षेत्र में पूर्णज्ञानी होने के कारण वे ऋषियों के समान पूजनीय हैं।

म्लेच्छ हि यवनास्तेषु सम्यक् शास्त्रमिदं स्थितम्।
ऋषिवत्तेऽपि पूज्यन्ते किं पुनर्दैवविद्द्विजः॥

जिस प्रकार भारतीयों ने प्रारम्भ में विदेशियों को म्लेच्छ, बर्बर, अत्याचारी आदि के रूप में देखा, उसी प्रकार प्रारंभिक यूनानी भी विश्व को 'वारवारी' और यूनानी में विभक्त कर यूनानियों को सभ्य तथा 'वारवारी' को असभ्य मानते थे। पुनश्च जैसे यूनानियों के ज्ञान को जानने के पश्चात् भारतीय उन्हें, सम्मान से देखने लगे ठीक उसी प्रकार हेलेनिस्टक युग में यूनानियों ने भी यूनानी और 'वारवारी' के मध्य भेद को समाप्त कर दिया। सिकन्दरिया के पुस्तकालय का अध्यक्ष एरातोस्थैनीज (275-200 ई.पू.) लिखता है कि 'हेलीनैस' (यूनानी) और 'वारवारी' के मध्य भेद स्थापित करने के स्थान पर मानव जाति का विभाजन मानवीय गुणों के आधार पर किया जाना चाहिए, क्योंकि अनेक यूनानी अनैतिक और भ्रष्ट तथा 'वारवारी' नैतिक और सद्गुणी हैं। सभ्य 'वारवारी' में वह सर्वप्रथम भारतीयों तथा तत्पश्चात् क्रमशः रोमन, पारसीकों और कार्थेजों का उल्लेख करता है।

यहां यह ध्यान देने योग्य है कि हेलेनिस्टिक युग में जहां मिस्र, सीरिया, बैक्ट्रिया आदि के यवन शासकों द्वारा अपने इलाकों में यूनानीकरण का वर्चस्व स्थापित करने के लिए सारे प्रयास किए गए वहीं भारतीय भू-भाग में ठीक इसके विपरीत हुआ। प्रो. नारायण ने ठीक ही लिखा है, 'वे यहां आए, उन्होंने देखा और भारत ने उन्हें जीत लिया'। सिकंदर तो आंधी और तूफान की तरह आया और चला गया, किन्तु 'हिन्द-यवन' राजाओं ने भारतीय धर्म, भाषा और रीति-रिवाजों को अपनाया। बौद्ध भिक्षु नागसेन और यूनानी मिलिंद (मीनान्द्रोस) के मध्य बौद्ध दर्शन से संबंधित विभिन्न मुद्दों पर संवाद के रूप में लिखा गया ग्रन्थ *मिलिन्दपञ्ह* बौद्ध धर्म और साहित्य की महत्वपूर्ण कृति मानी जाती है। यूनानी ज्योतिष ग्रन्थ का 'यवन जातकम्' के नाम से संस्कृत में अनुवाद किसी यूनानी ने ही किया होगा। मौर्यों तथा हिन्द-यवनों से लेकर पश्चिमी क्षत्रप शासकों के समय तक भारत में यूनानी भाषा जानने वाले विद्वान, कलाकार, अधिकारी, सैनिक आदि के रूप में विविध क्षेत्रों में विद्यमान थे। हिन्द-यवन

शासकों के युग से कहीं अधिक यूनानी ज्ञान-विज्ञान का प्रभाव कुषाणों और पार्थियन राजाओं के अधीन देखा जा सकता है। यूनानी लेखक फिलेस्त्रतोस (द्वितीय-तृतीय शताब्दी ई.) के अनुसार यात्री अपोलोनिओस एक ऐसे भारतीय गांव में पहुंचा था जहां प्रत्येक व्यक्ति यूनानी भाषा जानता था। भारतीय राजा फ्राउतस ने अपोलोनिओस से यूनानी भाषा में बातचीत की तथा उसे सूचित किया कि यूरीपिडीज कृत नाटक *हैराक्लीदे* उसने पढ़ा है। फ्राउतस की समता पार्थियन शासक गोंडोफर्नीज से की जाती है। कुषाणों के सिक्कों पर यूनानी देवता इलिओस (सूर्य), सेलेनी (चन्द्रमा), हेराक्लीज और हेफास्तोस के अंकित चित्र देखने को मिलते हैं। यूनानी प्रभाव से कुषाणों के समय मूर्तिकला के क्षेत्र में एक विशिष्ट कला परम्परा ने जन्म लिया जिसे गांधार कला की संज्ञा दी जाती है। पेशावर के समीप तक्षशिला में किए गए उत्खनन से पता चलता है कि वहां बसा सिरकप नगर पूर्णतः यूनानी योजना के अनुसार बनाया गया था। उत्तर-पूर्वी अफगानिस्तान में अइ-खानुम के अवशेष प्रकाश में लाए गए हैं। यूनानी ढंग के थिएटर, व्यायामशाला, अक्रोपोलिस, मंदिर, स्तादिओन तथा हेलेनिस्टिक तकनीक और शैली में बनी विभिन्न प्रकार की मूर्तियों से युक्त अइ-खानुम नगर एक पूर्ण यूनानी नगर था। भारतीय सिक्कों के इतिहास में हिन्द-यवन राजाओं द्वारा निर्गत सिक्कों में परवर्ती सभी भारतीय राजवंशों के लिए पूर्ववर्ती नमूने के रूप में कार्य किया। अत्यंत प्राचीन समय से यदि भारतीय सभ्यता की निरंतरता बनी हुई है तो वह इसलिए कि विभिन्न विदेशी जातियों को अपनी सामाजिक व्यवस्था में इस प्रकार समाहित कर लिया, कि उन्हें आज अलग नहीं देखा जा सकता। यवन, शक, पार्थियन, कुषाण, हूण, मंगोल आदि सभी यहाँ घुलमिल गए।

इसमें कोई शक नहीं है कि भारतीयों का जिन यूनानियों से सर्वप्रथम साक्षात्कार हुआ, वह पारसक साम्राज्य के माध्यम से आयोनिया में रहने वाले निवासियों से हुआ। आयोनिया से 'यवन' तथा 'इन्दोस' (सिंधु, इण्डस) से 'इन्दिया' शब्द की उत्पत्ति मानी जाती है। कब 'यवन' शब्द का प्रयोग सभी यूनानियों के लिए तथा कब अन्य विदेशियों के लिए भी प्रयुक्त होना प्रारम्भ हुआ, यह पहेली है। इसके सर्वप्रथम आवश्यकता यह है कि संदर्भों में यवनों का उल्लेख मिलता है, उनका गहन अध्ययन हो। यह हर्ष की बात है कि विभिन्न संदर्भों में यवनों का अध्ययन प्रथम बार इस रचना में किया गया है। डॉ. लाल ने यवन शब्द की उत्पत्ति एवं प्रारम्भिक उल्लेख, यवन, शब्दार्थ परिवर्तन कारक, यवनों के प्रति भारतीय दृष्टिकोण, यवनः सामाजिक सन्दर्भ, यवनों से सम्बद्ध समूह, मध्यदेश में यवन आक्रमण तथा काल यवन जैसे

विषयों का विश्लेषण कर जिस वस्तुनिष्ठता और गंभीरता के साथ किया है, वह प्रशंसनीय है।

इस प्रकार का लिखा गया यह प्रथम ग्रन्थ है। मुझे पूर्ण विश्वास है कि संबंधित क्षेत्र में कार्यरत विद्वानों के अतिरिक्त इतिहास और संस्कृति में सामान्य रूचि रखने वाले सुधी पाठक भी इस ग्रन्थ से लाभान्वित होंगे।

–प्रो. उदय प्रकाश अरोड़ा

प्रस्तावना

मानव-सभ्यता के विकास की गाथा एक ऐतिहासिक कालक्रम में अनेकानेक चेतना संपन्न, मानव समूहों अथवा समाजों के वैचारिक-सांस्कृतिक अवदानों की सम्मिलन-संयोजन के माध्यम से अपना वह समग्रपरक रूपाकर ग्रहण करती है जिसे सारी आंशिकताएं अपनी परस्पर-स्पर्शिताओं के अंतःसूत्रों से विनिर्मित करती है और इस प्रकार मानव-इतिहास के उस वैराट्य का सृजन होता है जो स्पेंगलर के अनुसार कई इतिहासों और कई संस्कृतियों के समुच्चयन में आत्म-लाभ करता है। अंश-समग्र की इस द्वैतात्मकता में अंशों की पारस्परिक समन्विति में सामग्रिकता अपना अस्तित्व अवश्य प्राप्त करती है किंतु इस प्रक्रिया में न तो अंश का सर्वथा विलीनीकरण होता है और न ही उनकी पारस्परिकता का ही लोप होता है। मानव-इतिहास के वैविध्यमूलक सामग्रिक वैराट्य में, इस प्रकार, अलग-अलग देशों अथवा राष्ट्रों का अपना-अपना इतिहास और अपनी-अपनी संस्कृति काल क्रमानुसार अपनी-अपनी प्रभा और प्रतिभा का विकीर्णन करते रहते हैं और मानव-समाज और संस्कृति के बहुरंगी तथा बहुआयामी स्वरूप का निदर्शन करते रहते हैं। प्रत्येक देश अथवा समाज यद्यपि इतिहास की एक स्वतंत्र इकाई होता है तथापि इस प्रकार के दो अथवा अधिक इकाइयों की पारस्परिकता का भी अपना वैशिष्ट्य होता है जो उन दोनों परस्पर संबंधित इकाइयों के अध्ययन में अपनी अनिवार्यता का प्रतिष्ठापन करता है और कतिपय संकेतों, प्रतीकों, कलाचिह्नों अथवा अन्य माध्यमों में अपनी अभिव्यक्ति सत्यापन को संभव बनाता है। प्राचीन भारतीय एवं यूनानी संस्कृति के ऐतिहासिक संबंधों की व्याख्या के संदर्भ में 'यवन' एक ऐसे ही शब्द-प्रतीक के रूप में हमारे सामने आता है जो अपने अर्थ-परिवर्तन और कभी-कभी अर्थ-विपयर्य के द्योतन-संकेतन द्वारा प्राचीन

भारतीय एवं यूनानी संस्कृति के ऐतिहासिक-संबंधों की सुदीर्घ काल यात्रा में ऐसे अनेक रहस्यों को अनावृत्त करता है जो इन दोनों समाजों-संस्कृतियों के विषय में हमारे भ्रमों और शंकाओं का निराकरण करते हुए हमारे ज्ञान को स्पष्ट से स्पष्टतर करते हैं।

कुरुष और दारा महान जैसे शूरवीर यशस्वी सम्राटों द्वारा स्थापित एवं संरक्षित-संवर्धित प्राचीन फारसी ईरानी साम्राज्य के एक विशिष्ट भू-भाग आयोनिया के यूनानी निवासियों के लिए ईरानी भाषा में प्रयुक्त यौना (Uaunna) शब्द से ही कालांतर में संस्कृत शब्द 'यवन' का उद्भव हुआ जो ईरानी/फारसी साम्राज्य के ही एक अन्य प्रांत के उन भारतीय निवासियों, जिनका उल्लेख 'हिंदू' (परवर्ती हिंदू) के रूप में दारा के अभिलेखों में हुआ है, के द्वारा सामान्य रूप से यूनानियों के लिए और तत्पश्चात कतिपय अन्य विदेशी जातियों के लिए किया गया है। तक्षशिला के निकटवर्ती 'शलातुर' क्षेत्र के निवासी आचार्य पाणिनि द्वारा प्रयुक्त 'यवनानी' और 'यवनिका' जैसे शब्दों से पहली बार प्राचीन भारतीयों एवं आयोनियावासियों (यूनानियों) के बीच ऐतिहासिक-सांस्कृतिक संपर्क का क्षीण सा आभास होता है जो आगे चलकर एक विशिष्ट ऐतिहासिक सत्य में रूपायित होता है। एक सत्य यद्यपि यह भी है कि यूनानी ऐतिहासिक स्रोतों और परंपराओं में सिकंदर के भारतीय आक्रमण का जो विशद विवरण यूनानी इतिहास की महत्वपूर्ण गौरवगाथा में रूपांतरित होकर सदियों तक अनुगुंजित होता आया, भारतीय साहित्य एवं ऐतिहासिक परंपराएं उसके विषय में सर्वथा और सर्वदा मौन रही हैं जिसकी व्याख्या और कारण का विवेचन इतिहासकारों की जिज्ञासा और कौतूहल का महत्वपूर्ण आकर्षण-बिंदु रहा है। किंतु इस बात में संदेह की रंचमात्र भी गुंजाइश नहीं है कि कम से कम तृतीय-द्वितीय शताब्दी ई.पू. की ऐतिहासिक कालावधि में 'यवन' प्राचीन भारतीय और यूनानी इतिहास और संस्कृति की सर्वाधिक महत्वपूर्ण ऐतिहासिक कड़ी सिद्ध होता है जो अपने 'हिंद-यवन' पद में इन दोनों देशों के इतिहास और संस्कृति की परस्पर-स्पर्शिता का प्रत्यक्षतः एवं स्पष्टतः संकेतन प्रस्तुत करता है। जिसमें असंदिग्धतः राजनीतिक टकराव के प्रारंभिक दौर के पश्चात सांस्कृतिक मैत्री और सद्भाव के सूत्र भी सकारात्मक अंतर्क्रिया के प्रति प्रवृत्त होते दिखाई देते हैं और इसीलिए 'यवन' म्लेच्छ होते हुए भी ऋषितुल्य बताए जाते हैं और चाहे, वृषल ही सही क्षत्रिय मानकर भारतीय सामाजिक व्यवस्था में सम्मिलित किए जाते रहे हैं। देश, काल और परिस्थितियों के अनुसार यवन की

पहचान निश्चित रूप से प्राचीन भारतीय इतिहास की एक महत्वपूर्ण समस्या रही है और तदनुसार ही प्राचीन भारतीयों का उनके प्रति दृष्टिकोण भी भ्रांतिमूलक रहा है तथापि इसमें कोई संदेह नहीं कि यवन विषयक अध्ययन प्राचीन भारतीय इतिहास और संस्कृति का सर्वाधिक अद्भुत एवं महत्वपूर्ण पक्ष रहा है जिसके बगैर प्राचीन भारत का राजनीतिक एवं सांस्कृतिक इतिहास निश्चिततः ठीक-ठीक नहीं जाना जा सकता। यवन इतिहास के साथ संगुफित अन्य विदेशी जातियों के ऐतिहासिक विवरण उसकी (यवन की) पहचान को कुछ और भी रहस्यमय बना देते हैं और परिणामतः ऐसे अनेक मिथकों-आख्यानों से भ्रमपूर्ण कुहासा उत्पन्न कर देते हैं जिनका भेदन करते हुए इतिहास के 'सत्य' का अनावरण एक अत्यंत दुष्कर प्रक्रिया है किंतु यह चुनौती इतिहास और इतिहासकारों के मनोबल को और भी अधिक मजबूत करती है जिसका प्रत्यक्ष उदाहरण युवा इतिहासकार डॉ. श्याम बिहारी लाल की प्रस्तुत कृति *प्राचीन भारत में यवन* है जो उनके कई वर्षों के श्रमसाध्य शोधकार्य का प्रतिफल है। अपनी इस प्रथम कृति में ही युवा लेखक ने विषय से संबंधित लगभग सभी महत्वपूर्ण देशी-विदेशी स्रोतों में अवगाहन कर अपनी अध्ययन-सीमा को व्यापक तो बनाया ही है, अपनी पूर्वाग्रहमुक्त विश्लेषणपरक व्याख्या-पद्धति के माध्यम तथ्यों के शोधन-प्रक्षालन द्वारा ऐतिहासिक 'सत्य' के अनुसंधान का स्तुत्य प्रयास किया है जो उनकी इस कृति को इस विषय से संबंधित पूर्ववर्ती सभी महत्वपूर्ण कृतियों की श्रृंखला की एक अनुपेक्षणीय कड़ी के रूप में प्रस्तुत करता है। मैं डॉ. श्याम बिहारी लाल की उनकी इस अप्रतिम रचना के लिए हृदय से सराहना करता हूं और उन्हें तथा उनके इस ग्रंथ को विद्वत्जगत के समक्ष प्रस्तुत करने में अत्यंत गौरव का अनुभव करता हूं। मुझे आशा ही नहीं अपितु पूर्ण विश्वास है कि यह ग्रंथ विद्वज्जनों में सम्यकतः समादृत होगा और डॉ. लाल द्वारा भविष्य में इस स्तर के अन्य ग्रंथों के प्रणयन के लिए प्रोत्साहन का कारण बनेगा।

—प्रो. अतुल कुमार सिनहा

भूमिका

संस्कृत के 'यवन' तथा प्राकृत के 'योन' शब्द की सटीक पहचान भारतीय इतिहास की एक रोचक और जटिल समस्या रही है। प्राचीन भारतीय साहित्य और अभिलेखों में 'यवन' तथा 'योन' शब्दों का प्रायः उल्लेख मिलता है। सामान्यतया दोनों शब्दों को प्रारम्भ में आयोनियन यूनानियों तत्पश्चात समस्त यूनानियों और कालान्तर में उन सभी विदेशियों के लिए प्रयुक्त किया गया जो पश्चिमी एशिया अथवा पूर्वी भूमध्यसागरीय क्षेत्रों से भारत आये थे। साहित्य और अभिलेखों में यवनों का बार-बार उल्लेख किया जाना उनके महत्वपूर्ण होने का स्पष्ट प्रमाण है। यही कारण है कि भारतीय इतिहास के सन्दर्भ में 'यवन' शब्द को व्याख्यायित करने के कतिपय प्रयास पाश्चात्य तथा भारतीय विद्वानों जिनमें ए. बेबर, ए.बी. कीथ, डब्ल्यू. डब्ल्यू. टार्न, ओ. स्टीन, आर.एल. मित्र, के.आर. पिशारोटी, डी.आर. भण्डारकर, के.पी. जायसवाल, डी.सी. सरकार, ए.के. नारायण, बी.एन. मुखर्जी, आर. जयराजभाय, यू.पी. थपलियाल, नार्विन हाईन, रोजा मारिया किमिनो, सैमुअल क्लार्क लैचुली, डी. वासिलियाडिस, एस.डी. डोगरा, अलोका पराशर, एच.पी.रे. तथा क्लॉस कार्तुनिन द्वारा समय-समय पर किये गये।

प्रस्तुत पुस्तक उपरोक्त विद्वानों के मतों को ध्यान में रखते हुए 'यवन' शब्द को ऐतिहासिक-सांस्कृतिक सन्दर्भों को समझने का प्रयास है जो प्राचीन भारतीय इतिहास एवं संस्कृति के अपेक्षाकृत व्यापक परिप्रेक्ष्य में अपनी अर्थवत्ता का स्थापन करता है। यवन इतिहास की पुनर्संरचना मुख्यतः साहित्य और अभिलेखों पर ही आधारित है और स्वाभाविक रूप से पुस्तक का प्रणयन इन्हीं स्रोतों के आलोचनात्मक व्याख्या-विवेचन के आधार पर किया गया है। विषय से सम्बन्धित महत्वपूर्ण निष्कर्षों की पुष्टि मुद्रा-साक्ष्य एवं पुरातात्विक स्रोतों के विश्लेषण से भी की गई है। इसके

अतिरिक्त अनेक शोध ग्रन्थों, लेखों तथा कोशों से भी सहायता ली गयी है उन विद्वान रचनाकारों के प्रति मैं कृतज्ञ हूं।

प्रस्तुत पुस्तक में यवन विषयक राजनीतिक, सामाजिक, आर्थिक एवं सांस्कृतिक इतिहास के विविध आयामों को आठ अध्यायों तथा एक परिशिष्ट में समाहित किया गया है। प्रथम अध्याय में यवन शब्द की व्युत्पत्ति के सम्बन्ध में विभिन्न मतों तथा भारतीय साहित्य और अभिलेखों में प्राप्त प्रारम्भिक उल्लेखों को विवेचित किया गया है। द्वितीय अध्याय में यवन शब्द के अभिप्राय में हुए परिवर्तनों तथा इसके लिए उत्तरदायी कारणों की समीक्षा की गई है। तृतीय अध्याय में समय-समय पर यवनों के प्रति भारतीय जनमानस में व्याप्त अलग-अलग दृष्टिकोणों को विवेच्य विषय बनाया गया है। चतुर्थ अध्याय में यवनों के सामाजिक, आर्थिक एवं सांस्कृतिक सन्दर्भों को प्रस्तुत किया गया है। पंचम अध्याय में यवनों के साथ वर्णित देशज तथा विदेशी जाति समूहों के अध्ययन को उद्दिष्ट किया गया है। षष्टम अध्याय में मध्यदेश में यवन आक्रमण से सम्बन्धित विभिन्न ऐतिहासिक घटनाओं की विवेचना की गई है। सप्तम अध्याय में *हरिवंश* में वर्णित कालयवन प्रसंग को ऐतिहासिक घटनाक्रम के सन्दर्भ में विश्लेषित कर यथार्थ को जानने का प्रयास किया गया है। अष्टम अध्याय में यवनिका अर्थात भारतीय रंगमंच में प्रयुक्त ड्रापसीन परदे के विषय में साक्ष्य परीक्षण एवं सन्दोहन के माध्यम से नवीन विचारों को प्रस्तुत किया गया है। परिशिष्ट में यवनों से सम्बन्धित मूल अभिलेखों तथा उनके अनुवादों को प्रस्तुत किया गया है।

प्रस्तुत पुस्तक प्राचीन इतिहास एवं संस्कृति विभाग, महात्मा ज्योतिबा फुले रुहेलखण्ड विश्वविद्यालय, बरेली की पी-एच.डी. उपाधि हेतु स्वीकृत शोध प्रबन्ध का ही संशोधित एवं परिवर्द्धित रूप है। इस विषय पर मैंने परम आदरणीय प्रो. उदय प्रकाश अरोड़ा तत्कालीन विभागाध्यक्ष, प्राचीन इतिहास एवं संस्कृति विभाग, महात्मा ज्योतिबा फुले रुहेलखण्ड विश्वविद्यालय, बरेली के कुशल नेतृत्व और मार्गदर्शन में 1990 में काम करना प्रारम्भ किया था। प्रारंभ में इस विषय पर काम करते हुए मुझे बहुत सी कठिनाइयों का सामना करना पड़ा लेकिन प्रो. अरोड़ा ने मुझे कभी निराश व हताश नहीं होने दिया। यहां तक कि मेरे लिए साधन स्रोतों की उपलब्धता को भी उन्होंने सुगम बनाया। प्रो. उदय प्रकाश अरोड़ा विवेच्य विषय में उच्चकोटि के विद्वान, मनीषी-चिंतक व विश्लेषक होने के साथ ही अद्वितीय शिक्षक व बेहतरीन इंसान भी हैं। प्रभु की असीम कृपा से मुझे उनका शिष्य होने का मौका मिला। मैं इसे अपना परम सौभाग्य मानता हूं। इस अवसर पर मैं आपके प्रति समुचित आदर और कृतज्ञता

ज्ञापित करता हूं। प्रो. अरोड़ा ने प्रस्तुत पुस्तक का प्राक्कथन लिखकर भी मुझे अनुग्रहीत किया है जिसके लिए भी मैं उनके प्रति कृतज्ञ हूं।

महात्मा ज्योतिबा फुले रुहेलखण्ड विश्वविद्यालय में मेरे आदरणीय गुरुजनों प्रो. आर.पी. यादव, प्रो. अतुल कुमार सिनहा एवं प्रो. अभय कुमार सिंह के प्रति भी मैं हार्दिक कृतज्ञता प्रकट करता हूं जिनके वैदुष्यपूर्ण सुझावों तथा आशीर्वचन से यह लेखन सम्भव हो सका है। प्रो. सिनहा ने न केवल सदैव मुझे प्रोत्साहित किया वरन् पुस्तक की प्रस्तावना लिखकर भी मुझे अनुग्रहीत किया है जिसके लिए भी मैं उनके प्रति कृतज्ञ हूं। प्रो. अभय कुमार सिंह ने अपने अमूल्य सुझावों के द्वारा सदैव मेरा मार्गदर्शन किया। इस पुस्तक को प्रकाश में लाने के लिए उन्होंने मेरी भरपूर मदद की है। मैं भविष्य में भी आप सभी गुरुजनों से स्नेह एवं सहयोग की अपेक्षा करता हूं। डॉ. विजय बहादुर सिंह यादव, प्राचीन इतिहास एवं संस्कृति विभाग, महात्मा ज्योतिबा फुले रुहेलखण्ड विश्वविद्यालय, बरेली से प्राप्त सहयोग एवं सुझाव के लिए मैं उनका अत्यन्त आभारी हूं।

अपने शुभचिंतकों एवं मित्रों में डॉ. सुबोध धवन, व्यावहारिक एवं क्षेत्रीय अर्थशास्त्र विभाग, महात्मा ज्योतिबा फुले रुहेलखण्ड विश्वविद्यालय, बरेली एवं डॉ. अनिल सिंह (जे.एन.यू., नई दिल्ली) डॉ. डी. के. ओझा (बी.एच.यू., वाराणसी) से प्राप्त स्नेहपूर्ण प्रोत्साहन एवं बहुमूल्य सुझावों के लिए उनके प्रति मैं अपनी कृतज्ञता ज्ञापित करता हूं।

यूनान की स्टेट स्कॉलरशिप फाउंडेशन की पोस्ट डॉक्टरल स्कॉलरशिप के अन्तर्गत अध्ययन के दौरान एथेंस में प्राप्त सहयोग एवं निर्देशन के लिए मैं नेशनल हेलेनिक रिसर्च फाउंडेशन रिसर्च सेण्टर फॉर ग्रीक एण्ड रोमन एण्टीक्वीटी के निदेशक डॉ. एम. बी. हात्जोपुलोस एवं थिसली विश्वविद्यालय के प्रो. पिकुलस का धन्यवाद ज्ञापित करता हूं। प्रो. के.के. थपलियाल, लखनऊ विश्वविद्यालय, लखनऊ, प्रो. वी.सी. श्रीवास्तव, बनारस हिन्दू विश्वविद्यालय, वाराणसी, प्रो. ओम प्रकाश, इलाहाबाद विश्वविद्यालय, इलाहाबाद, डॉ. डिमिट्रियस वासलियाडिस, (यूनान) तथा प्रो. प्रशान्त श्रीवास्तव, लखनऊ विश्वविद्यालय, लखनऊ के प्रति आभार व्यक्त करना मेरा पुनीत कर्तव्य है, जिन्होंने बहुमूल्य सुझाव देकर पुस्तक को अधिक प्रमाणिक व उपयोगी बनाने में मेरी सहायता की है।

इस अवसर पर विभाग के मेरे सहयोगी डॉ. अनूप रंजन मिश्रा, डॉ. पंकज शर्मा, डॉ. दिलीप कुमार सिंह, श्री सुनील कुमार, श्री गामा यादव, कु. स्वाति गुप्ता एवं

श्री बहादुर लाल भी मेरे धन्यवाद के पात्र हैं जिन्होंने पुस्तक लेखन व प्रकाशन सम्बन्धी व्यावहारिक समस्याओं का समाधान करने में मेरा सक्रिय सहयोग किया है।

इस अवसर पर मैं अपने स्वर्गीय पूज्य पिता राधेश्याम एवं माता श्रीमती शान्ति देवी, पत्नी श्रीमती मंजुलता, बेटियाँ-शिल्पा, शिवानी तथा पुत्र ईशान सहित सभी स्नेही मित्रों एवं परिजनों, विशेषकर श्री सुधीर विद्यार्थी, डॉ. अनिल मिश्रा (एडवोकेट), श्री अमिताभ सिंह एवं अनुज डॉ. श्रीपाल के प्रति आभार व्यक्त करता हूं। आप सभी के प्रोत्साहन स्नेह एवं सहयोग से ही पुस्तक का लेखन एवं प्रकाशन सम्भव हो सका है।

शोध सामग्री संकलन में सहयोग के लिए मैं केन्द्रीय पुस्तकालय, महात्मा ज्योतिबा फुले रुहेलखण्ड विश्वविद्यालय, बरेली, राष्ट्रीय संग्रहालय, पुस्तकालय, नई दिल्ली, नेशनल फाउंडेशन ऑव हेलेनिक रिसर्च सेण्टर फॉर ग्रीक एण्ड रोमन एण्टीक्वीटी, एथेंस फ्रेंच स्कूल ऑव आर्कियोलॉजी पुस्तकालय, एथेंस तथा यूनान स्टेट स्कॉलरशिप फाउण्डेशन (इकी) के समस्त अधिकारियों व कर्मचारियों का बहुत आभारी हूं। शोध कार्य हेतु प्रो. उदय प्रकाश अरोड़ा के व्यक्तिगत पुस्तकालय का भी उपयोग किया गया है। एतदर्थ मैं पुनः आपका आभारी हूं।

प्रकाशन एवं शीघ्र मुद्रण के लिए अनामिका पब्लिशर्स, नई दिल्ली के श्री पंकज शर्मा को धन्यवाद देना मैं अपना कर्तव्य समझता हूं।

अतः सभी शुभेच्छुओं के समुचित एवं सार्थक सहयोग के लिए मैं उनके प्रति आभार व्यक्त करता हूं। मेरे यथेष्ट प्रयासों के बाद भी पुस्तक में जो त्रुटियां रह गयी हैं उसके लिए मैं विद्वज्जनों का क्षमा प्रार्थी हूं और उनके सुझावों एवं मार्गदर्शन की आकांक्षा रखता हूं।

–श्याम बिहारी लाल

1. यवन शब्द की उत्पत्ति एवं प्रारंभिक उल्लेख

प्राचीन भारतीय साहित्य और अभिलेखों में 'यवन' (संस्कृत) तथा 'योन' (प्राकृत) शब्दों का प्रायः उल्लेख मिलता है। धार्मिक, धर्मनिरपेक्ष तथा व्याकरण से संबंधित भारतीय ग्रंथों में इन शब्दों को किसी निश्चित राष्ट्रीयता के संदर्भ में प्रयुक्त किया जाना प्रतीत नहीं होता है। सामान्यतः यवन शब्द का अभिप्राय[1] 'यूनानी'[2] अर्थ में किया जाता है। 'यवन' शब्द यूनानी भाषा के Iawv/Iaoves आयोन/आयोनीज शब्दों से निस्सृत है।[3] विद्वानों की मान्यता है कि भारतीयों ने 'यवन' शब्द या तो किसी सेमेटिक भाषा से अथवा पारसीकों के माध्यम से उस अवधि में ग्रहीत किया जब वे पहली बार यूनानियों से उनकी सीमा पर आक्रमणकारी के रूप में मिले थे। पारसीकों ने सर्वप्रथम आयोनियन यूनानियों को 'यौन' शब्द से अभिहीत किया।[4] कुछ समय के पश्चात वे समस्त यूनानियों के लिए 'यौन' शब्द का प्रयोग करने लगे। हिब्रू में यूनानियों के लिए 'यावान'[5] शब्द का प्रयोग किया गया है।

यूनानी संस्कृति का मूल केंद्र आयोनिया प्रांत एशिया माइनर के पश्चिमी भाग में स्थित था। आठवीं श.ई.पू. से लेकर पांचवीं श.ई.पू. तक समस्त भूमध्य सागरीय क्षेत्र में औपनिवेशिक प्रसार गतिमान था। औपनिवेशिक प्रसार का मूल कारण वहां जनसंख्या की अधिकता का दबाव था। कृषि योग्य भूमि का अभाव तथा भूमि वितरण की मांग तीव्र हो जाने के कारण शासकों ने विवश होकर लोगों को विदेशी भूमि पर प्रवास के लिए प्रोत्साहित किया। यह औपनिवेशिक प्रसार की व्यवस्था यूनान के लिए *सेफ्टी-वॉल्व* सिद्ध हुई।

यूनान की जनता का यह उपनिवेशीकरण 17वीं शताब्दी के उपनिवेशवाद से प्रकृति में भिन्न था। प्रारंभ में व्यापार, उद्योगों का विकास तथा वहां के संसाधनों का शोषण इस उपनिवेशीकरण का उद्देश्य नहीं था। इन यूनानी उपनिवेशों का अपने

मूल नगर राज्यों से कोई राजनीतिक संबंध नहीं रह जाता था। वे पूर्णतया स्वतंत्र रहते थे। किसी नए उपनिवेश की स्थापना के निमित्त नगर राज्य (पोलिस) के शासक द्वारा किसी एक व्यक्ति को मुखिया नियुक्त किया जाता था। उसी मुखिया के नेतृत्व में नवीन उपनिवेश को स्थापित किया जाता था। उपनिवेश स्थापित करने से पूर्व अन्य नगर राज्यों (पोलिस स्टेट्स) को भी भागीदारी के लिए आमंत्रित किया जाता था। यूनानी औपनिवेशिक प्रसार यूनानी इतिहास में एक अत्यंत महत्वपूर्ण घटना साबित हुई।

यूनानी उपनिवेशों को स्थापना के परिणामस्वरूप अन्न उत्पादन में वृद्धि हुई तथा यूनानी व्यापार की स्थिति सुदृढ़ हो गई। गैर यूनानियों के संपर्क ने नई तकनीकों तथा विचारधाराओं से उन्हें परिचित कराया। आयोनिया का मिलेटस नगर ऊनी वस्त्र, मिट्टी के पात्र तथा मदिरा के लिए विख्यात था। इसी काल में मिटीलीन एक प्रतिष्ठित औद्योगिक नगर के रूप में उभरा। उद्योग-धंधों के विकास के परिणामस्वरूप आयोनिया को अपने उत्पादों की खपत के लिए बाजार की तलाश थी। इसी खोज के क्रम में उनकी बर्बरों से भेंट संभव हुई जो स्वयं भी अपने विभिन्न उत्पादों को बेचने में रुचि रखते थे। व्यापार के क्षेत्र में तीव्र विकास ने आयोनिया को विज्ञान, कला, साहित्य और दर्शन का केंद्र बनाने में महत्वपूर्ण भूमिका का निर्वाह किया। इसी समय ऐतिहासिक कालचक्र ने आयोनिया के इस उपनिवेश को पारसीकों की साम्राज्यवादी नीति का शिकार बना दिया किंतु इस घटना से उनके विकास में कोई अवरोध उत्पन्न नहीं हुआ।

हखामनी साम्राज्य के संस्थापक साइरस द्वितीय (ई.पू. 558-530) ने ई.पू. 546 में आयोनिया को विजित कर उसे अपना करद राज्य बना लिया। आयोनियनों को पारसीक सेना में भर्ती होना अनिवार्य कर दिया गया। पारसीक आधिपत्य के विरोध में अनेक आयोनियन वहां से पलायन कर गए।[6] साइरस को ई.पू. 529 ई. में मार दिया गया।[7] तत्पश्चात डेरियस प्रथम ने ई.पू. 522 ई. में सिंहासन प्राप्त कर पारसीक साम्राज्य को पुनः संगठित किया। डेरियस प्रथम के बेहिस्तून अभिलेख के अनुसार उसने अपने पुनः संगठित साम्राज्य को कुशल प्रशासन के लिए 23 प्रांतों में विभाजित कर दिया।[8] शक्तिशाली पारसीक साम्राज्य भूमध्य सागर से लेकर सिंधु नदी तक विस्तृत था। उक्त अभिलेख में गंधार, सोग्डियाना, शक और बाख्त्री क्षेत्रों को पारसीक साम्राज्य का अंग बताया गया है लेकिन भारत को एक प्रांत के रूप में सम्मिलित नहीं किया गया है।[9] इस प्रकार भारतीय और आयोनियन दोनों पारसीक साम्राज्य की

प्रजा थे। तत्कालीन उत्तर-पश्चिम भारत पारसीक साम्राज्य का अंग होने के करण दोनों सभ्यताओं के मिलन का माध्यम बना। डेरियस के नक्शे-ए-रुस्तम अभिलेख में भारतीयों के लिए 'हिदु' शब्द का प्रयोग किया गया है।[10] पर्सीपोलिस तथा नक्शे-ए-रुस्तम अभिलेखों[11] तथा हेरोडोटस के विवरणों से ज्ञात होता है संभवतः गंधार कंबोज, पश्चिमी पंजाब तथा सिंध प्रांत से डेरियस को 360 टैलेंट्स सुवर्ण चूर्ण (लगभग दस लाख पौंड से अधिक) राजस्व के रूप में प्राप्त होता था।[12]

डेरियस प्रथम के नक्श-ए-रुस्तम अभिलेख में 'या-मा-नु' शब्द आयोनियनों के लिए प्रयुक्त किया गया है।[13] कालांतर में इस शब्द का प्रयोग समस्त यूनानियों के लिए किया जाने लगा। अधिकतर विद्वानों का मत है कि संस्कृत का 'यवन' शब्द पुरानी फारसी के 'यौन' शब्द से लिया गया है।[14] यूनानी 'आयोन' तथा हिब्रू 'यावान' शब्द यवन के पर्यायवाची हैं जिनका प्रयोग भी प्रारंभ में मुख्य रूप से एशिया माइनर के आयोनियनों के लिए किया गया[15] किंतु बाद में संपूर्ण यूनानी नस्ल विशेषकर यूनानी भूमि पर रहने वाले लोगों के लिए भी प्रयुक्त किया जाने लगा।

प्राचीन भारतीय साहित्य में 'यवन' शब्द का सर्वप्रथम उल्लेख पाणिनि की *अष्टाध्यायी* (IV. 1.49) से प्राप्त होता है।[16] पाणिनि को यवन विषयक जानकारी संभवतः निम्नलिखित स्रोतों के माध्यम से हुई होगी—1. पाणिनि गंधार प्रांत में तक्षशिला के निकट शलातुर नामक स्थान के निवासी थे।[17] एरियन के अनुसार सिकंदर के आक्रमण से पूर्व जलालाबाद के निकट काबुल नदी के तट पर नीसा नामक हेलेनिक बस्ती थी जिसकी स्थापना यूनानी दैवीय विजेता डायोनिसस ने की थी। एरियन के अनुसार नीसा के निवासी भारतीय मूल के नहीं थे वरन डायोनिसस के साथ आने वाले यूनानी थे।[18] सुधाकर चट्टोपाध्याय ने उन्हें आयोनियन के बजाय थ्रेसियन कहा है। बौद्ध ग्रंथ *मज्झिमनिकाय* के अस्सलायन सुत्त (II, 149) में कंबोज के साथ एक योन राज्य का भी उल्लेख मिलता है। इस उल्लेख से एरियन (*इंडिका* VI, 2) के कथन की पुष्टि हो जाती है। 2. पाणिनि के समय में गंधार प्रांत हखामनी साम्राज्य का एक अंग था। पारसीक सम्राट डेरियस ने पारसीकों के साथ आयोनियनों को भी इस क्षेत्र के प्रशासन में नियुक्त किया[19] जिससे वे इस क्षेत्र की जनता के संपर्क में आए। पारसीकों तथा आयोनियनों ने आपस में तथा स्थानीय लोगों के साथ वैवाहिक संबंध स्थापित किए।[20] 3. गंधार प्रांत की राजधानी तक्षशिला विद्याध्ययन का प्रसिद्ध केंद्र थी जहां देश एवं विदेश से विद्वान एवं शिक्षार्थी ज्ञानार्जन के लिए आते थे।[21]

पाणिनि ने अपने एक सूत्र (4.1.49) में 'आनुक' प्रत्यय का प्रयोग बताते हुए 'यवनानी' शब्द को एक उदाहरण के रूप में प्रस्तुत किया है। वहीं कात्यायन के द्वारा बताया गया है कि 'यवन' शब्द से 'यवनानी' निष्पन्न होने पर उसका अर्थ है (यवनाल्लिप्याम) यवन लिपि। कात्यायन ने यवनानी तथा यवन शब्द के मध्य भेद स्थापित किया है। यवनानी लिपि का उल्लेख प्राचीन साहित्य में अन्यत्र सुविदित है। *समवायाङ्ग* सूत्र की लिपि सूची में जवणाणिया लिपि का भी नाम मिलता है। *पण्णवणा सूत्र* में भी यह सूची है। बेबर ने माना है कि यवनानी शब्द का अर्थ यूनानी लिपि से ही था।[22] इसी आधार पर यवनानी शब्द को यवन लिपि का द्योतक मान लिया गया परंतु पाणिनि का 'यवनानी' शब्द से तात्पर्य किसी लिपि के बजाय यवन शब्द का स्त्रीलिंग रूप बताना मात्र था।[23] लुईस रेन्यू ने *ला ग्रामेर दे पाणिनि* के संस्करण में 'यवन' शब्द का अनुवाद 'ग्रेक इकरेचर' किया है।[24] एजरटन[25] ने 'यवन' शब्द का अनुवाद बर्बर लोग (यूनानी अथवा पश्चिमी) बताया है।

यवनानी को यूनानी लिपि स्वीकार किया जाना निःसंदेह कठिन है किंतु यह सत्य हो सकता है कि पाणिनि किसी ऐसी लिपि से अवश्य परिचित था जो संस्कृत से भिन्न तथा स्वदेशी नहीं थी और तत्कालीन गंधार क्षेत्र में प्रचलित थी। अधिकतर विद्वानों ने पाणिनि द्वारा उल्लिखित लिपि को यूनानी लिपि मान लिया है। यह भी संभव है कि पाणिनि के समय में यूनानी व्यापारी भारत में अरामाइक लिपि का प्रयोग करते हों क्योंकि हखामनी साम्राज्य में यह लिपि दैनिक कार्यों में प्रयुक्त की जाती थी। भारत में अरामाइक लिपि प्रयोग में लाए जाने के प्रमाण तक्षशिला में सर जॉन मार्शल[26] द्वारा खोजे गए अभिलेख तथा कंदाहर अभिलेखों[27] से प्राप्त होते हैं।

भारतीय वैयाकरणों ने संस्कृत के शब्दों की व्युत्पत्ति प्रक्रिया का वर्णन किया है। जिसके अंतर्गत अन्य भाषा के सर्वत्र प्रचलित शब्द को संस्कृत में अधिग्रहीत कर लिया जाता है। व्याकरण के आचार्यों के अनुसार वाचक धातुओं के साथ प्रत्यय जोड़कर तथा निपातन पद्धति से संस्कृत के शब्दों की व्युत्पत्ति होती है। इसी संदर्भ में भारतीय विद्वानों द्वारा 'यवन' शब्द की भारतीय अथवा विदेशी व्युत्पत्ति ज्ञात करने का प्रयास किया गया। इसे जानने के लिए 'यु' धातु को तीन प्रत्ययों के साथ संयुक्त कर तीन व्युत्पत्तियां ज्ञात की गईं, जो निम्न हैं प्रथम √यु धातु का अर्थ है मिश्रित होना, मिलना-जुलना जिससे अभिप्राय निकाला गया कि यवन मिश्रित नस्ल के थे।[28] आर.एल. मित्रा ने स्वीकार किया है कि यवन मिश्रित नस्ल के थे जिनमें जाति भेद विद्यमान नहीं था (*यौति मिश्रीयाति वा मिश्रीभवति सर्वत्र जाति भेदाभावात् इतिः यवनः*)[29]। दूसरे √यु धातु का अर्थ आमिश्रण

है जिससे दूर जाना तथा नापसंद किया जाना (द्वेषो यवन) अभिप्राय निकाला गया।[30] तीसरे √यु धातु का अभिप्राय तेज, गतिमान (*यवेना गच्छतीति यवनः*) लिया गया है जिसका तात्पर्य है कि यवन गतिमान[31], तेज तथा भयहीन[32] नस्ल थी जिसके पास तेज गति के परिवहन साधन सुलभ थे।[33] इन व्युत्पत्तियों के अनुरूप संस्कृत के 'यवन' तथा फारसी 'यौन' के बीच मूलतः कोई संबंध नहीं है। केवल ध्वनि उच्चारण की समानता ही एक संयोग मात्र है।[34]

ए.के. नारायण[35] के अनुसार यदि तीनों व्युत्पत्तियों को एक साथ रखा जाए तो संयुक्त रूप से अर्थ निकलता है कि यवन मिश्रित नस्ल के तेज गति के परिवहन साधन रखने वाले आक्रमणकारी तथा नापसंद किए जाने वाले लोग थे किंतु ये व्युत्पत्तियां अपेक्षाकृत परवर्तीकाल की हैं। हार्वित्ज ने अपने लेख इंडियन थियेटर में 'यवन' शब्द को 'यवेन गच्छतीति यवनः' के संदर्भ में ग्रहण कर विचार व्यक्त किया कि 'यवन' शब्द तेज गति के परिवहन साधन रखने वालों की ओर संकेत करता है उदाहरणतः घोड़ों की पीठ पर आने वाले पारसीक तथा यूनानी और पतवार वाले जहाजों पर यात्रा करने वाले रोमन तथा अरब। उनके अनुसार यह आवश्यक नहीं है कि यूनानियों को लिए 'यवन' शब्द प्रयुक्त किया जाए क्योंकि उन्होंने अपने को कभी आयोनियन नहीं कहा, जिनके लिए यवन शब्द को संबंधित किया जाता है। अतः 'यवन' शब्द को केवल आयोनियनों के लिए प्रयुक्त किया जा सकता है।[36]

ई.जे. टॉमस[37] का मत है कि 'यवन' शब्द यूनानियों के अतिरिक्त पारसीकों के लिए भी प्रयुक्त किया गया, किंतु पारसीकों ने स्वयं आयोनियनों के लिए या-मा-नु शब्द का प्रयोग किया है इसलिए उक्त मत उचित नहीं प्रतीत होता है संभवतः (सिद्धांत रूपेण) 'यवन' शब्द का अभिप्राय आयोनियन अथवा यूनानी हो सकता है लेकिन भारतीयों ने व्यवहार में पारसीकों तथा यूनानियों के लिए समान रूप से 'यवन' शब्द का प्रयोग किया क्योंकि भारतीयों के लिए दोनों के मध्य सरलता से अंतर कर पाना कठिन रहा होगा। भारत में उपरोक्त दोनों नागरिकताओं का प्रवेश आक्रमणकारियों के रूप में हुआ और दोनों के मध्य अनेक समानताएं विद्यमान थीं।

ओल्ड टेस्टामेंट में वर्णन है कि पूरा संसार नोह के पुत्रों—शैम, हैम और जाफेथ की संतति है। उसके इन पुत्रों का जन्म प्रलयकारी बाढ़ के उपरांत हुआ था। जाफेथ की संतानों में गोमर, मगोग, मदई, जवन (हिब्रू यावान का अंग्रेजी उच्चारण), तुबल, मेशेक और तीरस थे। जवन की संतान एलिशा, तारशीश, कितिम और रोडानिम थे। इन्हीं से द्वीपों तथा एक के बाद एक देश में जनसंख्या वृद्धि हुई। प्रत्येक की भाषा

का विकास उसके वंश के अनुरूप हुआ।[38] मेसिडोनियाइयों के पूर्व में पहुंचने तक हिब्रू लोगों और यूनानियों के मध्य दूर के संबंध थे। अतः *ओल्ड टेस्टामेंट* में यूनानियों का उल्लेख स्वाभाविक रूप से दुर्लभ है। यद्यपि वहां पर रोहडस और साइप्रस (कितिम) के लोगों का उल्लेख भी है जिनसे हिब्रू अच्छी तरह परिचित थे।[39]

हिब्रू के 'यावान' शब्द को यूनानियों के लिए प्रयुक्त किया गया है।[40] यद्यपि वे इस शब्द को यूनानी आयोनिया से लेने के प्रति सचेत नहीं लगते और उसके मूल की व्याख्या उसी प्रकार मूल शब्द से करते हैं जिस प्रकार *बाइबिल* में हिब्रू शब्द *योनाह* की जिसका अर्थ फाख्ता या कबूतर है।[41]

प्राचीन समय में, यूनानी वास्तविक रूप से सेमेटिक दुनिया में प्रवेश नहीं कर पाए थे। साधरणतयाः वे दूरदराज क्षेत्रों में व्यापार करने वाले लोग थे। अतः सेमेटिक देशों एवं लोगों के विषय में उनके विचार अत्यंत अस्पष्ट थे। परंतु सिकंदर के आक्रमण के पश्चात स्थिति में परिवर्तन हुआ। सेमेटिक क्षेत्रों के हृदय स्थल पर एक विशाल यूनानी साम्राज्य की स्थापना हुई। यूनानी सैनिक, व्यापारी और उपनिवेशिक सीरिया में फैल गए तथा वहां पर अपनी धाक जमाकर सर्वोच्चता स्थापित कर दी। इस प्रकार एक नई विश्व शक्ति का उदय हुआ।

स्वाभाविक रूप से इस महान परिवर्तन का 'यावान' एशिया माइनर के आयोनियनों तथा यूनानियों जैसे शब्दों पर प्रभाव पड़ा। यूनानी भूमि और उसके विषय में यहूदियों और उनके निकटवर्ती लोगों ने इस घटना के पश्चात अधिक से अधिक जानने का प्रयास किया। यूनान, मेसिडोनिया और यूनानी प्रायद्वीप सभी अन्य नामों से ज्ञात क्षेत्र थे और उनके लिए कम रुचि के विषय थे। उन्होंने हिब्रू में अस्पष्ट और पूर्ण अर्थों में 'यावान' और इसी प्रकार 'कितिम' शब्द को यूनानी तट द्वीपों और प्रायद्वीपों के लिए प्रायः प्रयुक्त किया। इसी समय से 'यावान' शब्द ने नया और निश्चित अर्थ ग्रहण किया और यह नाम सेमेटिक एशिया में यूनानी राज्यों के लिए प्रयोग में लाया जाने लगा।

'यावान' शब्द कभी भी भौगोलिक स्थिति का द्योतक नहीं रहा। इसका प्रयोग सदैव महान यूनानी शक्ति को सूचित करने के लिए किया गया। *ओल्ड टेस्टामेंट* (डेनियल, 10:20) में 'यावान' शब्द एशिया में यूनानी राज्यों के लिए प्रयुक्त किया गया। लेखक ने इस्रायल के संरक्षक देवदूतों तथा महान शक्तियों के देवदूतों के मध्य संघर्ष का वर्णन किया है जिन्होंने यहूदियों का उत्पीड़न किया। इस्रायल के कप्तान माइकल एंजेल पारसीक राज्य के कप्तान से युद्धरत था (छंद 13)। देवदूत गैब्रील ने

डेनियल का भविष्य वर्णन किया कि जैसे ही यह संघर्ष समाप्त होगा, एक नए युग का प्रारंभ 'यावान' के साथ होगा। यही पर 'यावान' का तात्पर्य यूनान से नहीं है क्योंकि यहूदियों का यूनानियों से कोई संघर्ष नहीं रहा। अतः यह पद्यखंड निरर्थक हो जाता है। वास्तव में डेनियल के संबंध में जिस 'यावान' का उल्लेख है, वह शक्तिशाली सीरियाई राज्य था जिसकी राजधानी ओरोनतेस थी।

डेनियल एवं *मेकाबिज* के लेखक ने सिकंदर महान का केवल एशियाई साम्राज्य के संस्थापक एवं प्रथम प्रमुख के रूप में किया है (*डेनियल* 8 : 21, 11 : 3, 1 *मैकाबिज,* 1:1)। इन दोनों पुस्तकों में 'यावान' का एशिया में सिकंदर द्वारा स्थापित महान शक्ति के लिए निरंतर प्रतिनिधित्व किया गया। इस साम्राज्य को सिकंदर के पश्चात सेल्यूसिडों ने शासित किया। दोनों विचार और प्रयोग पूर्णतः स्वाभाविक हैं।[42]

भारतीय साहित्य और अभिलेखों में 'यवन'[43] तथा 'योन'[44] दोनों शब्दों का उल्लेख मिलता है। लेवी के मतानुसार, 'यवन' संस्कृत का तथा 'योन' प्राकृत का शब्द है।[45] परंतु *महाभारत* में उक्त दोनों शब्दों का उल्लेख मिलने कारण उनका विचार उचित नहीं प्रतीत होता। संस्कृत 'यवन' के समानार्थी शब्द अन्य भाषाओं में भी उपलब्ध हैं जैसे योनक[46], जवन[47], यावन[48], जोनोन अथवा जोनक[49] और या-ब-न[50] इत्यादि। 'योन' संस्कृत के 'यवन' का समानार्थी है। संस्कृत 'य' के स्थान पर प्राकृत में 'ज' का प्रयोग किया जाना सर्वविदित है।[51] यद्यपि टार्न ने स्वतंत्र रूप से 'योनक' शब्द को यूनानी भाषा के '*Iwvakos*' से निःसृत बताने का प्रयास किया है जो कि क्लासिकल ग्रीक में तो नहीं पाया जाता है किंतु दूरतर पूर्व में प्रचलित हेलेनिस्टिक ग्रीक में उस समय विद्यमान था।[52] ए.के. नारायण के अनुसार यह सुझाव ग्राह्य नहीं है। यह बताया जा चुका है कि जातिबोधक नामों में 'क' प्रत्यय जोड़ देना सामान्य भारतीय परिपाटी है।[53] संस्कृत में तो प्रायः यह अनावश्यक है। जे. गोंडा ने ठीक ही बताया है कि प्रतिपदिक धातुओं के बनाने में 'क' प्रत्यय बड़ा ही उत्पादक था और इसे विदेशी शब्दों के आर्यीकरण के लिए अथवा उन्हें आर्य संज्ञाओं की तरह रूप-रचना देने योग्य बनाने के लिए बार-बार प्रयोग में लाया जाता था[54] उदाहरणार्थ—योनलोकं और योनकलोकं (*महावंश,* 25.39), (*दीपवंश,* 8-9), योनमहाधम्मरखित और योनक धम्मरखित के नामों में (*महावंश,* 29.29 और *दीपवंश,* 8.7) यवन, योन और योनक इन तीनों रूपों का प्रयोग पश्चिम भारत (जैसे—नासिक, जुन्नार, कार्ले आदि) में पाए गए अभिलेखों में भी मिलता है।[55] 'क' अक्षर रिक्त पूर्ति की भूमिका भी निर्वाह करता है। अतः योनक शब्द यवन अथवा योन का पर्यायवाची है, न कि उनके स्थान पर

प्रयुक्त स्वतंत्र शब्द। पालि स्रोतों में 'योनक' शब्द को 'यवन' अथवा 'योन' से बिना भेद किए व्यवहार में लाया गया है। टार्न की जिज्ञासा के प्रति गोंडा ने सूचित किया है कि यह निश्चित कर पाना कठिन कार्य है कि एकं लेखक ने 'मद्रक' वहीं दूसरे ने 'मद्र' शब्द का प्रयोग क्यों किया है ?[56]

ए.के. नारायण के अनुसार[57] हखामनी त्रिभाषीय अभिलेखों में प्रयुक्त रूप (1) पुरानी पर्सियन का 'यौन'(youna), (2) इलेमाइट इअ-उ-न (Ia-u-na), (3) बेबीलोनियन इआ-मा-नु है। एक समय में यह माना जाता था कि प्राकृत का 'योन' शब्द पुरानी पर्सियन के 'यौन' शब्द से ग्रहीत है तथा प्राकृत के 'योन' शब्द से संस्कृत का 'यवन' शब्द प्राप्त किया गया है। नारायण के अनुसार इसे स्वीकार नहीं किया जा सकता क्योंकि संस्कृत का 'यवन' शब्द बेबीलोनियन इअ-मा-नु से भलीभांति विकसित हो सकता है। सर्वविदित है कि हखामनी अभिलेखों के बेबीलोनियन रूपांतरण में 'व' के स्थान पर 'म' का प्रयोग किया गया है। इस प्रकार के अनेक उदाहरण उपलब्ध है जैसे—दारायवहुश = द-रि-इअ-मुसः; विदर्भ = उ-मी-दी-अर्-न, विवान = उ-मी-मा-न इत्यादि।

नारायण[58] के मतानुसार संस्कृत के 'यवन' से प्राकृत का 'योन' शब्द अधिक प्राचीन नहीं है क्योंकि ऐतिहासिक रूप से भारतीय साहित्य में प्राप्त प्रथम रूप 'यवन' है, न कि 'योन'। अतः प्राकृत का 'योन' शब्द संस्कृत के 'यवन' के स्थान पर प्रयुक्त हुआ होगा। यह भी संभव है कि 'यवन' एवं 'योन' दोनों शब्द व्युत्पत्ति की दृष्टि से साथ-साथ विकसित हुए हों और शायद पश्चिम एशिया में प्रचलित रूपों से इनका कुछ संबंध भी रहा हो।

गौतम धर्मशास्त्र[59] में यवनों को संकर जाति का बताया गया है। यह धर्मशास्त्र सबसे प्राचीनतम है परंतु यह प्रश्न अभी तक अनिर्णीत है कि उक्त ग्रंथ सिकंदर के आक्रमण से पूर्व लिखा गया अथवा परवर्ती काल में। ब्यूहलर का तर्क है कि कोई ऐतिहासिक साक्ष्य इस तथ्य की पुष्टि नहीं करता है कि सिकंदर के आक्रमण से पूर्व (चौथी शताब्दी ई.पू.) भारतीय यूनानियों के साथ अभ्यस्त हो गए थे। उनके अनुसार 'यवन' शब्द का उल्लेख करने वाले ग्रंथों की रचना ई.पू. 300 से पहले नहीं हुई होगी।[60] इस ग्रंथ में यवनों को म्लेच्छ के बजाय मिश्रित जाति का बताया जाना महत्वपूर्ण है। मिश्रित जातियां उच्च एवं निम्न वर्णों के मध्य स्थापित अनुलोम एवं प्रतिलोम विवाहों से उत्पन्न हुई थीं। वे अधिकतर पिछड़ी जातियां थीं जिन्हें मूल चार वर्णों से संबंधित करने के लिए उनकी उत्पत्ति सिद्धांतविहीन बताई गई है।[61]

रामायण एवं *महाभारत* में यवनों का पश्चिमोत्तर भारत की विभिन्न विदेशी जातियों विशेषकर शकों के साथ वर्णन किया गया है। *महाभारत*[62] के प्रसिद्ध महासमर में उनके कौरव पक्ष की ओर से युद्ध करने, अश्व उत्पादन करने, धनुषबाण चलाने की कला में पारंगत होने आदि के भी उल्लेख मिलते हैं। *रामायण*[63] के बालकांड की एक पौराणिक कथा में वर्णन है कि ऋषि वसिष्ठ ने कामधेनु की सुसुप्त शक्तियों का आह्वान किया जिसके परिणामस्वरूप उसने अपने गोबर से यवनों को उत्पन्न किया तथा विश्वामित्र की सेना को नष्ट कर दिया। *महाभारत* [64] में यवनों को तुर्वसु की संतान तथा नीच कुल का क्षत्रिय कहा गया है। इसी ग्रंथ में यवनों को नंदिनी के योनि प्रदेश से उत्पन्न बताया गया है।[65] *महाभारत* में ही उन्हें 'सर्वज्ञ यवन' भी कहा गया है।[66]

प्रारंभिक तमिल साहित्य में प्रायद्वीप के महत्वपूर्ण बंदरगाहों पर यवन बस्तियां होने का उल्लेख है। इनमें यवनों को कठिन एवं अस्पष्ट भाषा बोलने के कारण म्लेच्छ कहा गया है।[67] तमिल काव्य ग्रंथ *शिलपद्दिकारम*[68] में चोल राजा के महल निर्माण में लगे यवन बढ़इयों, मगध के कुशल कारीगरों, मद्र के यांत्रिकों तथा अवंति के लुहारों का वर्णन है। अधिकतर तमिल कविताओं में यवनों का निवास तमिल क्षेत्र ही बताया गया है। संगम साहित्य[69] में यवनराज्य का भी उल्लेख मिलता है। संभवतः तमिल साहित्य में वर्णित यवन समुद्री मार्ग से व्यापार के निमित्त आने वाले यूनानी, पारसीक तथा मुख्य रूप से रोमन थे। तमिल ग्रंथ यवनों के विषय में अनेक महत्वपूर्ण सूचनाएं प्रदान करते हैं।

मनुस्मृति[70] में यवनों का अनेक देशी एवं विदेशी जातियों के साथ उल्लेख किया गया है जिनमें पौंड्र, चंद्र, द्रविड़, कंबोज, शक, पारद, पह्लव, चीन, किरात, दरद और खष आदि महत्वपूर्ण हैं। मनु के अनुसार उपरोक्त वर्णित जातियां क्षत्रिय थीं किंतु धीरे-धीरे उपनयनादि क्रियाओं के विलुप्त हो जाने तथा ब्राह्मणों के साथ यज्ञ, अध्यापन और प्रायश्चित आदि के लिए संपर्क न होने के कारण वृषल हो गईं।

मुद्राराक्षस[71] से विवरण मिलता है कि हिमालय के मित्र राजाओं के समूह ने मौर्य सम्राट चंद्रगुप्त को मिश्रित नस्ल की एक सेना उपलब्ध कराई जिसमें शक, यवन, किरात, कंबोज, पारसीक तथा वाह्लीक आदि सम्मिलित थे।

महाभारत[72] उल्लेख करता है कि आभीरों तथा यवनों को समाज में अनिर्वासित शूद्र की तरह मिलाया गया है। *अत्रि संहिता*[73] में शकों, यवनों, कंबोजों, वाह्लीकों तथा खषों से उपहार लेने, भोजन ग्रहण करने तथा उनकी स्त्रियों से यौन संबंध निषेध किया गया है।

गरुड़ तथा *मार्कंडेय* पुराणों में भारतीय तथा विदेशी जातियों के साथ यवनों का उल्लेख है।[74] *भागवतपुराण* में किरातों, आभीरों, हूणों तथा यवनों को कृष्ण को समर्पित कर उनके शुद्धीकरण का वर्णन किया गया है।[75] *हरिवंश पुराण* में यवनों को सिर के बाल खुले हुए रखने वाला बताया गया है।[76] *मत्स्यपुराण* में भी सीमा पर रहने वाले म्लेच्छ, यवन और किरातों का वर्णन मिलता है।[77] पुराणों[78] में काल यवन नामक राजा का उल्लेख मिलता है जिसकी तुलना डेमेट्रियस अथवा मिनांडर से की जा सकती है।

मज्झिमनिकाय (43.1.3) में बताया गया है कि यवनों, कंबोजों तथा अन्य सीमावर्ती जातियों के मध्य आर्य एवं दास नामक केवल दो ही वर्ग थे। वे परस्पर आर्य एवं दास हो सकते थे।[79] श्रीलंका के इतिहास में योनों के अलसंद का ई.पू. 133 में एक बड़े नगर के रूप में विवरण मिलता है। जहां बौद्ध भिक्षु सम्मेलन के लिए एकत्रित होते थे। *महावंश* के अलसंद की पहचान कतिपय विद्वान काबुल के निकट सिकंदर द्वारा बसाई गई सिकंदरिया (अलेक्जेंड्रिया) नगरी से करते हैं।[80] *मिलिंदपञ्ह* के अनुसार यवन राजा मिलिंद का जन्म इसी द्वीप के कालसी नामक ग्राम में हुआ था।[81] सरकार ने अभिलेखिक साक्ष्यों के आधार पर अलसंद की पहचान कंदहर से की है। उनके मतानुसार अलसंद का दोआब दक्षिणी अफगानिस्तान में हेलमुंड तथा तारनीक नदियों के मध्य में हो सकता है।[82]

मिलिंदपञ्ह का लेखक एक अत्यंत रोचक विवरण देता है कि योनकों के प्रदेश में साकल नामक नगर है, जो व्यापार का प्रमुख केंद्र है। यह नगर जल, पर्वतों, उपवनों, झीलों एवं तालाबों से परिपूर्ण है तथा नदियों, पहाड़ों एवं काष्ठ का स्वर्ग है। बुद्धिमान चित्रकारों ने इसकी रूपरेखा तैयार की है। यहां के नगर निवासी अत्याचारों से अनभिज्ञ हैं क्योंकि शत्रुओं एवं विरोधियों का दमन कर दिया गया है। साकल मिलिंद की राजधानी थी।[83] मिलिंद का समय ई.पू. दूसरी शताब्दी माना जाता है।[84] टॉलमी ने इसे यूथेडेमिया कहा है, जो कि मद्रों की राजधानी थी।[85] कनिंघम ने साकल की पहचान रावी नदी के पश्चिम में सांगल वाला तिबा (कुषाण तिब) से की है[86]। चीनी यात्री ह्वेनसांग के अनुसार साकल (सी-की-लो) का पुराना नगर 20 ली के घेरे में था। यहां हीनयान संप्रदाय का एक मठ भी था जिसमें 100 बौद्ध भिक्षु रहते थे। इसी मठ में बसुबंधु ने *अभिधर्मकोषव्याख्या* (शीगं-मी-ती-लुन) नामक ग्रंथ की रचना की थी।[87]

गार्गी संहिता के युगपुराण खंड में वार्णित है कि नक्षत्र विज्ञान के प्रणेता यवन ही हैं अतः उनका देखने वालों के रूप में सम्मान किया जाता हैं।[88] वराहमिहिर कृत

बृहतसंहिता में उल्लेख है कि यवन यद्यपि विदेशी हैं परंतु उन्होंने खगोल विज्ञान का विकास किया है।[89] स्फूजीध्वज का *यवन जातक* जो कि लगभग 26 ई. के आसपास रचित है, खगोल विज्ञान से संबंधित यूनानी ग्रंथ का अनुवाद था। यह अनुवाद 149 ई. में यवनेश्वर द्वारा किया गया। इसमें भारतीय ज्योतिषियों के लिए विस्तार से खगोलीय निर्देश दिए गए हैं।[90]

कालिदास के *मालविकाग्निमित्रम्* नामक नाटक के पांचवें अध्याय में सिंधु नदी के तट पर हुए एक संघर्ष का जिसमें पुष्यमित्र शुंग के पौत्र वसुमित्र द्वारा यवन सेना को पराजित करने का उल्लेख मिलता है।[91]

पांचवीं ईस्वी के टीकाकार बुद्धघोष ने पालि धार्मिक साहित्य पर अनेक टीकाओं में कुछ निश्चित जातियों को म्लेच्छ कहा है[92]। *मनोरथपुराणि* में *अंगुतरनिकाय* पर अपनी टीका में दमिल, किरात तथा यवन भाषाओं को म्लेच्छ भाषा कहा है।[93] एक अन्य टीका *सम्मोहन विनोदिनी* में बुद्धघोष ने आंध्रों, किरातों, योनकों एवं दमिलों की भाषा के ऊपर मगध भाषा की सर्वोच्चता स्थापित की है और कहा है कि इसके प्रति आदर न होने के बावजूद बुद्ध के वचनों की भाषा मगधी भाषा को सीखने का प्रयास करना चाहिए।[94]

मनुष्यप्रज्ञापन सूत्र (36.1) में स्त्रियों पुरुषों और म्लेच्छों के विषय में नृवंशीय सूचनाएं दी गई हैं, इनमें से म्लेच्छों की निम्न पांच प्रजातियां बताई गई हैं–शक, यवन, सिलात, सबर और बर्बर।[95]

अभिलेख

भारतीय अभिलेखों में 'योन' एवं 'यवन' जातीय शब्दों का प्रथम उल्लेख अशोक के द्वितीय, पांचवें तथा तेरहवें शिलालेखों में मिलता है। द्वितीय शिलालेख में योन राजा अंतियोक का उल्लेख मिलता है किंतु अन्य योन राजाओं का वहां बिना नाम दिए अंतियोक के पड़ोसियों के रूप में वर्णन है। इसके अनुसार अंतियोक एवं उसके पड़ोसी राज्यों में अशोक द्वारा मानव चिकित्सा और पशु चिकित्सा की व्यवस्था की गई थी। पांचवें शिलालेख में अशोक द्वारा यवनों, कंबोजों, गंधारों एवं अन्य अपरांतों में धर्ममहामात्र नियुक्त करने का उल्लेख है। ये महामात्र भृत्यों (शूद्रों), ब्राह्मणों व इभ्यों (राजाओं = क्षत्रियों) में, अनाथों व वृद्धों में, उनके हित व सुख के लिए तथा धर्मात्माओं की बाधाएं दूर करने के लिए नियुक्त किए गए थे। तेरहवें शिलालेख में अंतियोक (सीरिया का एंटीयोकस द्वितीय थियोस, ई.पू. 261-246), तुलमय (मिस्र का टॉलमी

द्वितीय, ई.पू. 285-24), अंतेकिन (मकदूनिया का एंटीगोनस गोनतस, ई.पू. 278-239), मक (उत्तरी अफ्रीका के सीरीन का मेगस, ई.पू. 300-258) एवं अलिकसुंदरो (एपिरस का एलेक्जेंडर, ई.पू. 272-258) नामक अशोक के पांच पड़ोसी राजाओं के नाम हैं। इनमें अंतियोक का नामोल्लेख दूसरे शिलालेख में भी है। यहां अंतियोक के राज्य को छह सौ योजन दूरी के अंदर बताया गया है और शेष योन राज्यों को अंतियोक के राज्य से दूर। दोनों ही विवरणों में अंतियोक अशोक का निकटतम पड़ोसी है। ये सभी राजा सिकंदर के सेनापतियों के वशंज थे। अशोक ने उनके राज्यों में दूत भेजकर वस्तुतः कितनी सफलता प्राप्त की, कहना कठिन है। रीज डेविडस को इसमें बहुत शंका थी कि यूनानियों ने अशोक की धर्म विजय को गंभीरता से लिया होगा। इसके विपरीत रायचौधरी, मुखर्जी, भंडारकर और बरुआ अशोक के दावे को उसकी इस क्षेत्र में यथार्थ सफलता पर आधारित मानते हैं।[96] ओ. स्टीन के अनुसार अशोक के समय में 'योन' शब्द का प्रयोग भारत अर्थात जंबू द्वीप से बाहर रहने वाले पश्चिमी लोगों के लिए प्रयुक्त किया गया है। उनका मानना है कि पांच राजाओं को अशोक द्वारा योन कहने का कारण या तो उनकी राष्ट्रीयताएं अथवा उनके द्वारा ग्रीक भाषा का प्रयोग किया जाना रहा होगा। ओ. स्टीन के मतानुसार 'योन' शब्द से अशोक का तात्पर्य उक्त राजाओं के अधीन यूनानी प्रजा से था।[97]

बेसनगर का गरुड़ध्वज स्तंभ एक मात्र ऐसा अभिलेख है जिसमें एक यूनानी द्वारा भारतीय भाषा में अपनी राष्ट्रीयता का उल्लेख किया गया है। इसमें बताया गया है कि देवों के देव वासुदेव का यह गरुड़ध्वज स्तंभ यहां भागवत हेलियोडोरस द्वारा स्थापित किया गया जो दिय का पुत्र, तक्षशिला का निवासी, महाराज अंतलिकितस के पास से राजा काशीपुत्र भागभद्र त्राता वर्धमान के पास उसके राज्य के चौदहवें वर्ष में आया हुआ यवन दूत था।[98]

प्रथम रुद्रदामा का जूनागढ़ शिलालेख[99] जो कि प्राचीन भारत के अत्यंत महत्वपूर्ण अभिलेखों में से एक है। इस लेख की भाषा संस्कृत है लेकिन यत्र-तत्र प्राकृत का प्रभाव भी देखने को मिलता है। इस लेख की तिथि 155 ई. के आसपास मानी जाती है। इसमें अशोक द्वारा नियुक्त सौराष्ट्र के राज्यपाल यवन तुषास्फ का वर्णन है, जिसने सुदर्शन तड़ाग से नहरें निकलवाने का कार्य किया।

खारवेल का हाथीगुंफा अभिलेख[100] (भुवनेश्वर के समीप उदयगिरि से प्राप्त) की आठवीं पक्ति में यवनराज दिमित का उल्लेख मिलता है। आर.डी. बनर्जी[101] और

के. पी. जायसवाल[102] ने स्ट्रैबो और *युगपुराण* को उद्धृत करते हुए उक्त यवनराज दिमित की साम्यता हिन्द-यवन शासक डिमेट्रियस से की है। यद्यपि यह सुझाव विद्वानों को अग्राह्य है क्योंकि खारवेल डिमेट्रियस के समकालीन नहीं है। डी. वासिलियादिस का मत है कि यवनराज दिमित कोई अन्य शासक है जिसने यवन उपाधि धारण कर ली थी।[103]

नासिक[104], कार्ले[105] और जुन्नार[106] की बौद्ध गुफाओं के दानकर्ताओं ने अपने आपको यवन घोषित किया है। नासिक में एक यवन धर्मदेव का पुत्र है। कार्ले की चैत्य गुहा में स्तंभों का दानकर्ता धम्म, सिहदय, चुलख्य और यसवधन द्वारा बनवाया गया है। एक अतिरिक्त स्तंभ यवन धम्म धाय के परिवारिक सदस्य द्वारा निर्मित कराया गया है। वे सभी एक स्थान धेनुकाकट से आए थे। एक अन्य स्तंभ उमेहनकाकट के यवन विटसमगत द्वारा दान किया गया है। इसी प्रकार जुन्नार के अभिलेखों में गोथिक, इरिला और चंद्र जैसे बौद्ध यवन दानकर्ताओं के नाम वर्णित है। उनके मूल निवास स्थानों धेनुकाकट और उमेहनकाकट की पहचान के विषय में विद्वान एकमत नहीं हैं किंतु दानकर्ताओं के नाम पूर्णरूपेण भारतीय हैं।[107]

नासिक अभिलेख[108] संख्या 2 में गौतमीपुत्र सातकर्णि की मां गौतमी बलश्री ने अपने पुत्र का उल्लेख करते हुए कहा है कि उसने शकों, यवनों और पह्लवों का नाश किया। वास्तव में ये ऐतिहासिक कम अतिशयोक्तिपूर्ण विवरण अधिक प्रतीत होता है। यदि इस तथ्य को सत्य मान भी लिया जाए तो संभवतः यह अंतिम अवसर है जब यूनानियों के कुछ महत्वपूर्ण होने का उल्लेख किया गया है।[109]

कृष्णा जिले के अल्लारू से प्राप्त द्वितीय अथवा तृतीय श.ई. के अभिलेख से मत्स्य मुख वाले, यवनों द्वारा निर्मित, दीपों का वर्णन मिलता है। तीसरी श.ई. के नागार्जुनीकोंडा भी प्रायद्वीपीय भारत में एक यवन बस्ती का उल्लेख करता है।[110]

खारवेल के पश्चात उड़ीसा का इतिहास पर्याप्त रूप से ज्ञात नहीं है। सामान्यतः यह माना जाता है कि मध्य के स्थानीय राजवंश उस समय तक शासन करते रहे, जब तक कि यवन आक्रमणकारियों ने उन्हें पद्च्युत नहीं कर दिया। सर विलियम हंटर[111] ने यवन आक्रमणकारी का नाम वहां से प्राप्त भोजपत्र पांडुलिपि के आधार पर रक्ताभू बताया है। उनके अनुसार रक्ताभू का समय चौथी शताब्दी ई. का प्रारंभिक भाग रहा होगा। पांडुलिपि में आक्रमणकारी को रक्ताभू तथा उसके वशंजों को यवन कहा गया है। इस वंश के यवनों ने केसरी वंश के द्वारा हटाए जाने तक उड़ीसा में शासन किया। बाख्त्री-यवनों ने प्रथम श.ई. तक उत्तर-पश्चिम भारत में शासन किया।

संभवतः इनमें से कुछ उड़ीसा के आंतरिक भागों की ओर चले गए और चतुर्थ श.ई. के आसपास उन्होंने अपने वंश की सत्ता स्थापित की। यह भी कहा जा सकता है कि इन यवनों का धीरे-धीरे इतना भारतीयकरण हो गया कि पहले आक्रमणकारी का भारतीय नाम रक्ताभू रख दिया गया।

संदर्भ

1. मोनियर विलियम, *संस्कृत-इंग्लिश डिक्शनरी* में 'यवन', द्वितीय संस्करण, आक्सफोर्ड, 1899, पुनः प्रकाशित, मुंशी राम मनोहर लाल पब्लिशर्स, नई दिल्ली, 1994; वामन शिवराम आप्टे, *संस्कृत-इंग्लिश डिक्शनरी,* पूना, 1890; एच.एच. विल्सन, *संस्कृत-इंग्लिश डिक्शनरी,* दिल्ली, 1979 (1815); थियोडोर बेन्फे, *संस्कृत-इंग्लिश डिक्शनरी,* गोंतिजेन, 1866; ओटोबोतलिकं उडं रोथ रूडोल्फ, *संस्कृत-बोरतरबुक,* सेंट पीटर्सबर्ग, 1855-75।
2. इ.जे. रैप्सन (*कल्चरल हिस्ट्री ऑव इंडिया,* खंड-1, पृ 487) तृतीय श.ई. से पूर्व; ए.के. नारायण, *दि इंडो-ग्रीक्स,* पृ. 1 में ई. सन् के प्रारंभ तक।
3. यूनानी मिथक के अनुसार आयोनियनों के मिथकीय पूर्वज 'आयोन' से 'आयोनियन' की उत्पत्ति हुई। आयोन अपोलो और क्रेउशा का त्याज्य पुत्र था। 'यवन' शब्द का 'व' स्वर मूल ग्रीक डिगाम का प्रतिनिधित्व करता है तथा इसके प्राचीनतम उच्चारण की ओर संकेत करता है।
4. 'योन' (T) या 'ओना', 'योन' और यौना शब्द डेरियस के अभिलेखों में और यौना शब्द जेरेक्सीज के पर्सीपोलिस अभिलेख में उपलब्ध है। ये सभी अभिलेख क्यूनीफार्म लिपि में तथा पुरानी पर्सियन भाषा में लिखे गए हैं। कृपया देखें *सिलेक्ट इंसक्रिप्संस,* भाग-1, पृ. सं. 3, 7, 10 तथा 12।
5. संख्या 3430 में एडवर्ड गुडरिक और जॉन आर कोहलेनबरगर द्वारा संपादित, *एन आई वी एग्जास्टिव कानकार्डेंस,* जोंर्डवन, मिशिगन, 1990, *द न्यू अपेरिकिन स्टैंडर्ड एग्जास्टिव कानकार्डेंस ऑव दि बाइबिल,* {(ब्राडमैन एवं हालमैन, नाशविले टी. एन., 1981), पृ. 1529}।
6. एच.डी.एफ. किटटो, *द ग्रीकस,* पेंग्विन बुक्स, 1951, पृ. 81।
7. ए.आर.बर्न, *द पेलिकन हिस्ट्री ऑफ द ग्रीस,* 1965, पृ. 146।
8. के.सी. सागर, *फॉरेन इन्फ्लूएंस ऑन एंशियंट इंडिया,* पृ. 21।
9. तदैव, पृ. 21।
10. तदैव, पृ. 20।
11. तदैव, पृ. 21।
12. तदैव, पृ. 23।
13. आर. जी. केंट, *ओल्ड पर्सियन ग्रामर,* लेक्सीकोन टेक्स्ट, पृ. 204, कृपया देखें *बोर्थलोम्ये अल्तरानिस्चेज बोरतरबुक,* पृ. 1231।
14. तदैव।
15. *इन्साइक्लोपीडिया जुडेका,* खंड-9, 'जवन' 9.1 130।

16. वासुदेव शरण अग्रवाल, *पाणिनि कालीन भारत,* पृ. 303, चौखंभा विद्याभवन, विद्या विलास प्रेस, वाराणसी, 1969।
17. पाणिनि उदीच्य देश के थे। ह्वेनसागं ने पाणिनि को निश्चित रूप से गंधार देश का कहा है। पाणिनि की जन्मभूमि शलातुर गंधार में ही थी, जिसके कारण पाणिनि को शलातुरीय भी कहा गया है, तदैव, पृ. 13।
18. सुधाकर चट्टोपाध्याय, *दि एकेमेनिडस एंड इंडिया,* पृ. 38। मुंशीराम मनोहर लाल पब्लिशर्स प्रा.लि., द्वितीय संशोधित संस्करण, 1974।
19. इ.जे. रैप्सन, *कल्चरल हिस्ट्री ऑव इंडिया,* पृ. 40।
20. ए.के. नारायण, *इंडो ग्रीक्स,* पृ. 5।
21. के.ए. नीलकंठ शास्त्री, *नंद-मौर्य युगीन भारत,* पृ. 368।
22. वासुदेव शरण अग्रवाल, *पाणिनि कालीन भारत,* पृ. 303।
23. अलोका पराशर, *म्लेच्छाज इन अर्ली इंडिया,* पृ. 225।
24. लुईस रेनू, *ला ग्रामेर दे पाणिनि,* 1966, IV. 1.49।
25. एफ. एजरटन, *बुद्धिस्ट हाईब्रिड संस्कृत ग्रामर एंड डिक्शनरी,* भाग-दो, पृ. 44।
26. सुधाकर चट्टोपाध्याय, तदैव, पृ. 39।
27. डी.सी. सरकार, *स्टडीज इन दि ज्योग्राफी ऑफ एंशियंट एंड मेडिवल इंडिया,* एम. बी. दास, 1971, पृ. 198।
28. मेनियर विलियम की *संस्कृत-इंग्लिश डिक्शनरी,* 1899, पृ. 848।
29. आर.एल. मित्रा, 'आन दि सपोज्ड आइडेंटिटी ऑफ द यवनाज', *जे. एस. एस. बी,* XL III, पृ. 253।
30. मोनियर विलियम, की *संस्कृत-इंग्लिश डिक्शनरी,* पृ. 848।
31. मोनियर विलियम, तदैव।
32. ए.के. नारायण, *दि इंडो-ग्रीक्स,* पृ. 153।
33. सुधाकर चट्टोपाध्याय, *दि एकेमेनिडस एंड इंडिया,* पृ. 39।
34. पोकोक, (*इंडिया इन ग्रीस,* पृ. 96, 4.2) ने भारतीयों के पूर्व ऐतिहासिक काल में यूनान जाने की बात को सिद्ध करने के लिए अनेक प्रकार की कल्पनाएं की हैं। उनके अनुसार यूनानी शब्द 'आयोनियन' संस्कृत के 'हियानियनस' (अश्व पर सवार होने वाले) से निःसृत है। 'यवन्नत' और 'यवनु' शब्द जो कि बाद के सिंहली अभिलेखों में मिलते हैं, के अर्थ भी तेज गति से है। *इपीग्राफिया जेयलानिका,* खंड 1, 1904-1912, पृ. 47, 97 और 235। डेमेट्रियस वसालियाडिस, 'ट्रेडिशनल व्यूज एबाउट द ओरिजन ऑव यवनाज' *यवनिका,* सं. 5, 1995, पृ. 47।
35. ए.के. नारायण, *दि इंडो-ग्रीक्स,* 1996, पृ. 202-208।
36. सुधाकर चट्टोपाध्याय, *द एकेमेनिडस एंड इंडिया,* पृ. 39।
37. तदैव।
38. कृपया देखिए जेनेसिस 9 (19) और 10 (1-4)।
39. जेनेसिस के अतिरिक्त 'यवन' शब्द का उल्लेख *फर्स्ट बुक ऑफ क्रॉनिकल* I, 5 और 7; *एजेकील,* XXV IL 12, 13 और 19; इसाईया, LX VI, 19; डैनियल VIII; 21, X :

20, और XI : 2 : जोयल, III : 6 :; और जेकारिया, IX, 13 में भी मिलता है।

40. नं. 34 30, *दि एन. आई. वी एक्जास्टिव कानकार्डेंस,* एडवर्ड डब्ल्यू. गुडरिक और जॉन आर. कोहलेन बर्गर द्वारा संपादित, जोंडरवन, मिशिगन, 1990।
41. द *न्यू अमेरिकन स्टैंडर्ड एक्जास्टिव कानकार्डेंस ऑफ दि बाइबिल* (ब्राडमैन एंड हालमैन, नाशविले टी. एन., 1981), पृ. 1529।
42. चार्ल्स. सी. टोरी, 'यावान एंड हेलाज' ऐज डिजिगनेशसन्स ऑव दि सेल्यूसिड अंपायर; *जर्नल ऑव द अमेरिकन ओरियंटल सोसाइटी,* 5, 1904, खंड 25, पृ. 302।
43. *महाभारत,* सभा पर्व, 47, 48; भीष्म पर्व 71.20; *रामायण,* बालकांड, 18-21।
44. अशोक के शिलालेख II, V, XIII (हुल्श, *सी.आई.आई.,* 2.8.23); *मज्झिमनिकाय,* 2.149; *दीपवंश,* 8, 9; *महावंश,* 12.5 एवं 39.39।
45. सुधाकर चट्टोपाध्याय, तदैव।
46. *मिलिंदपञ्ह,* पृ. 1, 3, 19-20 इत्यादि; *महावंस,* xii, 4, *दीपवंस,* VIII, 7।
47. *प्रवचन सारोद्धार,* पृ. 445 बी; *प्रज्ञापनसूत्र,* पृ. 64। जैन प्राकृत स्रोतों से अन्य के लिए देखें, *अभिधानराजेंद्र,* पृ. 1430।
48. ईगर्टन, *बुद्धिस्ट हाईब्रिड संस्कृत डिक्शनरी,* पृ. 447-48;।
49. पिशारोटी, *इंडियन कल्चर,* II, 5 74। ए. के. नारायण के अनुसार (*दि इंडो-ग्रीक्स* : 206)। जोनोन् या जोनक शब्द का प्रयोग अभी तक विदेशी के अर्थ में भारत के पश्चिमी तटवर्ती प्रदेशों में होता है। तमिल में इसका रूप चोणक है, और तेलुगु में झोनंगि (Dzonangi)।
50. तिब्बती रूप।
51. पिशेल, *ग्रामटीक डेर प्राकृत-स्प्राखेन,* पृ. 175, 252।
52. टार्न, पृ. 416-18। इस मत का पूर्ण अनुमोदन श्रीमती बीजेन फूशेन ने भी किया है। *जर्नल एशियाटिक,* 1938, पृ. 507।
53. जौनस्टन, *जर्नल ऑव रायल एशियाटिक सोसाइटी,* 1939, पृ. 226; ऐलन, *मार्शल की तक्षशिला,* ii, 863 में; टार्न एडेंडा (द्वितीय संस्करण), पृ. 538 में भी यह स्वीकार किया है कि प्रो. स्टेनकोनो और डब्ल्यू.एच. बेली ने अपने पत्रों में उन्हें ऐसा प्रयोग बताया। और भी देखें गोंडा, *नेमोसिन,* चौथी सीरीज, ii, 45-46।
54. गोंडा पूर्वोद्धृत, ने ऐसे प्रयोगों के कुछ ईरानी उदाहरण भी दिए हैं। प्राचीन फारसी में करेस (Kapes) को कृका कहते हैं, और प्राचीन फारसी में 'हिंदू' की जगह मध्यकालीन फारसी में 'हिंदूक' पाया जाता है।
55. ए.के. नारायण, तदैव, परिशिष्ट, पृ. 202-208।
56. गोंडा, जे., टार्नस हाइपोथिसिस ऑन दि ओरिजिन ऑव दि मिलिंदपञ्हो; *नीमोसिन* (Mnemosyne) (*बिब्लियोथिका क्लासिका बटावा,* द्वितीय खंड) लाइडेन, 1949, पृ. 47।
57. ए.के. नारायण, तदैव।
58. तदैव।
59. *गौतम धर्मशास्त्र,* IV . 21।
60. जी. ब्यूहलर, सैक्रेड लॉ ऑव दि आर्याज, *सैक्रेड बुक ऑव दि ईस्ट,* खंड 2, पृ. 41।

61. रामशरण शर्मा, *शूद्राज इन एंशियंट इंडिया,* 1958, पृ. 119।
62. *महाभारत,* 6, 75, 17-21; 6, 83, 10 डी (आलोचनात्मक संस्करण); 7, 7, 14; 12, 207, 43.44; 7, 119, 13-15; 8, 46, 15-16; 8, 88, 16-18; 8, 5, 20; 9, 1, 27 इत्यादि।
63. *रामायण,* बालकांड LV, 2, 3; LIVI, 18-20 (आलो. संस्करण)।
64. *महाभारत,* आदि पर्व, 174, 85, 34 (गीता प्रेस)।
65. *महाभारत,* आदि पर्व CLXXVII ; 35-37, एम. एन. दत्ता द्वारा अनुवादित (सात खंड) पुनः प्रकाशित, परिमल पब्लिकेशन, दिल्ली, 1988 (1986)।
66. *महाभारत,* VIII, 45, 36।
67. एन. सुब्रमण्यिम, *प्री पल्लव तमिल इंडेक्स,* पृ. 716; *मणिमेखलै* XIX, 108।
68. डब्ल्यू.डब्ल्यू. टार्न, *इंडिया एंड दि ग्रीक वर्ल्ड,* पृ. 179।
69. तदैव, पृ. 93।
70. *मनुस्मृति,* 10.44।
71. के.ए. नीलकंठ शास्त्री, *कंपोजिट हिस्ट्री ऑव इंडिया,* ओरियंट लांगमैन्स, कलकत्ता, मद्रास, 1957, पृ. 4।
72. *महाभारत* 1, 4.10।
73. *अत्रि संहिता,* VII . 2; पी. वी. काणे, *हिस्ट्री ऑव धर्मशास्त्राज,* II, पृ. 384 से उद्धृत।
74. एम.पी. त्रिपाठी, *डेवलपमेंट ऑव ज्योग्राफिक नॉलेज इन एंशियंट इंडिया,* पृ. 230।
75. *भागवत पुराण,* II. 4.18।
76. के.ए. नीलकंठ शास्त्री, *कंपोजिट हिस्ट्री ऑव इंडिया,* पृ. 190।
77. पी.वी. काणे, *हिस्ट्री ऑव धर्मशास्त्राज,* खंड 3, बी.ओ.आर.आई., पृष्ठ 67।
78. *विष्णुपुराण,* IV. 23.1.21; *भागवतपुराण,* III. 3.70; IV. 28.1.8; X. 50-51 (*हरिवंश पुराण* का आलोचनात्मक संस्करण, पृ. 130; जयराजभाय, *फॉरेन इन्फ्लूयंस इन इंडिया,* पृ. 73।
79. हुल्श, *कार्पस इंसक्रिप्संस इंडिकेरम,* खंड 1, पृ. 209।
80. *महावंश,* टर्नर द्वारा अनूदित, पृ. 110, अलीसमदग (एक दाल का नाम) और अलकंदम (द्वीप का नाम) को अलेक्जेंड्रिया से संबंधित बताया गया है; पी-पिलट, *नोट्स आन मार्कोपोलो,* I, 1959, पृ. 29।
81. *महावंस,* ट्रेक्नर संस्करण, पृ. 82-83, *सी.एच.आई,* पृ. 550।
82. डी.सी. सरकार, *स्टडीज इन दि ज्योग्राफी ऑव-एंशियंट एंड मेडिवल इंडिया,* एम.वी. दास, 1971, पृ. 198।
83. एच.डी. राविलंसन, *इंटरकोर्स बिटवीन इंडिया एंड द वेस्टर्न वर्ल्ड,* पृ. 198।
84. डी.सी. सरकार, तदैव, पृ. 198।
85. *महाभारत,* II. 32.14।
86. कनिंघम, *एंशियंट ज्योग्राफी,* पृ. 180।
87. वाटर्स, *आन युवान च्वांग,* I, पृ. 291।
88. जयराज भाय, तदैव।

89. *बृहत्संहिता,* II. 15।
90. द अलेज्ड ग्रीक इन्फ्लूयंस ऑव हिंदू आस्ट्रानामी, *आई. एच. क्यू.,* IV, 1928 पृ. 70-75।
91. ए.के. नारायण, *दि इंडो-ग्रीक्स,* पृ. 82।
92. *समंतपसादिका* (*विनयपिटक* पर टीका 1.8.4) खंड 1, पृ. 255।
93. *मनोरथपुराणि,* खंड द्वितीय, 289, "दमिल किरात यवनादि मिलखनाम् भाषा"।
94. *सम्मोहन विनोदनी,* विभंगत्थ कथा, 288।
95. एम.पी. त्रिपाठी, तदैव, पृ. 230।
96. श्रीराम गोयल, *प्राचीन भारतीय अभिलेख संग्रह,* खंड 1, जयपुर, 1982, पृ. 38, 44 एवं 63।
97. ओ. स्टीन, यवनाज इन अर्ली इंडियन इंसक्रिप्शंस, *इंडियन कल्चर,* खंड प्रथम (2); पृ. 343।
98. *"देव देवस वासुदेवस गरुड़ध्वजे अयं*
    कारिते इय हेलियोदोरेण भाग -
    वतेन दियन पुत्रेण तखसिलाकेन
    योन दूतेन आगतेन महाराजस
    अन्तलिकितस उपंता सकासं रजो
    कासीपुत्रस भाग भद्रस त्रातारस
    वसेन चतुदसेन राजेन वधमानस
    द्वितीय भाग
    (त्रिनि अमुत पदानि इअ सु अनुठीतानि
    नियन्ति स्वगम दया चाग अप्रमाद")
    सिलेक्ट इंसक्रिप्संस, I, पृ. 90-1; *मेमोआयरस आव ए. एस. आई.,* नं. 1, प्लेट II; एनूअल रिपोर्ट, 1908-9।
99. *एपीग्राफिया इंडिका,* खंड-8, पृ. 43; *सिलेक्ट इंसक्रिप्शंस,* भाग 1, पृ. 171।
100. *सिलेक्ट इंसक्रिप्संस,* I, पृ. 208; *इपी. इंडिका,* 20, 1929-30, पृ. 72।
101. *इपी. इंडिका,* 20, पृ. 72।
102. 'डिमेट्रियस, खारवेल एंड दि गार्ग संहिता' *जर्नल आव दि बिहार एंड उड़ीसा रिसर्च सोसाइटी,* XIV, 1928, पृ. 127-28।
103. डी. वसालियादिस, *दि ग्रीकस इन इंडिया,* दिल्ली, 1999, पृ. 105-137।
104. *एपीग्राफिया इंडिका,* खंड 8, पृ. 90।
105. ओ. स्टीन, 'यवनाज इन अर्ली इंडियन इंसक्रिप्शंस', *इंडियन कल्चर,* खंड 1, पृ. 343; एस.डी. डोगरा, ग्रीक ऑर यवना डोनरस इन एंशियंट इंडिया, *पुरातत्व,* सं. 8, इंडियन आर्कियालॉजिकल सोसाइटी, दिल्ली, पृ. 186।
106. *आर्कियालॉजिकल सर्वे ऑव वेस्टर्न इंडिया,* खंड 4, संस्करण 5, पृ. 93।
107. एस.बी. लाल, "यवन शब्दार्थ परिवर्तन-अभिलेखों के आलोक में", *परस्पेक्टिवस इन इंडियन हिस्ट्री,* ए. के. सिनहा (संपा.), दिल्ली, 2004, पृ. 217-222।
108. *इपी. इंडिका,* खंड 8, पृ. 60, 105।

109. रोमिला थापर, *भारत का इतिहास,* पृ. 91।
110. एच.पी. रे, "द यवनाज प्रजेंस इन इंडिया", *जर्नल आव दि इकोनोमिक एंड सोशल हिस्ट्री आव दि ओरियंट,* लीडेन, 31, 1988, पृ. 311-325।
111. विलियम हंटर "उड़ीसा" खंड 1, *आई. एच. क्यू,* 1928 पृ. 206।

2. यवन : शब्दार्थ परिवर्तन कारक

शब्दार्थ और उनकी परिभाषाएं समयानुसार परिवर्तित होती रहती हैं। एक शताब्दी से दूसरी शताब्दी तक की यात्रा शब्दों को अर्थदृष्टि से गहन और सबल बनाने का कार्य संपन्न करती है। शब्दों के अर्थ परिवर्तन की प्रक्रिया में सामाजिक और राजनीतिक बदलाव परिलक्षित होता है। प्रस्तुत अध्याय में यह जानने का प्रयास मात्र है कि संस्कृत के 'यवन' शब्द को कब तक यूनानियों के लिए और कब से रोमन, अरब और अन्य राष्ट्रीयताओं के लिए भी प्रयुक्त किया जाने लगा।

प्राचीन भारतीय साहित्य और अभिलेखों में संस्कृत के 'यवन'[1] और पालि के 'योन'[2] शब्दों का प्रायः उल्लेख मिलता है। प्रारंभ में 'यवन' शब्द मूलतः आयोनिया में रहने वाले यूनानियों तत्पश्चात समस्त यूनानियों और कालांतर में पश्चिमी एशिया से भारत आने वाले यूनानियों, रोमनों, अरबों, तुर्कों तथा यूरोपियनों तक के लिए प्रयुक्त किया गया है।[3]

पारसीक सम्राट डेरियस प्रथम (ई. पू. 522-486) के नक्श-ए-रुस्तम अभिलेख में एशिया माइनर के आयोनियनों के लिए या-मा-नु शब्द का प्रयोग किया गया।[4] अधिकतर विद्वानों का मत है कि संस्कृत का 'यवन' शब्द पार्थियन 'यौना' शब्द से ग्रहण किया गया है।[5] यूनानी 'आयोन' तथा हिब्रू 'यावान' शब्द भी 'यवन' शब्द के समानार्थी हैं जिनका प्रयोग भी प्रारंभ में एशिया माइनर के आयोनियनों के लिए और बाद में समस्त यूनानियों के लिए किया जाने लगा।[6] पारसीक साम्राज्य का एशिया माइनर से पश्चिमोत्तर भारत तक विस्तार था। अतएव उनके द्वारा प्रयुक्त कुछ शब्दों का संस्कृत अथवा प्राकृत में स्थानापन्न अनिवार्य रूप से संभव हुआ। भारतीयों ने भी यवन शब्द का प्रयोग प्रारंभ में आयोनियन यूनानियों के लिए तत्पश्चात समस्त यूनानियों के लिए किया।

प्राचीन भारतीय साहित्य में 'यवन' शब्द विषयक सर्वप्रथम उल्लेख संस्कृत के प्रसिद्ध वैयाकरण पाणिनि के ग्रंथ *अष्टाध्यायी* (4.1.49) से प्राप्त होता है। उक्त ग्रंथ के एक सूत्र में आनुक प्रत्यय का प्रयोग समझाते हुए यवनानी शब्द का वर्णन किया गया है। इसी संदर्भ में कात्यायन ने अपने *वार्तिका*[7] में बताया है कि 'यवनानी' शब्द का अर्थ यवनों की लिपि है (यवनाललिप्याम)। यहां कात्यायन ने यवनानी शब्द का विवरण मात्र दिया है। यह मानना उचित नहीं होगा कि पाणिनि को यवनानी शब्द का अर्थ नहीं ज्ञात था क्योंकि इसी सूत्र में प्रयुक्त हिमानी, अरण्यानी और यवानी आदि शब्दों पर भी कात्यायन के व्याख्यापरक वार्तिक ही है। यवनानी लिपि का उल्लेख प्राचीन साहित्य में अन्यत्र भी मिलता है। *समवायाङ्गः* सूत्र में लिपियों की सूची में जवणाणिया लिपि की भी गणना है। *पणवण्णा* सूत्र में भी यह सूची है। बेबर का मानना है कि यवनानी शब्द का तात्पर्य यूनानी लिपि से ही था। कीथ ने भी माना है कि यवनानी लिपि संभवतः आयोनियन यूनानियों की लिपि थी।[8] पाणिनि पश्चिमोत्तर भारत के गंधार प्रांत में तक्षशिला के निकट शलातुर का रहने वाला था। यह क्षेत्र पारसीक साम्राज्य की सेवा में कार्यरत आयोनियनों की गतिविधियों का प्रमुख स्थान था। एरियन के अनुसार सिकंदर के आक्रमण से पूर्व काबुल नदी के तट पर नीसा नामक हेलेनिक (यूनानी) बस्ती थी जिसकी स्थापना यूनानी दैवीय विजेता डायोनिसस ने की थी।[9] *अस्सलायनसुत्त, मज्झिमनिकाय* (11.149) में कंबोज जनपद के साथ एक योन राज्य का उल्लेख मिलता है। इस उल्लेख से एरियन के विवरण (*इंडिका,* V1, 2) की पुष्टि होती है।

भारतीय अभिलेखों में सर्वप्रथम 'यवन' एवं योन शब्दों का उल्लेख अशोक के तेरहवें, पांचवें एवं द्वितीय शिलालेखों में मिलता है। शहबाजगढ़ी तहसील युसुफजई, पेशावर (पाकिस्तान) से प्राप्त तेरहवें शिलालेख (*इपी. इंडिका,* भाग द्वितीय, पृष्ठ 463) में पांच योन राजाओं के नाम वर्णित हैं अंतियोक-एंटियोकस द्वितीय थियोस (ई. पू. 261-246), तुलमय-टॉलमी द्वितीय फिलाडेल्फस (ई. पू. 285-247), अंतेकिन-एंटीगोनस गोनातस (ई. पू. 276-239), मक-सीरीन का मेगस (मृत्यु ई. पू. 250 से पूर्व), अलिकसुंदरो-एपिरस का एलेक्जेंडर (ई. पू. 272-255)। मानसेरा, जिला हजारा (पाकिस्तान) से प्राप्त पांचवें शिलालेख (*इपी. इंडिका,* भाग द्वितीय, पृष्ठ 453) में वर्णित है कि अशोक के धम्म महामात्र यवन, कंबोज, गंधार राष्ट्रिक और पितनिकों के मध्य उनके कल्याण व सुख वृद्धि के लिए कार्यरत हैं। गिरनार पर्वत जूनागढ़ (गुजरात) से प्राप्त द्वितीय शिलालेख (*इपी. इंडिका,* भाग द्वितीय, पृष्ठ 449) में उल्लेख

है कि योनों के अतिरिक्त सभी में ब्राह्मणों और श्रमणों का अस्तित्व है।

बेसनगर गरुड़ध्वज स्तंभ[10] एक मात्र ऐसा अभिलेख है जिसमें एक यूनानी ने अपनी राष्ट्रीयता का भारतीय भाषा (संस्कृत) में उल्लेख किया है। इस अभिलेख में वर्णित है कि देवों के देव वासुदेव का यह गरुड़ध्वज यहां भागवत हेलियोडोरस द्वारा स्थापित किया गया जो दिय (dion) का पुत्र तक्षशिला का निवासी महाराज अंतलिकितस (Antialkidas) के पास से राजा काशीपुत्र भागभद्र त्राता वर्धमान के पास उसके राज्य के चौदहवें वर्ष में आया हुआ यवन दूत था। इसमें उल्लिखित अंतलिकितस–एंटियालिकिडस का एक भारतीय-यवन (इंडो-ग्रीक) राजा था। उसके सिक्के पंजाब से उपलब्ध हुए हैं। वह संभवतः युक्रेटाइडिज वंश का सदस्य था। गार्डनर आदि कुछ विद्वान उसे यूक्रेटाइडिस का पुत्र और हेलियोक्लीज का पौत्र मानते हैं।[11]

पालि साहित्य में *मिलिंदपञ्ह*[12] एक ऐसा ग्रंथ है जिसमें उल्लिखित योन राज मिलिंद की पहचान हिंद यवन राजा मिनांडर के साथ की जा सकती है। मिलिंदपञ्ह की परंपरा के अनुसार मिलिंद का जन्म काबुल के निकट अलसंदा[13] (अलेक्जेंड्रिया) के द्वीप में कालसी ग्राम में हुआ और उसकी राजधानी साकल (पंजाब के आधुनिक सियालकोट) में थी।

खारवेल का हाथीगुंफा अभिलेख[14] भुवनेश्वर के निकट उदयगिरि-खंडगिरि की पहाड़ियों में बनी प्राचीन जैन गुफाओं में से एक में जो हाथीगुंफा कहलाती है पर खुदा है। इस अभिलेख की आठवीं पंक्ति में यवनराज दिमित का उल्लेख मिलता है। आर.डी. बनर्जी[15] और के.पी. जायसवाल[16] ने स्ट्रैबो एवं *युगपुराण* को उद्धृत करते हुए उक्त यवनराज दिमित की पहचान हिंद-यवन शासक डेमेट्रियस के साथ की है। यह मत सभी विद्वानों को ग्राह्य नहीं है क्योंकि खारवेल डेमेट्रियस प्रथम का समकालीन नहीं था। यवनराज दिमित कोई अन्य शासक है जिसने यवन विरुद्ध धारण किया है।

प्रथम रुद्रदामा का जूनागढ़[17] शिलालेख प्राचीन भारत के अत्यंत महत्वपूर्ण अभिलेखों में से एक है। यह अभिलेख जूनागढ़ के निकट गिरनार पर्वत पर विद्यमान है। लेख की भाषा संस्कृत है और कहीं-कहीं पर प्राकृत का प्रभाव दिखाई पड़ता है। इस लेख की तिथि 155 ई. के आसपास मानी जाती है। यह संस्कृत भाषा का प्रथम महत्वपूर्ण लेख है। इसके पूर्व के प्रायः सभी लेख प्राकृत और पालि भाषा में लिखित हैं। जूनागढ़ लेख के पूर्वकालीन लेखों में केवल अयोध्या से मिला एक लेख संस्कृत भाषा में है परंतु वह प्रशस्ति न होकर दो पंक्तियों का एक लघु लेख मात्र है।

इस अभिलेख में महाक्षत्रप रुद्रदामा द्वारा झील के बांध के पुनर्निर्माण का वर्णन है। इसमें बताया गया कि मौर्य नरेश चंद्रगुप्त के गवर्नर (राष्ट्रीय) पुष्यगुप्त ने गिरनार के समीप जनपद कल्याण के लिए सुदर्शन झील का निर्माण कराया था। उसके बाद अशोक मौर्य के शासनकाल में तुषास्फ यवनराज ने इसमें से अनेक नहरें निकलवाईं। तदनंतर रुद्रदामा के शासनकाल में उर्जयत् पर्वत से निकलने वाली पलशिनी और सुवर्णसिक्ता आदि नदियों में भयंकर बाढ़ आई जिससे झील का बांध टूट गया। रुद्रदामा ने प्रजा की भलाई के लिए मंत्रियों के विरोध के बावजूद निजी कोष से विशाल धनराशि का व्यय करके बांध का पुनर्निर्माण कराया। यह कार्य उसके द्वारा नियुक्त पह्लव जातीय राष्ट्रीय सुविशाख ने किया।

इसमें अशोक मौर्य द्वारा नियुक्त सौराष्ट्र का राष्ट्रीय (राज्यपाल) तुषास्फ नाम से ईरानी लगता है लेकिन उसे यवन संबोधित किया गया है। संभवतः वह ईरानी संस्कृति से प्रभावित किसी यूनानी परिवार का सदस्य था। यदि यवन राज तुषास्फ को यूनानी के बजाय ईरानी मान लिया जाए तो कहा जा सकता है कि इस अभिलेख के रचना काल तक यवन शब्द गैर-यूनानी विदेशियों के लिए भी प्रयुक्त किया जाने लगा था।

नासिक, कार्ले और जुन्नार की बौद्ध गुफाओं के दानकर्ताओं ने स्वयं को यवन घोषित किया है। नासिक में एक यवन धर्मदेव का पुत्र है। कार्ले की चैत्य गुफा में स्तंभों का निर्माण कई यवन दानकर्ताओं धम्म,[18] सिहदय,[19] चुलख्य[20] और यसवधन[21] द्वारा कराया गया। एक अतिरिक्त स्तंभ यवन धम्मधाय[22] के पारिवारिक सदस्य द्वारा निर्मित कराया गया है। वे सभी एक स्थान धेनुकाकट से आए थे। एक अन्य स्तंभ मेहनकट के यवन विटसमगत[23] द्वारा दान में दिया गया है। इसी भांति जुन्नार के अभिलेखों में गोथिक, इरिला और चंद्र जैसे बौद्ध दानकर्ताओं के नाम वर्णित हैं।[24] मूल स्थानों धेनुकाकट और उमेहनकाकट की पहचान के विषय में विद्वान एकमत नहीं हैं किंतु दानकर्ताओं के नाम पूर्णतया भारतीय प्रतीत होते हैं। सैमुअल क्लार्क लैचुली[25] के मतानुसार इन अभिलेखों में प्रयुक्त 'योन', 'योनक' और 'यवन' शब्दों का प्रयोग अलग-अलग अभिप्रायों में किया गया है। उनके अनुसार उच्च सैनिक पदाधिकारियों के लिए 'यवन' शब्द तथा जातीय संदर्भ में 'योन' एवं 'योनक' शब्दों को प्रयुक्त किया गया। उनका मानना है कि इन अभिलेखों के बौद्ध दानकर्ता व्यापारी, धर्मप्रचारक अथवा उच्च सैनिक या फिर नागरिक अधिकारी थे। इस संबंध में उनका तर्क है कि 'यवन' शब्द को व्यक्तिगत नाम के लिए बहुवचन में प्रयुक्त किया गया

है। जार्ज वुडकॉक[26] का मत है कि इन धार्मिक उद्देश्यों से भारतीय नाम ग्रहण कर लिए थे। ओ. स्टीन का मानना है कि दानकर्ताओं के व्यक्तिगत नाम के साथ-साथ यवन शब्द का तात्पर्य विदेशी भी था।

उक्त साक्ष्यों के आधार पर प्रतीत होता है कि बौद्ध दानकर्ता लेखों के प्राप्ति स्थलों के समीपवर्ती क्षेत्र के निवासी थे। संभवतः वे अलेक्जेंड्रिया में व्यापार करने के लिए गए और जब वहां से स्वदेश वापस आए तो समुद्र यात्रा करने के कारण उन्हें जाति और धर्म से बहिष्कृत कर दिया गया। परिणामतः वे ब्राह्मणों के बजाय बौद्धों की ओर आकर्षित हुए। बौद्ध धर्म के द्वार सभी के लिए खुले थे। अतः उन्होंने बौद्ध धर्म को ग्रहण किया। बौद्ध धर्म में उनकी आस्था और अधिक संपन्नता ने उन्हें बौद्ध गुफाओं में दान देने के लिए प्रेरित किया। अलेक्जेंड्रिया में भारतीयों की उपस्थिति के साक्ष्य उपलब्ध हैं। यूनानी प्रभाव क्षेत्रों से वापस आने के कारण उन्होंने स्वयं को 'यवन' शब्द से संबोधित किया। यदि इस मत को माना जाए तो इन अभिलेखों के रचना काल तक यवन शब्द को व्यापक अर्थों में प्रयुक्त किया जाने लगा था।

जूनागढ़ अभिलेख की तिथि के पश्चात संपूर्ण दक्षिण भारत में यूनानियों के साथ-साथ रोमन एवं अन्य राष्ट्रीयताओं के लिए भी यवन शब्द प्रयुक्त किए जाने के अनेक साक्ष्य मिलते हैं। कृष्णा जिले के अल्लारु[27] से प्राप्त एक अभिलेख (ई. पू. द्वितीय अथवा तृतीय) से मत्स्य मुख आकार के यवन निर्मित दीपकों का वर्णन मिलता है। यहां पर यवन शब्द को रोमनों के लिए प्रयुक्त किया गया है। तृतीय शताब्दी ई. पू. का नागार्जुनी कोंडा[28] अभिलेख भी प्रायद्वीप भारत में एक यवन (संभवतः रोमन) बस्ती का उल्लेख करता है। एक तमिल कवि[29] वर्णन करता है कि 'यवनों के विशाल और उत्तम जहाज मुशीरी नामक बंदरगाह पर सामान भरकर लाते हैं और वहां से काली मिर्च (यवनप्रिय) लादकर वापस लौट जाते हैं। कविता में कहा गया है कि कावेरी नदी के मुहाने पर समृद्ध यवनों के निवास हैं। मदुरा के दुर्ग की रक्षा करने के साथ-साथ तमिल राजा के साथ युद्ध में जाते हैं। द्वितीय शताब्दी के पश्चात प्रायः रोमनों के लिए 'यवन' शब्द का प्रयोग किया जाने लगा।

धर्मपाल के खलिमपुर ताम्रफलक[30] से ज्ञात होता है कि चक्रायुध को कन्नौज का सिंहासन सौंपने के समय उसने एक बहुत बड़ा दरबार आयोजित किया जिसमें पांचाल के वृद्धों के साथ भोज, मत्स्य, मद्र, कुरु, यदु, यवन, गंधार और कीर के राजा सम्मिलित हुए। इसमें सम्मिलित यवन संभवतः अरब आक्रमणकारी रहे होंगे। इस समय तक अरब व्यापारी भी भारत के आंतरिक भागों तक व्यापार करने लगे थे। श्री

चंद्र के पश्चिम भाग ताम्रफलक[31] अभिलेख (ई. 925-752 के लगभग) से ज्ञात होता है कि उसने यवनों, हूणों और उत्कलों को विक्रमपुरा के स्कंधावार से युद्ध करते हुए पराजित किया। इसमें उल्लिखित यवन निश्चित रूप से मुस्लिम थे।

अनंतदेव के खारेपाटन फलक[32] (शक संवत् 1016-1064 ई.) में वर्णन है कि मुम्मुनी के शासनकाल की समाप्ति पर कोंकण देश पर यवनों ने कब्जा कर लिया, जिन्होंने देवताओं और ब्राह्मणों को सताया। अनंतपाल ने दुष्ट यवनों को मार भगाया।

चौथी राजतरंगिणी[33] का लेखक प्राज्य भट्ट मुगलवंश का वृत्तांत लिखते हुए बाबर को स्पष्ट रूप से कांबोज यवनेश (कांबोज देश का यवन राजा) कहता है। प्रताप के रोहतासगढ़ शिलालेख[34] (लगभग 1222 ई. संभवतः बंगाल से प्राप्त) में वर्णन मिलता है कि मात्र क्रीड़ा हेतु प्रताप ने यवनों का विनाश किया।

उक्त साक्ष्यों के आधार पर कहा जा सकता है कि सर्वप्रथम 'यवन' शब्द का प्रयोग आयोनियनों के लिए और तत्पश्चात यूनानियों, रोमनों व अरबों के लिए अंततः मुस्लिमों के लिए प्रयुक्त किया जाने लगा।[35] यूनानियों से भिन्न विदेशियों के लिए यवन कहा जाना संभवतः जूनागढ़ अभिलेख की तिथि के आसपास से प्रारंभ हुआ।

संदर्भ

1. *रामायण,* किष्किंधा कांड, 4.43.11.2, *महाभारत,* 11.47.12।
2. *इपीग्राफिया इंडिका,* भाग द्वितीय, पृ. 463।
3. इ.जे. रैप्सन, *कल्चरल हिस्ट्री ऑफ इंडिया,* भाग-1, पृ. 487।
4. *सिलेक्ट इंसक्रिप्शंस,* भाग-1, पृ. 3, 7, 10, 12।
   आर.जी. केंट, *ओल्ड पर्सियन ग्रामर,* लेक्सिकोन ग्रंथ, पृ. 204, सी. बोर्थ लोम्ये अल्तरानिस्चेज बोरतर बुक, पृ. 123।
5. तदैव।
6. *इंसाइक्लोपीडिया जुडेका,* खंड-9, जवन 9.1301।
7. पाणिनि पर *तीसरी वार्तिक* iv.1.49 आलोका पराशर म्लेच्छाज इन अर्ली इंडिया, पृ. 225 से उद्धृत।
8. वासुदेव शरण अग्रवाल, *पाणिनि कालीन भारत,* चौखम्बा सीरीज, वाराणसी 1969, पृ. 303
9. कारमेल लेक्चर्स, 1921, डी.आर. भंडारकर, पृ. 82; *हिंदू पोलिटी,* के.पी. जायसवाल, कलकत्ता, 1924, प्रथम भाग, पृ. 33 एवं कुछ टिप्पणियां।
10. सरकार, *सिलेक्ट इंसक्रिप्शंस,* भाग-1, पृ. 90-91, *मेमोआयरस ऑफ आर्कियालॉजिकल सर्वे ऑफ इंडिया,* सं. 1, प्लेट 2, एनुअल रिपोर्ट 1908-9।
11. श्रीराम गोयल, *प्राचीन भारतीय अभिलेख संग्रह,* खंड-1, 1982, राजस्थान हिंदी ग्रंथ अकादमी, जयपुर, पृ. 157।

12. डब्ल्यू.डब्ल्यू. टार्न, *द ग्रीक्स इन बैक्ट्रिया एंड इंडिया,* द्वितीय संस्करण (1938), कैंब्रिज (पुनः प्रकाशित, नई दिल्ली, 1980), पृ. 414; जे. गोण्डा, 1949, 'टानर्स हाइपोथेसिस आन द ओरिजिन ऑफ मिलिंदपञ्ह', *नेमोसिन* 4, 44-63, ओपेरा मिनोरा में पुनः प्रकाशित iv, 496-514।
13. पालि अलसंदा, चीनी अ-ली-सन, गेरार्ड फुसमैन, 1993, 'लिन्दो ग्रेक मिनान्द्रे आउ पॉल देमीविल रिविजिटे', *जर्नल एशियाटिक,* 281, पृ. 61-1381।
14. *एपीग्राफिया इंडिका,* खंड-20, 1929-30, पृ. 72, ओ. स्टीन, 'यवनाज इन अर्ली इंडियन इंसक्रिप्शंस', *इंडियन कल्चर,* 1, सं. 3 (1935), पृ. 343-357।
15. *एपीग्राफिया इंडिका,* खंड-20, पृ. 72।
16. 'डेमेट्रियस खारवेल एंड गार्गी संहिता', जे.बी.ओ.आर.एस., 24 (1928), पृ. 127-28।
17. *एपीग्राफिया इंडिया,* खंड-7 (1902-3), पृ. 41, *सिलेक्ट इंसक्रिप्शंस,* खंड-1, पृ. 72।
18. *एपीग्राफिया इंडिया,* खंड-7, पृ. 55, ओ. स्टीन, तदैव, *इंडियन कल्चर,* 1 सं. 3, पृ. 347।
19. *एपीग्राफिया इंड़िया,* 18 (1926), पृ. 327, अशिलेख सं. 7, ओ. स्टीन, तदैव, पृ. 348।
20. *एपीग्राफिया इंडिया,* 18 (1926), पृ. 327, अभिलेख सं. 6।
21. *एपीग्राफिया इंडिया,* 18 (1926), पृ. 328, अभिलेख सं. 10, ओ. स्टीन, तदैव, पृ. 348।
22. *एपीग्राफिया इंडिया,* 18 (1926), पृ. 326, अभिलेख सं. 4, ओ. स्टीन, तदैव, पृ. 348।
23. *एपीग्राफिया इंडिया,* 18 (1926), पृ. 325, अभिलेख सं. 1।
24. *आर्कियोलाजिकल सर्वे ऑफ वेस्टर्न इंडिया,* 4, सं. 5, पृ. 92।
25. 'यवन इंसक्रिप्शंस ऑफ वेस्टर्न इंडिया' *जर्नल ऑफ द रायल एशियाटिक सोसाइटी ऑफ द बांबे,* डॉ. भगवान लाल इंद्रजीत मैमोरियल वाल्यूम, 1986, पृ. 206-22।
26. जार्ज वुडकाक, *द ग्रीक्स इन इंडिया,* लंदन, 1966, पृ. 145।
27. हिमांशु प्रभा रे, 'द यवनाज प्रजेन्स इन इंडिया', *जर्नल आन द इकोनोमिक एंड सोशल हिस्ट्री ऑफ द ओरियंट,* लीडेन, भाग-31, 1988, पृ. 311-325।
28. *एपीग्राफिया इंडिया,* भाग-8, पृ. 60।
29. हिमांशु प्रभा रे, तदैव।
30. *एपीग्राफिया इंडिया,* भाग-4, पृ. 26, 10, 248, सं. 7।
31. *सिलेक्ट इंसक्रिप्शंस,* खंड-2, पृ. 92।
32. *कार्पस इंसक्रिप्शंस इंडीकेरम,* खंड-6, 'इंसक्रिप्शंस ऑफ द सिलाहाराज', पृ. 115, अभिलेख सं. 19।
33. 'सा गार्ग—यवनान्वय-प्रलय-कालरुद्रो नृपः', तदैव, पृ. 135।
34. *इपीग्राफिया इंडिया,* भाग-4, पृ. 311।
35. *द ऐज आन इंपीरियल यूनिटी, द वेदिक ऐज,* खंड-2, भारतीय विद्या भवन, बांबे, 1980, पृ. 101।

3. यवनों के प्रति भारतीय दृष्टिकोण

प्राचीन भारतीय साहित्य, महाकाव्यों, पुराणों एवं अभिलेखों में संस्कृत के 'यवन'[1] तथा प्राकृत के 'योन'[2] शब्दों का प्रायः उल्लेख मिलता है। 'यवन' तथा 'योन' शब्दों को प्रारंभ में आयोनियन यूनानियों तत्पश्चात समस्त यूनानियों और कालांतर में उन सभी विदेशियों के लिए प्रयुक्त किया जाने लगा जो पश्चिमी एशिया अथवा पूर्वी भूमध्यसागरीय क्षेत्रों से भारत में आए थे।[3] भारतीयों का यवनों के साथ एक दीर्घ अवधि तक संबंध बना रहा जिसके कारण साहित्य और अभिलेखों में 'यवन' एवं 'योन' शब्दों को विशिष्ट रूप से प्रयुक्त किया गया। इन उल्लेखों में स्पष्ट रूप से यवनों के प्रति भारतीय दृष्टिकोण सकारात्मक अथवा नकारात्मक रूप में परिलक्षित होता है।

भारतीय सामाजिक व्यवस्था में विदेशी होने के कारण यवनों को अपने से दूर रखने का प्रयास करते हुए पहले उनकी निंदा की गई। तत्पश्चात परिस्थितियों और उपयोगिता के आधार पर यवनों की प्रशंसा कर भारतीय सामाजिक व्यवस्था में समाहित करने के प्रयास भी किए गए। यवनों के प्रति भारतीय दृष्टिकोण परिवर्तन की प्रक्रिया में दो मुख्य तथ्यों की महत्वपूर्ण भूमिका रही। पहली ब्राह्मण संस्कृति एवं विचारधारा का ऐसे क्षेत्रों में प्रवेश तथा विस्तार जहां उसकी गतिविधियां नगण्य थीं और दूसरी धार्मिक ग्रंथों के लेखकों द्वारा निर्धारित नियमों एवं मूल्यों को संरक्षित करने के प्रयास।

सर्वप्रथम पार्क और वर्जेस ने अपनी पुस्तक *इंट्रोडक्शन ऑफ द साइंस ऑफ सोसाइटी (1921)* में समाहित करने की प्रक्रिया पर विचार[4] किया। इनके अनुसार समाज में समाहित करना अंतप्रदेश और सम्मिलन की वह प्रक्रिया है जिसके द्वारा व्यक्ति और समूह दूसरे व्यक्तियों अथवा समूहों की स्मृतियों, संवेगों एवं प्रवृत्तियों को ग्रहण करते हैं और इस तरह उनके अनुभव इतिहास के भागीदार बनकर उनके

सांस्कृतिक जीवन में सम्मिलित कर लिए जाते हैं। समाहितीकरण की प्रक्रिया में दो समूहों की दूरी समाप्त हो जाती है। उनमें एकता तथा सम्मिलन के पूर्व लक्षण पाए जाते हैं। समाहित होने के पश्चात व्यक्ति और समूह की प्रकृति में व्यापक रूपांतरण होता है। भारतीय साहित्य और अभिलेखों में यवनों के उल्लेख का अध्ययन करने पर समाहित करने की प्रक्रिया और उनके प्रति भारतीय दृष्टिकोण में परिवर्तन के अनेक उदाहरण प्राप्त होते हैं। प्रारंभिक संघर्ष और समायोजन की प्रक्रिया से गुजरते हुए यवन धार्मिक, सामाजिक संगठन, इतिहास, परंपरा और स्मृति के आधार पर भारतीय समाज में घुल-मिल गए। समाहित करने की यह प्रक्रिया इतनी सफल रही कि आज विदेशियों की समाज में कोई अलग पहचान नहीं रह गई है।

महाभारत[5] में यवनों को तुर्वसु की संतान तथा नीच कुल का क्षत्रिय कहा गया है। तुर्वसु भारत की एक जाति और जनपद का नाम था। *गौतम धर्मशास्त्र*[6] में यवनों को मिश्रित जाति का बताया गया है। इसके अनुसार वे शूद्र पत्नी से ब्राह्मण, क्षत्रिय, वैश्य और शूद्र पति द्वारा उत्पन्न संतानें क्रमशः पराशव, यवन, कर्ण और शूद्र कहलाती हैं। *महाभारत*[7] के सभापर्व तथा *विष्णुपुराण*[8] में यवनों की उत्पत्ति वर्णव्यवस्था से परे बताई गई है। मेघातिथि के *भाष्य*[9] में कहा गया है कि कांबोज, शक, यवन, पारद, पह्लव और चीन नीच कुल के हो गए क्योंकि वे चातुर्वर्ण व्यवस्था के अंग नहीं बन सके। उक्त जातियों को आर्यावर्त[10] की सीमाओं पर रहनेवाला बताया गया है। *महाभारत*[11] में ही यवनों को आंध्रों, शकों, पुलिंदों, कांबोजों, वाह्लीकों, शूद्रों तथा आभीरों के साथ अधर्मी शासक, पापी तथा मिथ्याभाषी कहा गया है। कलियुग में उनके द्वारा शासन करने की भविष्यवाणी की गई है। उन्हें दस्युओं की तरह आचरण करनेवाला,[12] उत्तरापथ का निवासी तथा म्लेच्छ कहा गया है।[13]

मनुस्मृति[14] के अनुसार उपनयन आदि क्रियाओं के लोप हो जाने के कारण पौंड्रक, औड्र, द्रविड़, कंबोज, यवन, शक, पारद, पह्लव, चीन, किरात, दरद और खष आदि क्षत्रिय जातियां संसार में वृषलत्व को प्राप्त हो गईं। *मुद्राराक्षस*[15] में यवनों को विदेशी तथा म्लेच्छ जातियों की सूची में रखा गया है। *बृहत्संहिता*[16] में यवनों को विदेशी तथा म्लेच्छ कहा गया है। *अत्रि संहिता*[17] में शकों, यवनों, कांबोजों, वाह्लीकों और खषों से उपहार प्राप्त करने, उनका भोजन ग्रहण करने तथा उनकी स्त्रियों के साथ संसर्ग करने का निषेध किया गया है।

हरिवंश,[18] *वायु,*[19] *ब्रह्मांड*[20] तथा *भागवतपुराण*[21] आदि में कहा गया है कि अयोध्या के राजा बाहु के पुत्र सगर ने अपने पिता की पराजय का प्रतिशोध लेने के

लिए हैययों, शकों, यवनों, कांबोजों, पारदों एवं पह्लवों को पराजित कर दिया। यद्यपि वसिष्ठ ने सगर को उक्त जातियों को विनष्ट करने से रोक दिया लेकिन फिर भी सगर ने उनको धर्मच्यूत कर उनकी वेशभूषा में परिवर्तन कर दिया। शकों का आधा सिर मुड़वा दिया। पारदों के केश खुलवा दिए और पह्लवों का पूरा सिर मुड़वा दिया। सगर के द्वारा वे स्वाध्याय और वषट्कार से रहित कर दिए गए। *महाभारत*[22] में कर्ण के द्वारा यवन तथा बर्बर राजाओं को पराजित करने तथा उनसे कर प्राप्त करने का उल्लेख किया गया है। यहीं बताया गया है[23] कि कर्ण ने समूची पृथ्वी को जीतकर म्लेच्छ, वनवासी, पर्वतीय, मद्र, रोहितक, आग्रेय तथा मालव आदि समस्त गणराज्यों को परास्त किया। तत्पश्चात नीति के अनुरूप कार्य करनेवाले कर्ण ने हंसते-हंसते शक और यवन राजाओं को भी पराजित कर दिया।

सहदेव[24] तथा नकुल[25] द्वारा भी यवनों को पराजित करने का वर्णन मिलता है। *स्कंदपुराण*[26] में आदाताओं के कार्यों में विघ्न डालनेवाले यवनों, म्लेच्छों, दैत्यों तथा राक्षसों को जलाकर भस्म कर देने की चेतावनी दी गई है। वासिष्ठीपुत्र पुलुमावि के नासिक गुहालेख संख्या 3 में शासन वर्ष संवतसर 19 में गौतमीपुत्र सातकर्णि की प्रशंसा में लिखा गया है कि उसने क्षत्रियों का दर्पमर्दन किया, वहीं शक, यवन और पह्लवों का विनाश किया था।[27] *रघुवंश*[28] में यवनियों को मदिरा का अभ्यस्त बताया गया है।

महाभारत[29] में आंध्र, शक, पुलिंद तथा यवन की म्लेच्छ जातियों के साथ गणना करते हुए कलियुग में उनके शासन की भविष्यवाणी की गई है। जैन ग्रंथ *प्रश्न व्याकरण*[30] में यवनों को म्लेच्छ कहा गया है। *मनुष्यप्रज्ञापणसूत्र*[31] में स्त्रियों, पुरुषों तथा म्लेच्छों की नृवंशीय सूचनाएं प्रदान की गई हैं। इसमें यवनों की गणना पांच म्लेच्छ प्रजातियों में की गई है। *मत्स्यपुराण*[32] में उल्लेख मिलता है कि कलियुग में यवन धर्म, अर्थ और काम के लिए होंगे। यहीं कहा गया है कि म्लेच्छ और आर्य मिश्रित रूप से सभी जनपदों में निवास करेंगे। इस उल्लेख में यवनों के लिए मोक्ष की चर्चा न किया जाना महत्वपूर्ण है। संभवतः उक्त पुराण के रचनाकाल तक संपूर्ण भारत में यवनों का प्रसार हो गया था। सिंध क्षेत्र में जहां निरंतर यवनों और शकों का आगमन होता रहा, वहां मांस खाना बुरा नहीं समझा जाता था।[33] *बृहत्कथामंजरी*[34] में लोकाचार छोड़कर विशृंखल हो गए शकों, यवनों, म्लेच्छों, कांबोजों, नीचों, बर्बरों, हूणों, तुषारों और पारसीकों को विक्रमादित्य द्वारा पराजित करने का उल्लेख मिलता है। पतंजलि के *महाभाष्य*[35] में यवनों को आर्यावर्त की सीमाओं के बाहर का निवासी बताया गया है।

गार्गीसंहिता[36] में यवनों को 'दुष्ट-विक्रांत' अत्याचारी तथा अराजक कहा गया है। *युगपुराण*[37] के अनुसार 'युद्ध-दुर्दम यवन मध्यदेश में अधिक समय तक नहीं रुकेंगे क्योंकि वे परस्पर लड़ना प्रारंभ कर देंगे और ये आपसी लड़ाई उनके लिए परम दारुण एवं अत्यंत ही दुखप्रद होगी। इस ग्रंथ में यवनों एवं शकों को म्लेच्छ नहीं कहा गया है। *महाभारत*[38] में ही एक स्थान पर यवनों को तुर्वसु की संतान, पापी, अनार्य, अशुद्ध रीति-रिवाज वाले तथा मांस खानेवाला कहा गया है। *मुद्राराक्षस*[39] में यवनों की लड़ाकू जातियों के साथ गणना की गई है।

ब्राह्मणवादी व्यवस्था का यवनों के साथ संपर्क न रखने का मंतव्य ही उक्त उल्लेखों में यवनों की निंदा किए जाने का कारण माना जा सकता है। यवन एवं अन्य विदेशी जातियां खुले आम तात्कालिक सामाजिक व्यवस्था की अवहेलना करती थीं। संभवतः शक्तिशाली एवं लड़ाकू प्रवृत्ति की शक, यवन एवं कांबोज आदि जातियों ने ब्राह्मणों के प्रभुत्व को चुनौती दी। कुछ इसी प्रकार का वर्णन *मत्स्यपुराण*[40] में भी मिलता है, जिसमें भविष्यवाणी की गई है कि श्रुति और स्मृति का धर्म बहुत शिथिल पड़ जाएगा और वर्णाश्रम धर्म भ्रष्ट हो जाएगा। इसमें क्षोभ प्रकट किया गया है कि लोग वर्णसंकर होंगे, शूद्र ब्राह्मणों के साथ बैठेंगे, खाएंगे और यज्ञादि करेंगे तथा मंत्रोच्चार भी करेंगे। *वायुपुराण*[41] और *ब्रह्मांडपुराण*[42] में कहा गया है कि कलियुग में शूद्र ब्राह्मणों का और ब्राह्मण शूद्रों का कार्य करेंगे। कलियुग के उक्त वर्णन को, जो भविष्यवाणी द्वारा चेतावनी के रूप में किया गया है, मात्र कपोल कल्पना नहीं कहा जा सकता है।[43] इससे ब्राह्मण सामाजिक व्यवस्था की उस दयनीय स्थिति का आभास मिलता है जो विदेशी जातियों के क्रियाकलापों से त्रस्त थी। वर्णसंकरों से समाज को सुरक्षित बनाए रखने के लिए राजाओं को समय-समय पर दिए गए निर्देशों से यह स्पष्ट होता है कि रूढ़िवादी ब्राह्मणों के मस्तिष्क में इस प्रकार की सामाजिक अव्यवस्था के सभी परिणामों की चिंता सदैव बनी रहती थी।

व्यवस्थाकारों ने शुद्धता-अशुद्धता, व्यवहार-नीति, संस्कार और रीति-रिवाजों को ध्यान में रखकर मात्र तीन वर्णों के हित के लिए मेहनत से व्याख्या की थी। संभव है कि विदेशी आक्रमणों के परिणामस्वरूप शूद्रों की स्थिति में सुधार हुआ हो और वे ब्राह्मणों के विरोधी हो गए हों। ब्राह्मणों के विभेदकारी शास्त्रों ने शूद्रों को लंबे समय से अपनी व्यवस्था में जकड़ रखा था। यह उथल-पुथल कब से कब तक और देश के किन-किन क्षेत्रों में होती रही, इसका निर्धारण करना दुष्कर कार्य है। दासों और भाड़े के श्रमिकों के रूप में शूद्रों की पराधीनता शक, यवन और कांबोज आदि जातियों के

समाज में समाहित होने से कम हुई होगी क्योंकि ये विदेशी जातियां वर्ण-व्यवस्था पर आधारित समाज के आदर्श का पालन करने और कर्तव्यों का निर्वाह करने के लिए बाध्य नहीं थीं।

मनुसंहिता[44] में शूद्रों के शत्रुवत व्यवहार से बचने के अनेक उपाय सुझाए गए हैं। उसके अनुसार राजा को ऐसे स्थान पर निवास करना चाहिए जहां के निवासी मुख्यतः आर्य हों, क्योंकि जिस राज्य में शूद्रों का बाहुल्य होगा वह तुरंत नष्ट हो जाएगा। मनु[45] ने राज्य सत्ता का कार्य उन्हीं लोगों तक सीमित रखा जो आर्यों की तरह रहते थे। उन्होंने[46] यह भी निर्दिष्ट किया है कि जो आर्येतर व्यक्ति आर्यों की भांति वेशभूषा धारण करते हों उन्हें यथाशीघ्र कांटा समझकर विनष्ट कर देना चाहिए। संकर जातियों अधिकतर शूद्र तथा यवन आदि विदेशी जातियों को मुख्यतः आर्यों से अलग समझा जाता था और वे निर्दयी तथा उग्र स्वभाव के होते थे।[47] मनु के ये सभी उल्लेख शूद्रों के प्रति उनके पूर्ण अविश्वास और तज्जन्य शूद्रों के शत्रुवत व्यवहार (जो विदेशी आक्रमणों से भी परिलक्षित होता था), से बचने की चिंता के अनुरूप ही हैं।[48] मनु ने कहा है कि यदि जब तीनों उच्च वर्णों के कर्तव्य पालन में बाधा डाल रहे हों तब उच्च वर्णों द्वारा शस्त्र ग्रहण किए जाने चाहिए। तब संभवतः उनके मन में ऐसी विषम परिस्थितियों की भी कल्पना रही होगी।[49]

कलियुग के अंत में विद्यमान परिस्थितियों के वर्णन के संबंध में *वायुपुराण*[50] के अंतर्गत प्रमिति के कार्यों का वर्णन किया गया है। जिसने ब्राह्मणों की सशस्त्र सेना बनाकर अनेक प्रकार के लोगों यथा म्लेच्छ तथा वृषल का विनाश करने के लिए प्रस्थान किया। उक्त उल्लेखों से स्पष्ट रूप से ज्ञात होता है कि ब्राह्मणों का शूद्रों तथा विदेशी जातियों के साथ संघर्ष हुआ। वर्णव्यवस्था को संरक्षित करने के उद्देश्य से धर्मशास्त्रों के प्रणेताओं ने यवनों की निंदा करने में कोई कमी नहीं छोड़ी। वर्णव्यवस्था के बुनियादी ढांचे को सुरक्षित रखने में जिस तथ्य ने महत्वपूर्ण भूमिका निभाई, वह है आम जनों को कर्म के सिद्धांत में विश्वास करा देना कि यदि उन्होंने ईश्वर द्वारा निर्धारित वर्ण या जाति के कर्तव्यों का त्याग किया तो उन्हें कुपरिणाम भुगतने होंगे।

वस्तुतः कुछ समय पश्चात भारतीयों द्वारा यवनों की निंदा का क्रम धीरे-धीरे क्षीण होने लगा क्योंकि सामाजिक प्रथा को नियमबद्ध कर देने से भारतीय उनकी ओर अधिक उन्मुख हुए। वर्णसंकर प्रथा समाज में अपेक्षाकृत अधिक प्रचलित हो गई। समाज में अनुलोम विवाह की स्पष्ट अनुमति दे दी गई। अनुलोम विवाह में पति उच्च वर्ण का होता था। सामान्यतः ब्राह्मणों का शूद्र स्त्रियों के साथ विवाह करना

वर्जित था परंतु कुछ नीतिग्रंथों में उसकी भी अनुमति प्रदान कर दी गई।

जब दो समुदायों के मध्य संघर्ष हुआ, वे जय-पराजय की प्रक्रिया से गुजरे तो उन्हें एक-दूसरे के गुणों और अवगुणों का ज्ञान हुआ। धीरे-धीरे वे एक-दूसरे के निकट आए। *महाभारत*[51] में यवनों, शकों और पह्लवों की कौरवों एवं पांडवों द्वारा प्रशंसा की गई है। धृतराष्ट्र[52] ने भी उनकी वीरता का वर्णन किया है। *गार्गी संहिता* में नक्षत्र विज्ञान को यवनों द्वारा उद्भूत माना गया है।[53] *बृहत्संहिता*[54] के अनुसार यद्यपि यवन विदेशी तथा म्लेच्छ हैं परंतु ज्योतिष विज्ञान के ज्ञान के कारण वे ऋषियों के समान पूजयनीय हैं। *महाभारत*[55] में यवनों को 'सर्वज्ञ यवन' अर्थात सबकुछ जानने वाला कहा गया है। परंतु इसमें भी उन्हें म्लेच्छ संबोधित किया गया है। म्लेच्छ शब्द संभवतः अपमानजनक नहीं था। संपूर्ण *महाभारत*[56] में यवनों, शकों और पह्लवों को म्लेच्छों तथा जनजातीय लोगों के साथ संबोधित किया गया है। *कामंदक नीतिशास्त्र*[57] में यवन राजा द्वारा पृथ्वी पर धर्म के अनुकूल शासन करने का वर्णन है। *दीघ निकाय*[58] में कांबोजों और यवनों के मध्य आर्य से दास और दास से आर्य बन जाने का उल्लेख किया गया है। अशोक के 13वें शिलालेख[59] से उपरोक्त तथ्य की पुष्टि होती है।

द्वितीय शताब्दी ई. तक भारत के बंदरगाहों तथा व्यापारिक केंद्रों तक विदेशियों की पर्याप्त संख्या पहुंच चुकी थी। यद्यपि इन विदेशियों ने स्वभाव और रहन-सहन में भारतीयता के तत्वों का समावेश कर लिया था किंतु उन्हें वर्ण-व्यवस्था पर आधारित सामाजिक व्यवस्था में समाहित करना नीतिकारों के लिए एक समस्या रही होगी। सामाजिक नियमों में शिथिलता दे पाना अत्यंत कठिन कार्य था क्योंकि सैद्धांतिक रूप से चारों वर्णों की स्पष्ट और निश्चित व्याख्या कर दी गई थी और उनके शास्त्रसम्मत कार्य-कलापों तथा कर्तव्यों से संबंधित नियम ही समस्त सामाजिक गतिविधियों का नियंत्रण करते थे। इसके पश्चात भी व्यावहारिक स्तर पर अनेक सामाजिक विसंगतियां व्याप्त थीं।

वर्ण और हिंदुत्व एक-दूसरे से अभिन्न रूप से संबद्ध थे। अतः हिंदू धर्म में विदेशियों को समाहित किया जाना शास्त्रीय दृष्टिकोण से कठिन था। विदेशियों को वर्णव्यवस्था समूह की एक जाति बनाकर ब्राह्मण धर्म में सम्मिलित किया जा सकता था। उनके लिए बौद्ध धर्म का मार्ग खुला होना एक अच्छा अवसर था। मिनांडर ने बौद्ध धर्म ग्रहण किया, भारतीय अनुवृत्तों में इसका उल्लेख मिलता है। एक स्यामी अनुश्रुति के अनुसार मेनांडर अर्हत[60] तक हो गया था। *दीपवंश* और *महावंश* के अनुसार महारक्षित को योन देश में बौद्ध धर्म के प्रचार-प्रसार के लिए भेजा गया था।[61]

योन और कांबोज देश में महारक्षित थेर द्वारा बौद्ध धर्म के प्रचार की पुष्टि *सासनवंस*[62] से भी होती है। सांची, कार्ले, जुन्नार, शिवनेरी पर्वत की गुफा सं. 67 तथा *नागार्जुनी कोंडा* के अभिलेखों में भी यवनों द्वारा बौद्ध धर्म को दिए गए विभिन्न प्रकार के दानों का उल्लेख किया गया है।[63] स्वात घाटी के अस्थि मंजुषा अभिलेख[64] से ज्ञात होता है कि मेरिदर्ख थियोडोर नामक यवन ने बौद्ध धर्म ग्रहण कर लिया था।

दूसरी ओर ब्राह्मण रूढ़िवादिता को भी यवनों, शकों तथा कुषाणों के साथ समझौतावादी दृष्टिकोण अपनाना पड़ा। चूंकि विदेशी जातियों के पीछे सैनिक एवं राजनीतिक शक्तियां निहित थी। अतः इनके साथ शूद्रों के समान व्यवहार नहीं किया जा सकता था। *रामायण*[65] तथा *महाभारत*[66] जैसे महाकाव्यों में यवनों की उत्पत्ति वसिष्ठ की गाय नंदिनी से बताई गई है। *महाभारत*[67] में ही यवनों को नीच कुल का क्षत्रिय कहकर उन्हें पतित क्षत्रिय की श्रेणी में रखना एक चतुर युक्ति का प्रयोग था। *मनुस्मृति*[68] में भी यवनों को नीच कुल का क्षत्रिय कहा गया है। धर्मग्रंथ के लेखकों ने विदेशियों को नीच कुल का क्षत्रिय कहकर वर्ण-व्यवस्था की क्षत्रिय श्रेणी से उनकी निकटता स्थापित करने का प्रयास किया था। इस समय जो लोग निम्न वर्ण के थे उन्होंने निश्चित रूप से विदेशियों के साथ मिलकर प्रयत्न करने और उच्चतर वर्ण में स्थान प्राप्त करने का अवसर हाथ से नहीं जाने दिया होगा। व्यवसाय और वाणिज्य में विस्तार का अर्थ श्रेणियों की संख्या में वृद्धि तथा बहुत से शिल्पियों तथा कारीगरों को रोजगार मिलना भी था। ये शिल्पी अधिकतर शूद्र वर्ण के थे और संभवतः इनमें से कुछ ने अपना व्यवसाय तथा स्थान बदलकर अपनी वर्ण स्थिति में सुधार कर लिया होगा।

भागवतपुराण[69] में यवनों को भगवान कृष्ण को समर्पित कर उनके शुद्धीकरण का उल्लेख किया गया है। *विष्णुपुराण*[70] में कहा गया है कि भगवान विष्णु की शरण में आकर किरात, हूण, आंध्र, पुलिंद, पुक्कस, आभीर, यवन और खष आदि पापी भी शुद्ध हो जाते हैं। हेलियोडोरस द्वारा भागवत धर्म में दीक्षा लेने का प्रमाण बेसनगर गरुड़ ध्वज स्तंभ लेख[71] से उपलब्ध है।

यवनों को भारतीय समाज की ओर आकर्षित करने की पहल बौद्ध धर्म ने की। तत्पश्चात भागवत धर्म तथा अन्य ब्राह्मणवादी संप्रदायों ने भी अपने वर्ण-व्यवस्था संबंधी नियमों में उनके अनुकूल परिवर्तन किए। बौद्ध ग्रंथों में कहीं भी यवनों की निंदा नहीं की गई है। पश्चिमी घाट से प्राप्त दान अभिलेखों में भी निंदा का कोई स्वर निहित नहीं है। अतः कहा जा सकता है कि यवनों के गुणों से प्रभावित होने के बावजूद ब्राह्मणवादी व्यवस्था में उन्हें कभी भी अन्य उच्च वर्णों के समकक्ष नहीं माना गया।

भारत में यवनों के प्रसार में वृद्धि का महत्वपूर्ण कारण यवन अंगरक्षकों, यांत्रिकों और कन्याओं की मांग थी। सुदूर दक्षिण के तमिल प्रदेश में भी यवनों की आवश्यकता थी। *संगम साहित्य* (ईसा की प्रथम तीन शताब्दियों) में यवन व्यापारियों, अंगरक्षकों, राजमहल के रक्षकों और नगर के पहरेदारों[72] तथा यवन कारीगरों द्वारा निर्मित दीपों के स्पष्ट उल्लेख मिलते हैं।[73] कालिदास तथा भास के नाटकों में यवनी अंगरक्षकों का वर्णन किया गया है। *पेरिप्लस ऑफ इरिथ्रियन सी* में भारतीय राजाओं द्वारा खरीदी जानेवाली वस्तुओं की सूची में सुंदर कन्याओं का भी उल्लेख है। पोसीडोनियस भी कन्याओं की मांग की पुष्टि करता है।[74] संभवतः तमिल साहित्य में वर्णित यवन समुद्री रास्ते से व्यापार के लिए आनेवाले यूनानी, रोमन तथा पारसीक थे। *संगम साहित्य* में यवन राज्य का भी उल्लेख मिलता है।[75]

यूनानी और भारतीय अपरिचितों की तरह पारसीक साम्राज्य के अंतर्गत एक-दूसरे से मिले और शीघ्र ही सांस्कृतिक क्षेत्र में सहयोगी बन गए। यवन, पह्लव, शक एवं कुषाण आदि विदेशी जातियां अपनी-अपनी विशेषताओं के साथ भारतीय समाज में समाहित हो गईं परिणामतः सामाजिक व्यवस्था में असाधारण सहिष्णुता और उदारता के लक्षण प्रकट हुए। इसमें संदेह है कि इनमें से अनेक विदेशी जातियां दीर्घकाल तक विदेशी के रूप में ही पहचान बनाए रहीं परंतु यह केवल उनकी कायिक स्थिति की ही बात थी। धीरे-धीरे उनके आचार व्यवहार, शिल्प कला आदि भारतीय संस्कृति में पूर्णतयाः समाहित हो गए।

विभिन्न जातीय समाज का उदय एक नई भारतीयता का उदय था। ग्रीक और भारतीय सभ्यताओं के आपसी संबंधों की चर्चा करते हुए टार्न ने कहा कि दो जातियों के लोग यदि बहुत दिनों तक एक साथ रहते हैं तो वे एक-दूसरे से अवश्य प्रभावित होते हैं। भारत ने अल्प मात्रा में यूनानी संस्कृति अपनाई। किंतु उसका प्रभाव लंबे समय तक रहा। टार्न के अनुसार भारतीय सभ्यता अपने अस्तित्व को बनाए रखने में समर्थ थी किंतु धर्म के अतिरिक्त किसी अन्य क्षेत्र में वह इतनी प्रभावशाली नहीं थी कि बेबीलोन की तरह दूसरी संस्कृति को भी प्रभावित करती। फिर भी कुछ बातों में भारत अधिक प्रभावशाली था।[76] यूनानी क्षेत्रों में रहनेवाले भारतीय ग्रीक नागरिक होते हुए भी भारतीय नाम रखते थे जबकि भारतीय क्षेत्रों में रहनेवाले यूनानियों ने भारतीय नामों को ग्रहण किया और यहीं के रीति-रिवाजों को माना। टार्न[77] के अनुसार यदि बुद्ध की मूर्तियों की बात न की जाए तो भारत ऐसा रहा जैसे यूनानी कभी यहां आए ही न हों।

संदर्भ

1. *महाभारत* 3,48,20; 3,186,30; 5,19,21; 5,196,7; 6,20,13; 6,71,20; 7,6,5; *रामायण* 1,53,20।
2. अशोक के शिलालेख II, V, XIII (हुल्श c, III, 38, 23) *मज्झिमनिकाय* II 149; *दीपवंश* VIII,9; *महावंश* XII.5 XXIX.39।
3. डिमेट्रियस वसालियाडिस, *ग्रीक्स ऑन इंडिया,* मुंशीराम मनोहरलाल, पृ. 105।
4. पार्क, वर्जेस, *इंट्रोडक्शन ऑफ द साइंस ऑफ सोसाइटी,* 1921।
5. *महाभारत,* आदिपर्व, 174, 85, 34।
6. *गौतम धर्मशास्त्र,* IV.21।
7. *महाभारत,* सभापर्व, 48, 12, 15।
8. *विष्णुपुराण,* II.3.17।
9. *मनुस्मृति पर मेधातिथि,* X.44।
10. आर्यावर्त का तात्पर्य किसी ऐसे क्षेत्र से नहीं था जहां जातीय रूप से शुद्ध आर्य लोग रहते हों। संस्कृति के प्रभाव क्षेत्र में विस्तार के साथ ही इसकी भौगोलिक सीमाओं में परिवर्तन होता रहा। आर्यावर्त की विचारधारा का प्रारंभ पूर्व में, कालयवन के पश्चिम में, परियात्रा पर्वतों के उत्तर में तथा हिमालय के दक्षिण में आर्यावर्त स्थित बताया गया है।
11. *महाभारत,* 3, 188, 34-36।
12. *महाभारत,* 12, 65, 13-15।
13. *महाभारत,* 2, 207, 43-44, 7, 119, 13-15।
14. *मनुस्मृति,* X 43-44।
15. *मुद्राराक्षस,* 1-20।
16. *जयराजभाय, फॉरेन इन्फ्लूयंस इन एंशियंट इंडिया,* पृ. 73।
17. *अत्रिसंहिता,* VII.2।
18. *हरिवंश,* 13, 26-30।
19. *वायु,* 88, 119-21।
20. *ब्रह्मांड,* 8, 26-28।
21. *भागवतपुराण,* 9, 8, 2-7।
22. वारुणीं दिशामागम्य यवनान बर्बरास्तथा।
पश्चिम भूमिस्थान् दापयामास वैकरान।।
—*महाभारत,* वन पर्व, 254, 18।
23. विजित्य पृथिवीं सर्वा स पूर्वापरदक्षिणम।
म्लेच्छाटविरान वीरः स पर्वत निवासिनः।।
भद्रानरोहिताकाश्चैव आग्रेयान मालवानीय।
गणान सर्वान विनिर्जित्य नीतिकृत प्रहसन्निव।
शशकान यवनाश्चैव विजिग्ये सूतनन्दनः।
—*महाभारत,* वन पर्व, 254, 19।

24. *महाभारत,* सभा पर्व, 31, 73।
25. तदैव, 32, 17।
26. बी.एन.एस. यादव, 'प्रारंभिक मध्यकालीन व्यवस्था में भारतीय किसान वर्ग की अगतिशीलता और दासता', *मध्यकालीन भारत,* संपादक इरफान हबीब, पृ. 11।
27. बी.बी मिराशी, *सातवाहन और पश्चिमी क्षत्रपों का इतिहास,* पृ. 38 तथा 26।
28. उमाप्रसाद थपलियाल, *फॉरेन एलीमेंट्स इन एंशियंट इंडियन सोसाइटी,* पृ. 88।
29. मृषानुशाम्रिनः पापा मृषवादपरायणाः।
    आन्ध्रः शकाः पुलिन्दाश्च यवनाश्च नराधिपः।
    —*महाभारत,* वन पर्व, 188, 35।
30. ए. बेबर, *इंडिस्के स्टडीअन,* खंड 1883, पृ. 331-32।
31. *मनुष्यप्रज्ञापणसूत्र,* 36.1।
32. *मत्स्यपुराण,* 50, 72-76।
33. उमाप्रसाद थपलियाल, तदैव, पृ. 83; *बृहत्भाष्य,* 1,1239, ए.सी. जैन द्वारा *एल.आई., ए.आई.,* पृ. 127 पर उद्धृत।
34. अथ श्री विक्रमादित्यो हेलया निर्जिताखिलः।
    म्लेच्छान कांबोज यवनान नीचान हूणान सबर्बरान।।
    तुषारा पारसीकाश्च व्यक्ताचारान विश्रृंखलान्।
    हत्वाभू भंगमात्रेण भुवो भारमवारयत्।।
    —*बृहत्कथा,* 10, 1, 285-86।
35. *महाभाष्य,* 2-4.10।
36. के.पी. जायसवाल, 'हिस्टोरिकल डाटा इन गार्गी संहिता एंड द ब्राह्मिन एंपायर', *जे.बी.ओ. आर.एस.* खंड-14।
37. तदैव, पृ. 402।
38. *महाभारत* (अनु. पी.सी. राय), वाल्यूम 1, पृ. 179।
39. *मुद्राराक्षस,* 2.1।
40. *मत्स्यपुराण,* 272, 46.7।
41. *वायुपुराण,* 58, 38.49।
42. *ब्रह्मांडपुराण,* खंड-2, 31.39, 49।
43. रामशरण शर्मा, *शूद्रों का प्राचीन इतिहास,* 1992, पृ. 202।
44. *मनुस्मृति,* 8.69।
45. तदैव, 10.253।
46. तदैव, 10.260।
47. तदैव, 10.57-8।
48. रामशरण शर्मा, तदैव, पृ. 203-4।
49. *मनुस्मृति* 8.348 शस्त्र द्विजातिभिग्रहियं धर्मो यत्रोपरूद्धयते द्विजातीनां च वर्णानां विप्लवे कालकारिते; *वसिष्ठ धर्मसूत्र,* 3.24.25।
50. डी.आर. पाटिल, *कल्चरल हिस्ट्री फ्रॉम दि वायुपुराण,* पूना, 1946, पृ. 74, 75।

51. *महाभारत,* 5.4.15 (आलोचनात्मक संस्करण)।
52. कंबोजान ... सहानुगम, *महाभारत,* 3, 188, 34-36।
53. बी.एस. उपाध्याय, *फीडर्स आव इंडियन कल्चर,* पृ. 52-53।
54. म्लेच्छा हि यवनास्तेषु राम्यक शास्त्रमिदं स्थितम।
    ऋषिवत्तेपि पूज्यन्ते ...।।
    —*बृहत्संहिता,* 2.15 (कर्न का संस्करण)।
55. *महाभारत,* 8.45.35।
56. तदैव, 2.27.289।
57. *कामंदक नीतिशास्त्र* 1.14; *हिस्ट्री आफ धर्मशास्त्राज,* भंडारकर ओरियंटल रिसर्च इंस्टीट्यूट, 4, 97।
58. *दीघ निकाय,* 2.149।
59. विसेंट स्मिथ, *अर्ली हिस्ट्री आफ इंडिया,* चतुर्थ संस्करण, पृ. 238-39; न्यू इंडियन एंटीक्वेरी, 2, 10, 6, 47, जनवरी 1940।
60. राविलंसन, *बैक्ट्रिया* 111; डब्ल्यू.डब्ल्यू. टार्न, *ग्रीक्स इन बैक्टिया एंड इंडिया,* पृ. 262-68।
61. जियालाल कांबोज, *कंबोज प्राचीन जन और जनपद,* पृ. 214।
62. *सासनवंश,* पालि ग्रंथमाला, पृ. 49।
63. ओ. स्टीन, 'यवनाज इन अर्ली इंडियन इंसक्रिप्शंस' *इंडियन कल्चर,* सं. 3, 1935, पृ. 343-57।
64. तदैव, पृ. 343।
65. *रामायण,* बालकांड, 2,3; 18-20।
66. *महाभारत,* आदि पर्व, 35-37, एम.एन. दत्त द्वारा अनुवादित, *महाभारत* 7 भाग, परिमल पब्लिकेशन, दिल्ली द्वारा पुनर्मुद्रित, 1996।
67. *महाभारत,* आदिपर्व 174, 85-34।
68. *मनुस्मृति,* 10.43.44; इसमें पौंड्रकों, औड्रों, द्रविड़ों, कांबोजों, यवनों, शकों, पारदों, पह्लवों एवं बर्बरों को वृषल कहा गया है।
69. *भागवतपुराण,* 2.4.18।
70. किरातहूणान्ध्रपुलिन्द पुक्कसा आभीर सुहया यवनाः खशादयः।
    येऽन्ये च पापा यदुयाश्रयाश्रयाः शृद्धयन्ति तस्मै पुनविष्णेव नमः।।
    —*विष्णुपुराण,* 2.4.18।
71. *सिलेक्ट इंस्क्रिप्शंस* 1, पृ. 90-1 *मेमोआयरस आफ ए.एस.आई.* सं. 1, प्लेट 2; *ए.एस.आई. एनुअल रिपोर्ट,* 1980-9।
72. डब्ल्यू.डब्ल्यू. टार्न, *इंडिया एंड द ग्रीक वर्ल्ड,* पृ. 179; दीपक रंजन दास, *इकोनॉमिक हिस्ट्री ऑफ डेक्कन,* पृ. 178।
73. एस. कृष्णास्वामी अयंगर, *एंशियंट इंडिया, साउथ इंडियन हिस्टी एंड कल्चर,* वाल्यूम 1, पृ. 801।
74. एच.जी. राविलंसन, *इंटरकोर्स बिटवीन इंडिया एंड द वेस्टर्न वर्ल्ड,* पृ. 78; वी. कनकसभाई, *द तमिल एट्टीन हंड्रेड ईयर्स एगो,* 38.220।

75. डब्ल्यू.डब्ल्यू. टार्न, तदैव, पृ. 93।
76. डब्ल्यू.डब्ल्यू. टार्न, *द ग्रीक्स इन बैक्ट्रिया एंड इंडिया*, पृ. 375-76।
77. तदैव, पृ. 376।

4. यवन : सामाजिक एवं आर्थिक संदर्भ

यवनों ने भारतीय राजनीति समाज और साहित्य को एक लंबे समय तक प्रभावित किया। भारतीय संस्कृति पर उनकी छाप स्पष्ट दिखाई पड़ती है। भारतीय सामाजिक व्यवस्था में यवनों को नीच कुल का क्षत्रिय कहकर वर्ण-व्यवस्था के अनुक्रम में स्वीकार किया गया था। संभवतः यवनों द्वारा सैनिक वृत्ति अपनाने के कारण व्यवस्थाकार उन्हें शूद्रों अथवा अंत्यजों की श्रेणी में नहीं रख सके। स्थानीय क्षत्रिय-ब्राह्मण जातियों में उनके प्रति पूर्वाग्रह निरंतर बना रहा यद्यपि सैनिक एवं आर्थिक रूप से यवनों की प्रबलता ने तत्कालीन समाज में उनका महत्व बनाए रखा। भारतीय समाज में विदेशी जातियों के आगमन से वर्ण-व्यवस्था टूटने के स्थान पर शक्तिशाली होती गई।

1. वर्ण-व्यवस्था

सुत्तपिटक[1] के *मज्झिमनिकाय* में अस्सलायन सुत्त की कथा में गौतम बुद्ध ने आश्वलायन नामक ब्राह्मण के प्रश्न का उत्तर देते हुए बताया कि योन, कंबोज और अन्य सीमावर्ती जनपदों में दो ही वर्ण हैं, आर्य और दास वहां आर्य दास तथा उसी प्रकार दास आर्य बन सकता था। इस उपाख्यान में महत्वपूर्ण तथ्य का स्पष्ट उल्लेख है कि यवन कंबोज और सीमावर्ती अनेक अन्य जनपदों में ब्राह्मण, क्षत्रिय, वैश्य और शूद्र इन चार वर्णों की व्यवस्था नहीं थी। वहां केवल दो ही वर्ण या वर्ग थे, एक आर्य अथवा स्वामी तथा दूसरा दास अथवा सेवक। इस तथ्य की पुष्टि सम्राट अशोक के शिलालेख सं. 13 से भी होती है।[2] *विष्णुपुराण*[3] में भारत के पूर्व किरातों, पश्चिम में यवनों और मध्य में ब्राह्मण, क्षत्रिय, वैश्य और शूद्र की स्थिति की जो बात कही गई है, उससे भी इस बात की पुष्टि होती है कि पूर्व में बसने वाले किरातों और पश्चिम में रहने वाले यवन, कंबोज आदि जातियों में वर्ण-व्यवस्था नहीं थी। वहां समाज में दो

ही वर्ग थे स्वामी और सेवक। इस वर्ग विभाजन का आधार जन्म के बजाय कर्म था। कोई व्यक्ति उच्च कुल में जन्म लेकर भी अपनी मूर्खता, अयोग्यता या आलस्य के कारण अपनी स्थिति से च्युत होकर दासत्व को प्राप्त हो सकता था। इसके विपरीत कोई भी निर्धन असहाय व्यक्ति नीच कुल में उत्पन्न होकर भी अपनी योग्यता और परिश्रम के आधार पर आर्यत्व ग्रहण कर सकता था।

एक वर्ण द्वारा दूसरे वर्ण के व्यवसाय को अपनाने की प्रवृत्ति यवन, कंबोज आदि जातियों की भारतीय समाज से निकटता के उपरांत प्रारंभ हुई मानी जा सकती है। *मृच्छकटिकम्*[4] का ब्राह्मण प्रसन्न मन से चोरी करता है और यज्ञोपवीत का उपहास करते हुए उससे नापने वाले सूत का काम लेता है तथा *दशकुमारचरित*[5] में ब्राह्मण दस्युओं का उल्लेख मिलता है जो किरातों की तरह डाका डाला करते थे। समय पड़ने पर वे कृषक का कार्य भी कर लेते थे यद्यपि ब्राह्मणों की साधारण वृत्ति यज्ञादि कर्मों से प्राप्त दक्षिणा होती थी।[6] अनेक ब्राह्मणों ने क्षत्रियों के अभियान को चुनौती देकर स्वयं राज्यों की स्थापना की थी। थानेश्वर का वर्धन राजकुल वैश्य था। मतिपुर का राजा सिंध के राजा की तरह शूद्र था।[7] यद्यपि आदिम काले निवासियों को सामाजिक रचना के निम्नतम स्तर पर मात्र एक दास के रूप में स्थान दिया गया जिनके अधिकार सीमित थे।[8] वराहमिहिर ने अपनी *बृहत्संहिता*[9] में ब्राह्मणों, क्षत्रियों, वैश्यों और शूद्रों के अलग-अलग निवास क्षेत्रों का उल्लेख किया है। राजा को वर्णों का रक्षक[10] तथा प्रजा को वर्ण सीमाओं के अतिक्रमण[11] से रोकने वाला बताया गया है।

मनु (x. 61) का कथन है कि राजा को वर्ण-धर्म कायम रखना चाहिए, क्योंकि जो राज्य वर्णों के अंतर्मिश्रण से दूषित होता है, वह अपने निवासियों सहित विनष्ट हो जाता है अर्थात सुस्थापित व्यवस्था नष्ट हो जाती है। ये निर्देश सामान्यतः ई. सन् की तीसरी शताब्दी में रोम साम्राज्य द्वारा जारी किए गए आदेशों के समान थे, जिनमें विभिन्न व्यवसाय के लोगों को अपने-अपने व्यवसायों में लगे रहने को कहा गया है। किंतु मनु ने कुछ धार्मिक अनुशासन और दंड का भी विधान किया है। मनु (xii. 72) के अनुसार शूद्र यदि अपना कर्तव्य नहीं करेगा तो उसका जन्म चैलाशक (कीट-पतंग खाकर रहने वाले पिशाच) के रूप में होगा और यदि वह निष्ठापूर्वक अपना कर्तव्य निभाएगा तो अगले जन्म में उच्च वर्ण में पैदा होगा (ix. 337)।

2. जाति

गौतम धर्मशास्त्र[12] में यवनों को संकर जाति का बताया गया है। नारद[13] के

अनुसार वर्णों के विपरीत क्रम मिलने पर जो उत्पन्न होता है उसे वर्ण संकर कहा गया है। *मनुस्मृति* के दसवें अध्याय में 61 संकर जातियों का उल्लेख मिलता है जिनमें से अधिकांश प्रतिलोम विवाहों की उपज थीं। उनकी उत्पत्ति के मनु ने दो कारण बताए हैं। प्रथम, वे व्रात्य सिद्धांत का सहारा लेते हैं जिसमें वैदिक़ोत्तर काल में संशोधन किया गया। बौधायन ने व्रात्य को वर्ण संकर के समान माना है और कौटिल्य के *अर्थशास्त्र* का तीसरा अध्याय इस विचार का पूरी तरह समर्थन करता है। कौटिल्य (*अर्थशास्त्र*) के अनुसार चार वर्णों में से किसी के भी अशुद्ध व्यक्ति द्वारा किसी नीच जाति की स्त्री से उत्पन्न संतान ही व्रात्य है। मनु ने भी व्रात्य को संकर जाति कहा है मगर व्रात्य उत्पन्न करने की प्रक्रिया से वे शूद्रों को बाहर रखते हैं। *रामायण*[14] में यवनों को कामधेनु से उत्पन्न बताया गया है। *महाभारत*[15] यवनों को तुर्वसु की संतान और नीच कुल का क्षत्रिय कहा गया है। इसमें[16] उनकी उत्पत्ति पवित्र गाय नंदिनी से बताई गई है। मनु[17] के अनुसार पौड्रक, औड्र, द्रविड़, कंबोज, यवन, शक, पारद, पह्लव, चीन, किरात, दरद और खष नामक क्षत्रिय जातियां उपनयन आदि वैदिक संस्कारों के लुप्त हो जाने के कारण यजन-याजन, अध्ययन-अध्यापन और प्रायश्चित आदि क्रियाओं के लोप हो जाने से धीरे-धीरे वृषलत्व को प्राप्त हो गईं। *महाभारत* (13.33, 21.23) से भी इस तथ्य की पुष्टि होती है। *विष्णु, हरिवंश* आदि *पुराणों*[18] में राजा सगर द्वारा शक, यवन, कंबोज आदि जातियों के धर्महीन और वषट्कार रहित कर देने की बात कही गई है।

दिनेश चंद्र सरकार, म्यूर एवं अन्य विद्वान इस बात से सहमत नहीं हैं कि शक, यवन, कंबोज आदि जातियां मूलतः भारतीयों की वंशज थीं। उनका मानना है कि ये जातियां विशेषकर यवन और शक भारत की उत्तरी-पश्चिमी सीमा पर रहने वाली थीं। जब ये बर्बर और म्लेच्छ जातियां भारत के उत्तरी-पश्चिमी भाग में आकर बस गईं तो भारतीय नाम, रीति-रिवाज, धर्म, विश्वास आदि को ग्रहण कर लेने के कारण उनका भारतीयकरण हो गया और धीरे-धीरे भारतीय समाज में घुल-मिल गईं। मनु वर्ण-व्यवस्था में दृढ़ विश्वास रखते थे अतः इन जातियों को वर्ण-व्यवस्था में मिलाने के लिए उन्होंने अवश्य प्रयास किया होगा। सरकार के अनुसार उन्हें सरसरे तौर पर ही समाज में मिलाने का प्रयास किया गया था।[19]

म्यूर के अनुसार *महाभारत* और *पुराण* के लेखकों को यह विश्वास था कि उनके आसपास रहने वाली सभी जातियां उनकी मूल जाति से संबंधित थीं। साथ ही साथ उन्हें यह भी भ्रम था कि वे लोग ब्राह्मण समाज-व्यवस्था के बाहर हो गए थे। इस

प्रकार उन्होंने अपनी सामाजिक व्यवस्था को अत्यंत प्राचीन सिद्ध करने का असफल प्रयास किया है।[20]

रोमिला थापर के अनुसार यवन, शक कंबोज आदि जातियों को वृषल पुकारे जाने का कारण यह है कि इन लोगों में गणराज्य पद्धति का उदय हो गया था। ये गणराज्य प्राचीन वैदिक विचारों और परंपराओं को अधिक महत्व नहीं देते थे और नवीन विचारों को ग्रहण करने को उद्यत रहते थे।[21]

3. धर्म

मज्झिमनिकाय से ज्ञात होता है कि बुद्ध के समय से भारत की सीमांत भूमि पर 'योन' अथवा यूनानी जनपद विद्यमान था।[22] संभवतः सिंधु के पश्चिमवर्ती विषम प्रदेश में 'मेरोस पर्वत की तराई' स्थित नीसा नामक पर्वतीय राज्य ही योन जनपद था।[23] अनुमान किया जाता है कि नीसा राज्य के निवासी यूनानी थे और उन लोगों के वंशज थे जो डायोनिसस के साथ भारत आए थे। उनके कानूनों की सिकंदर ने प्रशंसा की थी। वे अपने देवता डायोनिसस के साथ भारत आए थे। वे अपने देवता डायोनिसस के समक्ष मदिरापान करके नृत्य करते थे। इस प्रकार डायोनिसस को उनका आराध्य देवता माना जा सकता है।

सम्राट अशोक के शिलालेख सं. 5 और 13 में योन, कंबोज और गंधार को अशोक के साम्राज्य का समीपवर्ती बताया गया है। शिलालेख सं. 13 में उत्तर-पश्चिम सीमांत के राजाओं का उल्लेख है जहां अशोक ने धर्म प्रचार कराया था। इन राजाओं में तुलमय [मिस्र नरेश टॉलमी (द्वितीय) फिलाडेल्फस], अंतेकिन (मकदूनिया का एंटीगोनस गोनतस), मक (मेगस) तथा अलिकसुंदरो (कदाचित् यह एपिरस अथवा कोरिंथ का एलेक्जेंडर था)। इनके अतिरिक्त अशोक ने अपने राज्य के अंतर्गत, यवन, कंबोज, नाभक और नाभपंक्ति, भोज, पितनिक आंध्र आदि का उल्लेख किया है।[24] रैप्सन का विचार है कि ये देश तथा जातियां अशोक द्वारा जीते गए राज्य के अंतर्गत न होकर उसके प्रभाव-क्षेत्र में थीं किंतु उनका मत उचित नहीं प्रतीत होता है क्योंकि इन प्रदेशों में अशोक द्वारा धर्ममहामात्र नियुक्त किए जाने का उल्लेख मिलता है। संस्कृत और पालि भाषाओं के ग्रंथों में भी यवनों के देश में अशोक द्वारा बौद्ध धर्म के प्रचार-प्रसार के प्रमाण मिलते हैं। *दीपवंश* और *महावंश* के अनुसार कश्मीर और गंधार में भेजे गए मिशन का मुखिया मज्झितक था। अशोक के समय में महारक्षित को योन देश में और मज्झितक को हिमालय में भेजा गया था। महारक्षित ने योन देश में

कालकारमसुतंत नामक उपदेश लोगों को दिया था।[25]

महावंश के एक अन्य विवरण के अनुसार लंका में एक महास्तूप की स्थापना के अवसर पर उत्तरापथ के एक बहुत बड़ी संख्या में बौद्ध लोग उसमें भाग लेने गए। योनों के नगर अलसंद से योन महाधर्मरक्खित हजारों भिक्षुओं के साथ इसमें सम्मिलित हुआ।[26] यह संख्या अतिशयोक्तिपूर्ण हो सकती है परंतु इससे यह अवश्य सिद्ध होता है कि अशोक के काल में कश्मीर, अफगानिस्तान और उसके निकटवर्ती क्षेत्रों में बौद्ध धर्म का प्रचार हो चुका था।

योन और कंबोज देश में महारक्षित थेर द्वारा बौद्ध धर्म के प्रचार की पुष्टि *सासनवंस* के एक उल्लेख से भी होती है जहां पर स्पष्ट रूप से कहा गया है कि महात्मा बुद्ध के परिनिर्वाण के 235वें वर्ष में (अर्थात 250 ई. पू. के लगभग) महारक्षित थेर ने योनक राष्ट्र में जाकर बौद्ध शासन की स्थापना की।[27]

बौद्ध धर्म ने चारों वर्णों के लिए अपना दरवाजा खोलकर उन्हें संघ में प्रवेश की अनुमति दी तथा चंडालों और पुक्कसों को भी निर्वाण प्राप्त करने के योग्य बताया (*जातक,* III, पृ. 194; पृ. 303)। इसके परिणामस्वरूप अनेक जातियों को दीक्षा पाने के प्राचीन अधिकार मिल गए, जिनसे वे ब्राह्मण समाज द्वारा वंचित कर दिए गए थे।

आरंभ में जैन धर्म ने भी सभी वर्णों के सदस्यों को मठ में प्रवेश की अनुमति दी और चंडालों के उत्थान का भी प्रयास किया। संभवतः यवन आदि विदेशी जातियों को भी जैन धर्म ने आकर्षित किया होगा किंतु उनके द्वारा जैन धर्म को अपनाने के कोई स्वतंत्र प्रमाण नहीं मिलते हैं।

वासुदेव और उनके गरुड़ध्वज उल्लेख के आधार पर विद्वानों का अनुमान है कि इस काल तक यवनों में वैष्णव धर्म पूर्णतया प्रतिष्ठत हो चुका था। गरुड़ध्वज स्तंभ अभिलेख में 'भगवत' शब्द का प्रयोग हेलियोडोरस के पिता दिय के लिए हुआ है जिससे उसके भागवत धर्म अर्थात वैष्णव धर्म का अनुयायी होने का भ्रम उत्पन्न होता है। इस अभिलेख के आधार पर कहा जा सकता है कि हेलियोडोरस वासुदेव का भक्त था और हो सकता है कि उसकी तरह उसका पिता भी वासुदेव का भक्त रहा हो। यवन वासुदेव धर्म के प्रति पहले से ही आकृष्ट रहे। यह अगुथक्लेय के उन सिक्कों से स्पष्ट है जिन पर एक ओर चक्रधारी वासुदेव और दूसरी ओर हलधर बलराम का अंकन है। ये सिक्के अफगानिस्तान और रूस की सीमा पर स्थित वक्षुनद के कांठे में एइखानुम नामक स्थान से पुरातात्विक उत्खनन में प्राप्त हुए हैं।[28]

स्वातघाटी अस्थि मंजूषा अभिलेख से ज्ञात होता है कि मेरिदर्ख थियोडोर नाम किसी यवन ने भगवान बुद्ध के प्रति अपनी निष्ठा प्रकट कर उनके अस्थि अवशेष प्रतिष्ठापित किए थे। 'मेरिदर्ख' एक यवन उपाधि है। अतः अनुमान किया जा सकता है कि थियोडोर स्वातघाटी के आसपास के प्रदेशों का प्रशासक रहा होगा। इस अभिलेख की तिथि लिपि के आधार पर ई. पू. पहली शती मानी जाती है।[29]

उपरोक्त सभी तथ्यों से यह सिद्ध होता है कि सम्राट अशोक के समय से कुषाण काल तक संपूर्ण उत्तरापथ भारतीय धर्मों से दीक्षित हो चुका था यद्यपि इसमें बौद्ध धर्म का प्रभुत्व रहा। शक, यवन, कंबोज, कुषाण आदि जातियां बौद्ध धर्म और अन्य भारतीय धर्मों तथा संस्कृति से प्रभावित रहीं। संभवतः दार्शनिक तत्वों से रहित होने के कारण यवनों के धर्म को स्थायित्व नहीं मिल सका, अतः अनुकूल वातावरण पाते ही यवन भारतीय धर्मों की ओर आकृष्ट हो गए।[30] साकल के यवन राज मिनांडर (मिलिंद) ने बौद्ध धर्म की दीक्षा ली और आचार्य नागसेन के शिष्यत्व को स्वीकार किया । इसी के परिणामस्वरूप नागसेन की दार्शनिक कृति *मिलिंदपञ्ह* पालिभाषा में प्रस्तुत हुई। यवनराज मेनांडर के मन में बौद्धों के प्रति इतनी सहानुभूति उत्पन्न हुई कि उसने उनकी सहायता भी की। शक, कंबोज आदि जातियों के प्रति भारतीयों की घृणा का कारण शायद यह भी था कि ये लोग भारत में आने के बाद भी बहुत समय तक बौद्ध धर्म के अनुयायी बने रहे।

4. भाषा

यवनों की लिपि का सर्वप्रथम उल्लेख पाणिनि की *अष्टाध्यायी*[31] से प्राप्त होता है। इसमें यवनों की लिपि यवनानी बताई गई है। कात्यायन ने *वार्तिका*[32] में बताया है कि यवन शब्द में प्रत्यय जोड़कर हस्तलेखन की ओर संकेत किया जाता है। यवनानी के विषय में स्पष्ट रूप से कुछ भी ज्ञात नहीं है। भारत में लेखन कला का प्रमुख दर्शन अशोक के अभिलेखों से होता है अतः विचारणीय विषय है कि यवन जिस क्षेत्र में रहते थे क्या वहां लेखन कला का प्रचलन था ? यदि था तो वह किस समय प्रारंभ हुआ और वह कौन सी लिपि थी ? *ललित विस्तार* में गौतम बुद्ध के द्वारा लिखना सीखने का उल्लेख इस बात की ओर संकेत करता है कि संभवतः सूत्रकाल से ही लेखन कला का प्रचलन हो गया था। अशोक के अभिलेख दो लिपियों में मिलते हैं एक ब्राह्मी लिपि में जो समस्त भारत में प्रचलित थी, दूसरे खरोष्ठी में जो गंधार, कंबोज आदि उत्तर-पश्चिमी सीमांत के देशों में और मध्य

एशिया तक प्रचलन में थी। खरोष्ठी में लिखी *धम्मपद* की एक प्रति खोतान (मध्य एशिया) से मिली है। सर ऑरेल स्टाइन को निया नदी के पुराने तटों पर खरोष्ठी लिपि में लिखे लकड़ी की गोलियों पर 500 लेख मिले थे।[33] ब्यूहलर ने माना है कि खरोष्ठी अक्षरों का विकास अरामइक लिपि से हुआ जिसका प्रयोग हखामनी साम्राज्य के समस्त राजकीय अभिलेखों में होता था।[34] सर्वप्रथम इस भू-भाग में अरामइक का ही प्रचलन रहा होगा।[35]

कंदाहर के निकट मिला अशोक का शिलालेख यूनानी और अरामइक दोनों लिपियों में लिखा था। विद्वानों का मानना है कि इस शिलालेख का वह भाग जो यूनानी में लिखा गया है, यवनों के लिए था और जो अरामइक में लिखा गया कंबोज आदि अन्य जातियों के लिए था। शाहबाजगढ़ी और मानसेहरा से मिले लेख खरोष्ठी लिपि में हैं और इसमें शिलालेख सं. 5 में यवनों और कंबोजों और शिलालेख सं. 13 में यवनों, कंबोजों और गंधारों का उल्लेख हुआ है। अशोक ने इन जातियों में धर्म प्रचार के लिए इन शिलालेखों को अरामइक और खरोष्ठी में लिखवाकर स्थापित करवाया था। इससे स्पष्ट है कि यवन आदि जातियों में खरोष्ठी लिपि का प्रचलन था। अशोक के पश्चात शक, यवन, पह्लव आदि पश्चिमोत्तर भारत के शासकों के सिक्कों में प्रायः खरोष्ठी लिपि का प्रयोग होता रहा। संभवतः अरामइक या खरोष्ठी लिपि की यवनानी थी।

5. स्त्रियों की दशा

हेराडोट्स के अनुसार प्रत्येक वर्ष तक्षशिला में आसपास के क्षेत्रों से एकत्रित अविवाहित स्त्रियों की नीलामी की जाती थी। पुरुष उनको घेरकर खड़े हो जाते थे। नीलामकर्ता प्रत्येक लड़की को नीलाम करता था। सौंदर्य मूल्य निर्धारण का मापदंड होता था। अरिस्टोबुलस के अनुसार जब कोई व्यक्ति नीलाम की जाने वाली लड़की की ओर बढ़ता था तो उस लड़की के पीठ और कंधों तथा अग्रभाग से वस्त्र हटा दिए जाते थे, जिससे उसका परीक्षण किया जा सके। अधिक मूल्य लगाने वाले व्यक्ति के साथ लड़की का विवाह कर दिया जाता था। पुरुष और नारी में मतभेद होने पर मूल्य वापस करना पड़ता था। नीलामी में कोई भी सम्मिलित हो सकता था। कुछ समय पश्चात इस प्रथा में कुरीतियां उत्पन्न हो गईं। लड़कियों को वेश्यावृत्ति जैसे कार्यों के लिए खरीदकर दूरस्थ नगरों में ले जाया जाने लगा।[36]

संभवतः पारसीक व्यापारियों के माध्यम से यह परंपरा भारत तक आ पहुंची।

डेरियस प्रथम द्वारा उत्तर-पश्चिम के कुछ भाग को जीतने के पश्चात ये पारसीक व्यापारी वहां आए होंगे। डेरियस प्रथम का बेबीलोनिया पर भी आधिपत्य था। यह निश्चित रूप से ज्ञात नहीं है कि नीलाम की जाने वाली लड़कियां स्थानीय होती थीं अथवा विदेशी। कसांड्रिया का निवासी अरिस्टोबुलस सिकंदर के भारतीय अभियान में उसके साथ था। संभवतः तक्षशिला में उसने इस प्रथा का अवलोकन किया था।[37] यह प्रथा/व्यापार केवल तक्षशिला तक ही सीमित था या अन्य क्षेत्रों में भी था, स्थापित नहीं है।

तक्षशिला की उक्त स्त्री-व्यापार की प्रथा से संकेत मिलता है कि यवनों की सामाजिक व्यवस्था में स्त्रियों को कोई सम्मानजनक स्थान नहीं प्राप्त था। स्त्रियों को मात्र उपभोग की सामग्री समझा जाता था।

6. मद्यपान

भारत में स्त्रियों द्वारा मद्यपान का प्रारंभ अस्पष्ट रूप से ईसा की प्रारंभिक शताब्दी में हुआ जब बड़ी संख्या में शक, पारद, पह्लव, यवन आदि जैसी जातियां भारत में बस गईं। पौराणिक साहित्य में स्त्रियों में मदिरा की लोकप्रियता को सामान्यतः कलियुग का प्रभाव माना गया है।[38] कलियुग में विदेशी जातियों द्वारा सामाजिक दशा को अस्त-व्यस्त करने वाला कहा गया है। *महाभारत*[39] में उत्तर-पश्चिम भारत की स्त्रियों द्वारा मद्यपान करने की निंदा की गई है। भारतीय कला में बखनेलियन उत्सव के लक्षणों में विदेशी प्रभाव परिलक्षित होता है। तक्षशिला से प्राप्त कला पुरावशेष यूनानी शक और पारसीकों से संबंधित है। डायोनिसस से संबंधित बखनेलियन उत्सव यूनानियों में प्रचलित था और उन्होंने ही इसे भारत में भी लोकप्रिय बनाया। गुप्त काल में रचित *चतुर्भनि* में एक यवनी को विशेष रूप से सुरा सेवन करते दिखाया गया है।[40] *रघुवंश* में भी यवनियों को मद्यपान का अभ्यस्त बताया गया है।[41]

मत्स्यपुराण में उल्लेख मिलता है कि यह पर्व भारत में भी कुछ लोगों के जीवन का अभिन्न अंग बन गया।[42] स्ट्रैबो के अनुसार बखनेलियन उत्सव में पारसीक स्त्री-पुरुष शक वेश-भूषा में सजकर रात-दिन मदिरा पान के पश्चात आमोद-प्रमोद में व्यस्त रहते हैं।[43] संभवतः शकों से पारसीकों ने यह परंपरा ग्रहण की थी।

मद्र देश में बखनेलियन पर्व का प्रचलन संभवतः शकों के द्वारा ही किया गया था। उनकी स्त्रियां पुरुषों के साथ मद्यपान कर[44] हंसती और नृत्य करती हुई निर्वस्त्र

तक हो जाती थीं।[45] महाकाव्य में अन्यत्र इस तरह के रिवाजों को राक्षसी कार्य बताया गया है।[46]

7. स्त्रियों की वेश-भूषा

प्रथम ई. पू. के आसपास स्त्रियों की वेश-भूषा में विदेशी प्रभाव परिलक्षित होता है। दरबारों में रहने वाली यवनियों ने इस क्षेत्र में महत्वपूर्ण योगदान दिया। उनके वस्त्रों में लंबी बाहों वाली जैकेट तथा लंबा घाघरा प्रमुख थे।[47]

8. परदा प्रथा

स्त्रियों में परदे की प्रथा भारत में मूलतः नहीं थी। वैदिक स्त्रियां इसका प्रयोग नहीं करती थीं। यहां तक कि भरहुत, सांची और मथुरा में भी इसके प्रयोग के संकेत नहीं मिलते हैं। माना जाता है कि ग्रेको-रोमन कला में उड़ते हुए स्कार्फ को प्रदर्शित किया गया है। इन मूर्तियों में स्कार्फ के दोनों छोर हाथ में पकड़े हुए दिखाए गए हैं। इस प्रकार के प्रतीक को हेलेनिक कला में पांचवीं श.ई.पू. तक ले जा सकते हैं।[48] बेग्राम से प्राप्त शीशे के बर्तन पर इस प्रकार का प्रतीक प्राप्त होता है।[49] संभवतः प्रवासी यूनानियों ने प्रथम श.ई. के लगभग इस प्रथा को प्रारंभ किया। तक्षशिला से प्राप्त टेराकोटा कलाकृतियों में भी परदे की प्रथा प्रदर्शित है।[50]

9. दास/यवनियां

पेरिप्लस ऑव इरिथ्रियन सी में उल्लेख मिलता है कि यवन कुमारियां भारत में पश्चिमी देशों से लाई जाती थीं। यविनयां अंतःपुर में विशिष्ट दासियों और उप-पत्नियों के रूप में रहती थीं। प्रत्येक राजा के पास अपनी रक्षा के लिए यवनियों की एक सशक्त टुकड़ी रहती थी। कौटिल्य के *अर्थशास्त्र* में कहा गया है कि यवनियों का दर्शन राजा के लिए शुभ होता है। इसलिए उसे प्रातःकाल उठकर यवनियों के मुख देखने चाहिए। सामान्यतः ये आखेट के समय राजा को घेर कर चलती थीं। कालिदास के समय तक प्रायः उन्हें आवासों में रखने का प्रबंध किया जाता था। संस्कृत नाटकों में उन्हें प्रायः पुष्पाहारों से सुसज्जित विशेष वस्त्रों में राजा की रक्षक के रूप में चित्रित किया गया है।[51] कालिदास के *अभिज्ञान शाकुंतलम्* में उल्लेख है कि जंगली फूलों की मालाएं पहने तथा हाथों में धनुष धारण किए यवन कन्याएं राजा के साथ रहती थीं।[52] भास तथा अन्य विद्वानों के

नाटकों में भी इस संबंध में विवरण प्राप्त होते हैं।[53] तत्कालीन जैन ग्रंथों में पह्लव, यवन, मुरुंड जैसी जातियों से संबंधित महिला दासों का उल्लेख मिलता है।[54] पश्चिमोत्तर भारत में भी यवनियों के व्यवसाय का उल्लेख मिलता है।[55] चंद्रगुप्त मौर्य ने एक यवन राजकुमारी से विवाह किया था।[56] सिंधु, सौवीर, जयद्रथ के पास भी अनेक यवन पत्नियां थीं।[57]

अरिस्टोबुलस तक्षशिला की श्वेत दासों की विवाह मंडी का उल्लेख करता है यद्यपि इस तरह की दास मंडियां कहीं अन्यत्र होने के साक्ष्य उपलब्ध नहीं हैं। वास्तव में प्रथम शताब्दी ई. में ओसीलस, मुजा, मलाव और ओपोन के बंदरगाहों से भारत में दास आयातित किए जाते थे। ये दास व्यापार मूलतः अरबों के द्वारा नियंत्रित था।[58] संभवतः वे सीरिया, पर्सिया और भूमध्यसागरीय देशों में दासों को खरीदते थे। *महाभारत* में भी श्वेत दासों के व्यापार का उल्लेख मिलता है।[59] बैरीगाजा (भड़ौच) के बंदरगाह पर आयातित दास उतारे जाते थे और माना जा सकता है कि उनका क्रय-विक्रय का कार्य भी वहीं किया जाता था। *पेरिप्लस* के अनुसार बैरीगाजा सीधे तगारा और गोदावरी तट पर बसे पैठन से जुड़ा हुआ था।

10. खान-पान

पारद, यवन, पह्लव एवं शक आदि जातियों के भ्रमण क्षेत्र पश्चिमोत्तर भारत में प्रथम शताब्दी ई. पू. के प्रारंभ में मांस का व्यापक स्तर पर भोज्य पदार्थ के रूप में प्रयोग किया जाता था। यवनों और शकों का सिंध प्रदेश में प्रवेश बहुत पहले हो चुका था। वहां अधिकतर लोग मांस का उपयोग करते थे और सामिष भोजन करने वालों को नीची दृष्टि से नहीं देखा जाता था।[60] *महाभारत* में पंजाब के लोगों की गाय आदि का मांस खाने के लिए विशेष रूप से आलोचना की गई है।[61]

मादक द्रव्यों का भारत में प्रचलन संभवतः पंजाब में हखामनी आक्रमण का परिणाम था। पाणिनि ने न केवल मदिरा का उल्लेख किया है वरन उसके उत्पादन और व्यापार का भी वर्णन किया है।[62] कौटिल्य ने मदिरा के 6 प्रकारों का उल्लेख किया है।[63] वहीं कर्टियस[64] ने मौर्य कालीन भारत में मदिरा की लोकप्रियता का वर्णन किया है। भारत में आने वाली विभिन्न जातियां अपने साथ निरंतर मदिरा के नए प्रकार लाती रहीं। पाणिनि ने कपिशायिनी और मैरेय नामक आयातित मदिरा का उल्लेख किया है।[65] रघु के सैनिकों के द्वारा पारसीकों के विजय अभियान में मदिरा सेवन का आनंद लेने का उल्लेख है।[66] यूनानी लेखकों[67] ने नीसा की मदिरा का उल्लेख

किया जो कि संभवतः पारसीकों द्वारा प्रचलित की गई थी।

यूनानी मादक पेयों का सेवन करने के शौकीन थे। एलेक्जेंडर और उसकी सेना के द्वारा नीसा के लोगों के बीच रुकने की अवधि में जमकर मदिरा सेवन करने का उल्लेख मिलता है।[68] डिओडोटस ने एक भारतीय को उद्धृत करते हुए सूचित किया है कि डायोनिसस ने भारतीयों को मदिरा तैयार करने की विधि बताई थी।[69] मौर्य कालीन भारत में पश्चिम एशिया की मदिरा को उच्च स्थान प्राप्त था। बिंदुसार ने अपने समकालीन सेल्यूसिड राजा से अंगूर की मदिरा भेजने का आग्रह किया था।[70]

पेरिप्लस ऑव इरिथ्रियन सी में तीन प्रकार की आयातित शराब का उल्लेख है जो इटली, सीरिया और अरब से बैरीगाजा पत्तन पर लाई जाती थी।[71] दक्षिण भारत में यवनों द्वारा लाई जाने वाली मदिरा संभवतः रोमनों के मध्य अधिक लोकप्रिय थी। अरिकामेडु से अनेक एम्फोरा (मदिरा रखने का पात्र) प्राप्त होते हैं।[72] अरिकामेडु रोमन व्यापारियों का प्रमुख केंद्र था। तक्षशिला से भी दो हैंडिल वाले एम्फोरा कुषाणकालीन स्तरों से प्राप्त होते हैं। इनका आयात बहुधा पश्चिमी एशिया से किया जाता था जहां यूनानी-रोमन एम्फोरा सामान्य व्यवहार में लाए जाते थे।[73]

11. बर्तन एवं मृद्भांड

तक्षशिला से प्राप्त यूनानी काले बर्तन जो लगभग चौथी श.ई.पू. के प्रतीत होते हैं।[74] सिकंदर के आक्रमण के पश्चात जब यूनानी पश्चिमोत्तर भारत में रहने लगे तो आवश्यकता के अनुसार उन्होंने इन बर्तनों को स्वयं उत्पादित किया अथवा आयात किया। उपलब्ध स्थानीय बर्तन शायद विदेशियों के भोजन के लिए उपयुक्त नहीं थे, इसलिए विदेशी नूमनों पर आधारित बर्तन उत्पादित किए गए। बर्तन के प्रकार लोगों की खान-पान की आदतों के सूचक होते हैं। तक्षशिला[75] और अरिकामेडु[76] से प्राप्त एम्फोरा सूचित करते हैं कि यूनानी और रोमन मदिरा पीने के अभ्यस्त थे। यूनानी बर्तन में तक्षशिला से प्राप्त पानी की बोतलें,[77] जग की तरह एम्फोरा[78] और गहरे पतले मुंह वाले[79] बीकर अत्यंत प्रभावशाली हैं।

ग्रेको-रोमन प्रकार के बर्तन अनेक स्थानों से खोज लिए गए हैं। तक्षशिला से कैथरस नाम से ज्ञात दो हैंडिलों वाला मदिरा पात्र अद्भुत है।[80] यहीं से प्राप्त चीनी का चम्मच पाम्पेई से उत्खनित चम्मच से साम्यता रखता है।[81] आधुनिक मर्तबान की तरह सिरवाला तथा वास्तविक घुमाव वाला पात्र सकारात्मक हेलेनिक प्रभाव दर्शाता है।[82] इससे स्पष्ट होता है कि बुद्धघोष द्वारा वर्णित 'यवनघट' उपरोक्त पात्र ही रहा होगा।[83]

रोमन प्रकार के मृद्भांड विस्तृत क्षेत्र में पाए गए हैं। वीरपाटनम से प्राप्त मृद्भांडों पर फिलिस्तीन, एलेक्जेंड्रिया और एथेंस जैसे बर्तनों का प्रभाव है।[84] पीतलखोरा से प्राप्त बर्तनों से पश्चिम एशिया में उत्पादित बर्तनों और उनकी देशज सीमाओं के विषय में पता चलता है।[85] हस्तिनापुर में पश्चिम एशिया से संबंधित लाल चमकीले पात्र प्राप्त होते हैं।[86] अहिच्छत्र से प्राप्त अद्वितीय जग भूमध्यसागरीय देशों से आयातित प्रतीत होता है।[87]

पश्चिमी भारत में रोमन प्रभाव अत्यंत महत्वपूर्ण है। नेवासा से प्राप्त गेहूं पीसने के लिए घूमने वाली चक्की तथा उसी प्रकार रोजमर्रा के काम में आने वाले टोटीदार बर्तन, कोखदार कटोरे, छोटी एवं बड़ी गर्दन वाले बर्तनों पर रोमन अथवा भूमध्यसागरीय छाप दिखाई पड़ती है।[88] तेर से प्राप्त बर्तनों पर रोमन प्रभाव स्पष्ट है और स्थानीय कुम्हारों ने रोमन तकनीक को अपनाया है।[89] नेवासा (200-500 ई.) से प्राप्त लाल चमकीली पॉलिश वाले बर्तन संभवतः भूमध्यसागरीय दुनिया के साथ वाणिज्यिक संपर्कों का परिणाम थे।[90] चंद्रवल्ली, ब्रह्मगिरि, मास्की, अमरावती और सेंडापुर से प्राप्त चित्रित आंध्र पात्र रोमन प्रभाव दर्शाते हैं।[91] सुदूर एवं शिशुपालगढ़ से भी इस प्रकार के पात्र मिलते हैं।[92]

नेवासा[93] के रोमन स्तर से कुछ कांच के बर्तन भी पाए गए हैं। इससे *पेरिप्लस* के उस तथ्य की पुष्टि होती है जिसमें बताया गया है कि सिकंदरिया के कच्चे कांच का आयात बैरीगाजा के लिए किया जाता था।[94] तक्षशिला से प्राप्त संपूर्ण कांच के बर्तन विदेशी उत्पाद हैं और ईसा की प्रारंभिक शताब्दियों में संपूर्ण रोमन साम्राज्य में इस प्रकार के पात्र प्रचलित थे।[95] सीरिया एवं भूमध्यसागरीय तट के कारखानों से आयातित कांच बेग्राम[96] में प्राप्त हुआ है। यह कांच संभवतः यहां तक्षशिला होता हुआ पश्चिमी बंदरगाहों से पहुंचा होगा।[97]

12. एम्फोरा

एम्फोरा (Amphora) दोनों तरफ हत्थे वाला मर्तबान होता था, जिसका उपयोग शराब तथा तेल आदि तरल पदार्थों को भरने के लिए होता था। इससे ज्ञात होता है ईसा की प्रारंभिक शताब्दियों में भारत के लोग रोम निर्मित मदिरा में विशिष्ट रुचि रखते थे। एम्फोरा पीतलखोरा, कोल्हापुर, नेवासा, तेर, जुन्नार और उत्तर-पश्चिम भारत में तक्षशिला से प्राप्त होते हैं।[98] वस्तुतः इन पुरास्थलों के उत्खनन से तीन प्रकार के मृद्भांड मिले हैं–

(1) एरेंटाइन मृद्भांड (Arrentine ware)

(2) रूलेटेड मृद्भांड (Rouleted ware)

(3) एम्फोरे (Amphore)

एरेंटाइन मृद्भांड लाल रंग से काचित मृद्भांड थे जिनका निर्माण 20 से 50 ई. के आसपास भूमध्यसागरीय क्षेत्रों में किया जाता था। इटली के अरेज्जो या अरेटियम नामक स्थान के आधार पर इसे संज्ञा प्रदान की गई है। ये मृद्भांड अत्यंत सुंदर होते थे। जिन पर प्रायः निर्माता कुम्हारों के नाम के ठप्पे लगे हुए मिलते हैं। रूलटेड मृद्भांड काले रंग की पात्र परंपरा हैं। इस पात्र परंपरा में 30 सेमी. व्यास की तस्तरी एक प्रमुख पात्र प्रकार हैं, जिसमें दो-तीन वृत्ताकार पट्टियां मिलती हैं। व्हीलर के अनुसार इनमें से कुछ भूमध्यसागरीय क्षेत्र से आयात किए गए होंगे।[99]

13. रीति-रिवाज

हैययों द्वारा अयोध्या के राजा बाहु को राजपद से हटाने तथा उसके पुत्र सगर द्वारा प्रतिरोध लेने की कथा प्रायः सभी पुराणों में वर्णित हैं। *वायु, ब्रह्म, हरिवंश* तथा *ब्रह्मांड* में जहां यह कथा संक्षेप में दी गई है,[100] वहीं *विष्णुपुराण* में विस्तार के साथ वर्णित है।[101] *भागवतपुराण*[102] में यह कथा अर्वाचीन रूप से संक्षेप में दी गई है। *हरिवंश पुराण*[103] में उक्त कथा इस प्रकार है कि इक्ष्वाकु वंश परंपरा में बाहु का जन्म हुआ। बाहु आखेट एवं द्यूत क्रीड़ा आदि व्यसनों में व्यस्त रहता था। इसी अवसर का लाभ उठाकर हैयय, तालजंघों और शकों ने बाहु के राज्य को छीन लिया। यवन, पारद, पह्लव, कंबोज और खष इन पांच गणों ने भी युद्ध में हैययों की सहायता की। राजा बाहु सत्ताच्युत होकर अपनी पत्नी के साथ वन में चला गया जहां उसकी मृत्यु हो गई।

बाहु की पत्नी यदु वंश से संबंधित थी। बाहु की मृत्यु के समय वह गर्भवती थी। अपने पति की चिता निर्मित कर जब वह उस पर बैठने लगी तो भृगु वंशीय और्व ऋषि ने उसे ऐसा करने से रोक दिया। समय आने पर रानी ने एक पुत्र को जन्म दिया जिसका नाम सगर रखा गया। और्व ऋषि ने उसके जातकर्म आदि संस्कार करवा कर उसे वेद एवं शास्त्र पढ़ाए और अस्त्र-शस्त्र की शिक्षा दी। उन्होंने सगर को असाध्य आग्नेयशस्त्र प्रदान किए। शारीरिक और शस्त्र बल से संपन्न होकर उसने एक बड़ी सेना एकत्र की तथा हैययों का संहार कर डाला। उसके बाद शक, यवन और पह्लवों को भी नष्ट करने का निश्चय किया। जब वह उनका विनाश करने लगा

तो वे मुनि वसिष्ठ की शरण में चले गए। वसिष्ठ ने सगर से समझौता कराकर उपरोक्त जातियों को अभयदान दिलवाया।

सगर ने अपनी प्रतिभा और गुरु वसिष्ठ की आज्ञा को ध्यान में रखकर उनको छोड़ दिया किंतु उनके धर्म का विनाश कर दिया और वेश-भूषा में परिवर्तन कर दिया। उसने शकों का आधा सिर मुंडवा कर उन्हें छोड़ दिया वहीं यवनों, कंबोजों का पूरा सिर मुंडवा दिया। पारदों के केश खुलवा दिए और पह्लवों को दाढ़ी युक्त रहने का निर्देश दिया। महात्मा सगर के द्वारा वे स्वाध्याय (वेद पाठ) और वषट्कार से रहित कर दिए गए।[104] शक, यवन, कंबोज, पारद, कोलिसर्प, महिष, दरद, चोल, केरल आदि सब क्षत्रिय जातियों के धर्म का उसने निराकरण कर दिया। तत्पश्चात खष, तुषार, मद्र, किष्किंध, कुंतल, वङ्ग, साल्व और कोंकण को जीतकर अश्वमेध के लिए दीक्षा लेकर उसने अश्व छोड़ दिया।

इस आख्यान में वर्णित हैयय यदुवंशी थे और तालजंघ हैययों की एक शाखा थी। हैयय, मालव और उसके पूर्व के प्रदेश के शासक थे। महिष्मति उनकी राजधानी थी। उनके सहायक शक, यवन, कंबोज आदि भारत की उत्तर-पश्चिमी सीमा के निवासी थे। यहां उल्लिखित वसिष्ठ तृतीय वसिष्ठ है जो कि आपव और अथर्वनिधि नामों से पुकारे जाते थे। यद्यपि डी.सी. सरकार[105] ने उपरोक्त तथ्य की ऐतिहासिकता पर भी संदेह व्यक्त किया है। उनका कथन है कि प्रायः सभी पुराणों में अनिवार्य रूप से पाए जाने के कारण और वर्णनों की नाटकीय स्पष्टता से इस परंपरा के ऐतिहासिक होने का भ्रम तो होता है, परंतु यह स्वीकार करना सरल नहीं है कि बाहु और सगर ऐतिहासिक व्यक्ति थे। यदि इन इक्ष्वाकु-वंशी राजाओं और हैययों तथा तालजंघों के साथ उनके युद्ध को ऐतिहासिक मान भी लिया जाए तो भी शक, यवन आदि जातियों को इस घटना से जोड़ना उचित नहीं है। पौराणिक परंपरा में बाहु और सगर का समय बहुत प्राचीन है और उस समय के भारत से शकों और यवनों का कोई संबंध नहीं था। सगर दशरथ से चौबीस पीढ़ी पहले हुए हैं। यह संभव है कि मूल पर परंपरा *महाभारत* (3.106.8) की तरह हैयय और तालजंघों की विजय तक ही सीमित रही हो और शक, यवन, कंबोज आदि पांच सहायक जातियों की कथा बाद में इसमें जोड़ दी गई हो।

इसके विपरीत पार्जिटर महोदय ने इस परंपरा को ऐतिहासिक तथ्य पर आधारित माना है।[106] वे इस परंपरा के आधार पर कुछ परिणामों पर पहुंचे हैं।

उनके अनुसार बाहु के अयोध्या छोड़ने और सगर के द्वारा उसे पुनः अपने अधिकार में लेने तक बीस या पच्चीस वर्ष का समय अवश्य लगा होगा और इस

अवधि में देश और राजधानी पर आक्रांताओं का शासन रहा होगा। ऐसा प्रतीत होता है कि हैययों ने आक्रांत क्षेत्र में किसी राज्य की स्थापना नहीं की बल्कि वे उस पर परवर्ती मराठों की तरह निरंतर आक्रमण करते रहे। भारत के उत्तरी-पश्चिमी सीमांत से आने वाले शक, यवन, कंबोज, पारद और पह्लवों के दल इस समय में यहीं रहे और यहीं के निवासी हो गए। सगर ने हैययों को तो पराजित करके अपने देश से निकाल दिया, परंतु ये विदेशी दल अपने क्षेत्रों की ओर भागने की अपेक्षा वसिष्ठ की शरण में आए। उसने उनकी सहायता की और वे कुछ शर्तों के अधीन उनकी प्रजा बन गए। अयोध्या पर आक्रमण करने वाले ये लोग भारत के बाहर बसने वाले मुख्य जन नहीं थे, अपितु उन जनों के गिरोहमात्र थे। इस अवधि में इक्ष्वाकुवंशीय क्षत्रिय तो दबे रहे परंतु लोगों की धार्मिक स्थिति में कोई अंतर नहीं आया। अयोध्या के कुल क्रमागत पुरोहित परिवार ने अपनी स्थिति को पूर्ववत् बनाए रखा। यही कारण है कि वसिष्ठ ने इन विदेशी जातियों और सगर में समझौता कराने के लिए मध्यस्थता का कार्य साधिकार संपन्न किया। सगर ने उनकी वेश-भूषा और आकृति बदल दी। इसका तात्पर्य है कि पहले उनकी वेश-भूषा और आकृति भिन्न थी। बाद में जब वे उसके राज्य में रहते रहे तो धीरे-धीरे उनकी आकृति और वेश-भूषा फिर से अन्य लोगों जैसी हो गई। अतः अपमानजनक भिन्नताएं धीरे-धीरे लुप्त हो गईं। उनका मत है कि विजेताओं को विजित विदेशियों की वेश-भूषा, खान-पान, रहन-सहन तथा रीति-रिवाज आदि विचित्र होते हैं इसीलिए विजित लोगों को वेश-भूषा आदि इन जातीय विशिष्टताओं को प्रायः उनकी पराजय के साथ जोड़ दिया जाता है।[107]

अपने मत के समर्थन में उन्होंने कुछ उदाहरण भी दिए हैं कल्हण ने *राजतरंगिणी* में कश्मीर के राजा ललितादित्य मुक्तापीड (724-760 ई.) की विजयों का वर्णन करते हुए लिखा है—महाबली राजा ने पराजय के चिह्न के रूप में अपने विजित राजाओं से अनेक ऐसे विशिष्ट चिह्न धारण करवाए जिन्हें वे और उनकी प्रजाएं आज भी धारण किए हुए हैं। स्पष्टतः तुर्क लोग उसकी आज्ञा से अपने बंधन के चिह्न के रूप में अपने हथियारों को अपनी कमर पर धारण करते हैं और अपना सिर मुड़वाते हैं। दक्षिणात्यों को उनकी पशुता का आभास कराने के लिए उसने उनकी धोती का एक सिरा धरती पर लटकवा दिया।[108] वास्तव में कमर पर हथियार धारण करना तथा आधा सिर मुंडवाना तुर्कों में परंपरा थी जबकि इसी प्रकार दक्षिणात्यों में धोती के एक सिरे को लटकाने की प्रथा थी। कल्हण ने तुर्कों और दक्षिणात्यों की इन जातीय परंपराओं को ललितादित्य से उनकी हार के साथ संबंधित कर दिया।

यवन एवं अन्य विदेशी जातियों की वेश-भूषा, केस सज्जा तथा अन्य रीति-रिवाज गैर-भारतीय होने के कारण यहां के लोगों को विचित्र प्रतीत होते थे। भारत के लोग प्रायः दाढ़ी मुड़वाते थे और सिर पर लंबे केश रखते थे तथा उनको ऊपर, पीछे या बराबर से चोटी जूड़े के रूप में बांधते थे। इसके विपरीत पह्लव दाढ़ी रखते थे। कालिदास ने भी पारसीकों को मधुमक्खियों से व्याप्त शहद के छत्ते जैसी दाढ़ियों वाला बताया है।[109] बैक्ट्रिया और भारत के यूनानी शासकों के सिक्कों पर जो राजप्रतिमाएं मिली हैं उनके सिरों पर न तो लंबे केश हैं और न ही वे मुड़े हुए हैं। इसके विपरीत उनके सिर पर छोटे बाल हैं। भारत के लोग चूंकि सिरों पर बड़े बाल रखते थे। इसलिए वे छोटे वालों वाले यवनों को आश्चर्य से देखते थे और उन्हें मुंड कहकर पुकारते थे। वास्तव में सिर पर छोटे बाल धारण करना उनकी जातीय विशिष्टता थी जिसे पौराणिक शैली में सगर की विजय के साथ संबंधित कर दिया गया है।

14. ज्योतिष

ज्योतिष ग्रंथ *यवन जातक*[110] के एक खंडित अंश से ज्ञात होता है कि यवनेश्वर नामक किसी व्यक्ति ने अपनी भाषा से उक्त ग्रंथ का संस्कृत में अनुवाद, किसी अज्ञात संवत् के वर्ष 91 में किया था। *यवनजातक* के पिछले पाठ का रचयिता भी कोई मीनराज यवनाचार्य ही है। सूर्य से वराहमिहिर की ग्रह गणना का आरंभ प्रमाणित करता है कि संभवतः उसी समय भारत में यहूदी-ईसाई तिथि-चक्र स्वीकृत किया गया। ईसाई रोमन सम्राट कांटेस्टाइन ने 434 ई. में इन ग्रह वाले नामों को प्रचलित किया और रविवार को आराम करने का दिन निश्चित किया था।[111]

अनेक ज्योतिषपरक यूनानी शब्दों का प्रयोग संस्कृत में संभवतः इसी काल में प्रचलित हो गया था, जिसके परिणामस्वरूप भारतीय भाषाओं पर यूनानी प्रभाव परिलक्षित होता है। जन्मपत्रियों के लिए संस्कृत में कोई अपना शब्द नहीं है, उसके लिए सदैव ग्रीक पारिभाषिक शब्द होरा चक्र का प्रयोग किया जाता है। वराहमिहिर ने *बृहत्संहिता* में एक खंड का नाम 'होरा' रखा था। उन्होंने 75 छंदों के एक *होराशास्त्र* की भी रचना की थी। इसी क्रम में उनके पुत्र पृथुयशा ने भी *होराशटपंचाशिका* नामक ज्योतिष ग्रंथ लिखा। 'होरा' शब्द की उत्पत्ति होरस (ग्रीक सूर्य) शब्द से हुई है। यूनानी ज्योतिष के परिचय के लिए संस्कृत में कुछ अन्य लाक्षणिक शब्दों का प्रयोग किया गया है। जैसे पणफर (एपान फोरा), आपोक्लिम (अपोक्लिम), हिबुक (हिपोगियोन)

त्रिकोण तथा जामित्र। जामित्र लगन विवाह के लिए अत्यंत शुभ माना जाता है। कालिदास ने अपने नाटक *कुमारसंभव* में अपने इष्टदेव शिव-पार्वती को विवाह सूत्र में बांधने के लिए यही लगन चुना है। इसका यूनानी मूल (द्यामित्रान) है।

भारतीय ज्योतिष में राशि चक्र के भी संस्कृत नाम ग्रीक मूल या अनुवादित शब्द प्रयुक्त किए जाते हैं। जैसे क्रिय (क्रियोस, मेष), तावरि या तौरूरि (ग्रीक वौरस, वृषभ), जितुम (दिदिमय), लेय (लियो, सिंह), पायोन (पाथेन, कन्या, ग्रीक पार्थेनस), जुक (जुगोन), कौर्प्य (स्कार्पियस, वृश्चिक), तौक्षिण (धनुर्धर), आनेकेरो (एगोकेरस) आदि। अधिकतर ऐसे शब्द सिकंदरिया (मिस्र के यूनानीं नगर एलेक्जेंड्रिया) से आए थे जिसे भारतीय यवनपुरा कहते थे। भारतीय ज्योतिष के पांच सिद्धांतों में एक रोमक अपना मध्याह्न (यामोत्तर वृत्त) इसी नगर से गिनता है।[112]

वराहमिहिर (लगभग 505-67 ई.) ने अपनी *पंचसिद्धांतिका* में जिन पांच सिद्धांतों की चर्चा की है उनमें एक पैतामह को छोड़कर शेष सभी यवन आचार्यों से संबंधित हैं। रोम और पौलस मिस्र के यवन प्रधान नगर सिकंदरिया के यूनानी सिद्धांतों से अनुप्राणित हैं। पौलस अलेग्जाद्रिनस, जिसका एक ज्योतिष ग्रंथ आज भी प्राप्त है, की गणना प्राचीन आचार्यों में की जाती है। वराहमिहिर द्वारा गिनाए गए आचार्यों में तीन विदेशी नाम–मय, मणित्थ एवं यवनाचार्य हैं। वास्तु ग्रंथों में मय का उल्लेख आसुरी शिल्पी स्थपति के रूप में हुआ है। *सूर्य सिद्धांत* के अनुसार सूर्य ने रोमक नगर में असुरमय को शिक्षा प्रदान की। मणित्थ वह यूनानी आचार्य है, जिसने मिस्री फराहों के वंश वृक्ष (मानेथ्यो) बनाया था। रोमक सिद्धांत भारतीय युग विधान को नहीं मानता और मध्याह्न की गणना यवनपुरा (सिकंदरिया) से करता है। पौलस सिद्धांत यवनपुरा और उज्जयिनी की दूरी देशांतर में देता है। भारतीय राजदरबारों में दैव चिंतकों और भविष्य कथन का उपयोग बाबुली परंपरा थी जहां से यवनों के माध्यम से वह भारत को प्राप्त हुई। सूर्य सिद्धांत रोमक और पौलस दोनों के सिद्धांत स्वायत्त होकर उनके भारतीयकरण का उदाहरण प्रस्तुत करते हैं।

'अक्षांश-भेदांश' लंबन का सिद्धांत और उसकी गणना की विधियों का आरंभ हो गया। ग्रह-गणना की नई विधियां स्वीकृत हुईं। नक्षत्रों तथा सूर्योदय के, मानव प्रारब्ध पर उनके फल के साथ अध्ययन प्रारंभ हुए। दिन-रात का सही मान और वर्ष का सही परिमाण प्रस्तुत किया गया। ग्रहों के नाम पर सप्ताह के दिनों का नामकरण किया गया। पौलस सिद्धांत के आधार पर भारतीय त्रिकोणमिति (ग्रीक ट्रिकोनमैट्री) का प्रारंभ हुआ।[113]

वराहमिहिर ने जिन आचार्यों का नाम गिनाए हैं, उनमें लाट (300-500 ई. के लगभग) सबसे प्रमुख हैं। लाट ने रोमक सिद्धांत की व्याख्या की है। अलबेरूनी ने उसे *सूर्य सिद्धांत* का रचयिता बताया है। (*अलबेरूनीज इंडिया,* एडवर्ड, सी. सचाउ, पृ. 153) स्पष्ट है कि लाट ने रोमक और पौलस सिद्धांतों में कुछ सुधार किए जिससे वराहमिहिर का कार्य कुछ आसान हो गया। यह वह काल था जब गुप्त एवं रोमन साम्राज्य एक-दूसरे से संबंध स्थापित की प्रक्रिया में थे।[114]

नक्षत्र विज्ञान : *गार्गी संहिता* में यवनों को नक्षत्र विज्ञान में निपुण बताया गया है। इस ग्रंथ में नक्षत्र विज्ञान की उत्पत्ति यवनों के द्वारा बताई गई है।[115] लेखक ने उज्जैन के स्थान पर यवनपुरा नामक स्थान को मध्याह्न का सूचक माना है।[116] उक्त उल्लेख से भी स्पष्ट होता है कि रोमक और पौलस सिद्धांत से भारतीयों का परिचय कराने का श्रेय यवनों को है।

चिकित्सा : यवन वैद्य भी संभवतः समय-समय पर व्यापारिक दलों तथा सैनिक अभिमानों के साथ भारतीय क्षेत्रों में आए क्योंकि भारतीय ग्रंथों में यवन वैद्य[117] का उल्लेख मिलता है। वर्तमान समय में अरबों के माध्यम से आई यूनानी चिकित्सा पद्धति भारत में व्यापक रूप से प्रचलित है।

शिल्प : एक चोल राजा द्वारा यवन वास्तुकार की सेवाएं लिए जाने का उल्लेख मिलता है सेंट थामस ने राजा गोंडोफर्नीज (लगभग 19-54 ई.) को एक बढ़ई अथवा वास्तुकार के रूप में अपनी सेवाएं उपलब्ध कराई थीं। सेंट थामस पत्थर की कारीगारी में निपुण थे।[118] *बृहत्कथामंजरी*[119] की अनेक कथाओं में यवनों का दक्ष शिल्पी के रूप में उल्लेख किया गया है। उड़ने वाले यंत्र चालित घोड़ों के निर्माता के रूप में उनका विशेष रूप से उल्लेख हुआ है। इस उल्लेख से जहां ट्राय के काठ के घोड़े का बोध होता है वहीं यवनों द्वारा भारतीय क्षेत्र में अच्छी नस्ल के घोड़ों की आपूर्ति के भी संकेत मिलते हैं।

एक *जातक* कथा के अनुसार एक राजा के महल निर्माण कार्य में 18 प्रकार के कुशल कारीगार लगाए गए थे। *मणिमेखलई* में उल्लेख है कि पुहार के शाही महल के निर्माण के लिए मगध से कुशल शिल्पी, महाराष्ट्र से मकैनिक अवंति से लुहार तथा यवन देश से बढ़ई को बुलाया गया।[120] एक अन्य कविता में यवनों द्वारा धातु निर्मित एक मूर्ति का उल्लेख मिलता है, जिसने हाथों में दीप पकड़ रखा है।[121] संभवतः यह मूर्ति पश्चिमी प्रकार की दीपलक्ष्मी का प्रतिनिधित्व करती है।

व्यापार : युग की व्यापारिक आवश्यकताओं के अनुरूप भारत और रोम के

मध्य पहली श.ई.पू. में परस्पर घनिष्ठ संबंध स्थापित हुए। भड़ौच एवं भूमध्यसागरीय पत्तनों के मध्य सीधे जहाजों के आवागमन से प्रगाढ़ता आई।[122] रोमन साम्राज्य की स्थापना के समय पश्चिमी संसार में पूर्वी विलासिता के सामानों की मांग तेजी से बढ़ी, परिणामस्वरूप पहली श.ई. के आसपास भारत में अनेक रोमन व्यापारिक केंद्रों की स्थापना हो गई।[123] मदुरा ऐसी व्यापारिक बस्तियों में से एक थी।[124] इसके अतिरिक्त तामलुक, चंद्रकेतुगढ़, टेर एवं धरनीकोटा[125] तथा शिशुपालगढ़ आदि अन्य व्यापारिक बस्तियां थीं। प्राचीन भारत में सबसे अधिक संपन्न रोमन व्यापारिक केंद्र अरिकामेडु था।[126] कावेरीपत्तनम भी (*शिलपद्दिकारम* का पुहार) दक्षिण भारत का महत्वपूर्ण व्यापारिक केंद्र था।[127]

महाभारत के एक श्लोक में भी कुछ रोमन व्यापारिक केंद्रों का उल्लेख मिलता है।[128] तीसरी श.ई. का नागार्जुनी कोंडा से प्राप्त अभिलेख भी प्रायद्वीपीय भारत में एक यवन बस्ती का उल्लेख करता है।[129]

एक तमिल कवि वर्णन करता है कि यवनों के विशाल एवं सुंदर जहाज मुशीरी नामक बंदरगाह पर सोना भरकर लाते हैं और कालीमिर्च (*यवनप्रिय*) लादकर वापस चले जाते हैं।[130] सोने के बदले वे कालीमिर्च खरीदते थे। कविता में उल्लेख है कि कावेरी नदी के मुहाने पर संपन्न यवनों के निवास थे। मदुरा के दुर्ग की रक्षा करने के साथ-साथ यवन तमिल राजा के साथ युद्ध में भी जाते थे।[131]

ईसवी सदी के प्रारंभ में भारत के व्यापारी यूनानी भाषा का प्रयोग भी करते थे और सौराष्ट्र की महिलाएं लंबे समय तक अभिवादन की यूनानी शैली अपनाए रहीं।[132] भारत की अनेक वस्तुएं विरोध के बावजूद रोम के बाजारों में मुंह मांगे दामों पर बिकती थीं। रोम की सीनेट ने भारत से आयातित वस्तुओं पर शत-प्रतिशत कर भी लगा दिया था। विजिगोथ अलरिक (408 ई.) जब रोम को जीतकर वहां विध्वंस करने लगा तो उसने रोम की मुक्ति के बदले 37½ मन (300 पौंड) कालीमिर्च (यवनप्रिय) की मांग की।[133] गरम मसाले, मोती, मलमल के बदले भारत को पांचवीं श.ई. तक निर्वाध रूप से सोने की प्राप्ति होती रही। कुछ विद्वानों का मानना है कि कुषाण वंश के शासन के पश्चात रोम के साथ भारत का व्यापार कम हो गया था।[134]

भारत के पश्चिमी तट पर हजारों की संख्या में प्राप्त सिक्के भूमध्यसागरीय देशों के साथ परस्पर व्यापार के उपयुक्त उदाहरण हैं। दीनार शब्द रोमन भाषा का है जो वहां के सोने के सिक्के का भारतीय नाम था। इसका प्रयोग संस्कृत भाषा में भी किया जाने लगा। बौद्ध ग्रंथ *दिव्यावदान* में दीनार शब्द का उल्लेख प्राप्त है।[135]

कल्याण-शूर्पारक (सोपारा), भरुकच्छ (भड़ोच) तथा अन्य पश्चिमी सागर तट के पत्तनों में संभवतः रोमन व्यापारियों की बस्तियां स्थापित थीं। रोमन व्यापारी उज्जैन भी आते थे। पांड्य राजा अपनी सेना में रोमन सैनिकों को भर्ती करते थे। इस प्रकार की सेना का उल्लेख कल्हण ने अपनी *राजतरंगिणी* में किया है।[136]

जे. प्रजीलुस्की का कथन है—मौर्य काल के प्रारंभ से ही पाटलिपुत्र एक राजमार्ग द्वारा गंधार से जुड़ गया था। यह मार्ग हखामनी साम्राज्य की बड़ी-बड़ी सड़कों की पद्धति पर बनाया गया था। बैक्ट्रिया के यवन साम्राज्य की स्थापना के पश्चात गंगा और वक्षु नदियों की घाटियों के बीच व्यापारिक गतिविधियां बहुत तेज हो गई थीं। पाटलिपुत्र से तीन मार्ग साम्राज्य के सीमांतों तक जाते थे। एक दक्षिण-पश्चिमी मार्ग था जो कौशांबी और उज्जयिनी से होता हुआ बेरीगाजा आता था। दूसरा उत्तरी मार्ग था जो वैशाली और श्रावस्ती से होता हुआ नेपाल पहुंचता था। तीसरा उत्तर-पश्चिमी मार्ग, जो सबसे लंबा था और जो मथुरा और सिंधु की ऊपरी घाटी से निकलता हुआ बल्ख तक जाता था।[137]

वी.एस. अग्रवाल के अनुसार सबसे अधिक महत्वपूर्ण मार्ग उत्तरापथ था जिसके नाम पर इस क्षेत्र का नाम उत्तरापथ पड़ गया। इस राजमार्ग के द्वारा घोड़ों, ऊनी कंबलों का विशेष रूप से व्यापार होता था। यह राजमार्ग ताम्रलिप्ति, चंपा, पाटलिपुत्र, वाराणसी, कौशांबी, कन्नौज, मथुरा, हस्तिनापुर, स्रुहन, शाकल (स्यालकोट), तक्षशिला, पुष्कलावती, कपिशा, बामियान, वाह्लीक और कंबोज जैसे नगरों से गुजरता था। दूसरा मार्ग प्राचीन *जातक* साहित्य में द्वारवती कंबोज के नाम से प्रख्यात था।[138] यह द्वारका बंदरगाह से आरंभ होकर अरावली के दक्षिण में माध्यमिका को छूता था। द्वारका-कंबोज राजमार्ग का एक भाग मौद्गलायन के द्वारा अपनाया गया था जो *दिव्यावदान* के अंतर्गत *रुद्रायणावदान* के अनुसार बौद्ध धर्म के प्रचार के लिए पहले सौवीर और फिर सेहमक गया था। हस्तिनापुर-द्वारावती मार्ग के विरामों का विस्तृत विवरण *भागवतपुराण* (1/10/34-35, 10/71/21-22) में उपलब्ध है।

मौर्य साम्राज्य के पतन तक भारत में व्यापारिक मार्गों का जाल बिछ चुका था। इसमें से कुछ मार्ग मध्य-एशिया और पश्चिम एशिया तक जाते थे। पश्चिमी एशिया और भूमध्यसागरीय देशों के साथ थल-व्यापार उत्तर-पश्चिम के नगरों विशेषकर तक्षशिला के माध्यम से होता था। पश्चिम की ओर जाने वाला सबसे अधिक प्रयोग में आने वाला मार्ग वह था जो तक्षशिला से कश्मीर तक जाता था। काबुल से विभिन्न दिशाओं में राजमार्ग थे। उत्तरी मार्ग बल्ख, वक्षु, कैस्पियन सागर और काकेसस होता

हुआ कृष्णसागर तक पहुंचता था। एक अन्य मार्ग कंधार और हेरात होता हुआ एकबाटना तक पहुंचता था और वहां से यह पूर्वी भूमध्यसागर से जुड़ा हुआ था। एक अन्य राजमार्ग कंधार को ईरान के प्रसिद्ध नगरों पार्सेपोलिस और सूसा से मिलाता था इसके अतिरिक्त अनेक समुद्रतटीय मार्ग थे जो भारत को पश्चिमी दुनिया से जोड़ते थे।

ई. पू. 190 से 180 के बीच यूथेडेमस के पुत्र एवं उत्तराधिकारी ने एरियाना को विजित किया और परोपनिसस को पार कर पट्टालिन अर्थात सिंधु पर ही नहीं वरन सौराष्ट्र काठियावाड़ और सूरत के जिलों सहित उस अस्पष्ट क्षेत्र को भी जीत लिया, जिसको स्ट्रैबो ने सिगेरतिस कहा है। ठीक उसी समय उसने बैक्ट्रिया साम्राज्य को सिरिन एवं फिरनी तक विस्तृत कर दिया। निःसंदेह इन दोनों कार्रवाइयों में उसका वाणिज्यिक हित निहित था। उसने अपने साम्राज्य की सीमा को पामीर तक रेशम मार्ग पर नियंत्रण रखने के लिए बढ़ाया और सिंधु व काठियावाड़ को उसने समुद्र तक पहुंचने के लिए तथा सिंधु के जलमार्ग को प्राप्त करने के लिए जीता। डेमेट्रियस ने अपने भारतीय क्षेत्र को एक अलग राज्य का दर्जा दिया। उसने प्राचीन नगर सागल (स्यालकोट) को अपने पिता की स्मृति में यूथेडेमिया नाम दिया। उसने जो अन्य नगर बसाए उनमें सिंधु में डेमेट्रिया एवं अराकोशिया में इसी नाम का दूसरा शहर था। संभवतः उसने पुराने यूनानी क्षेत्रों को अपने विजित क्षेत्रों में मिला लिया जिसकी राजधानी एलेक्जेंड्रिया सिंधु के तट पर योनों का अलसंदा नाम से दूरस्थ श्रीलंका प्रायद्वीप के वृत्तांतों में प्रसिद्ध थी।[139]

भारत और पश्चिमी एशिया के मध्य व्यापार के कारण इस समय अफगानिस्तान के साथ सांस्कृतिक संबंध प्रगाढ़ हुए। मध्य-एशिया के क्षेत्रों से गुजरने वाले मार्गों में रेशम-मार्ग (Silk-Route) अत्यंत प्रसिद्ध हुआ। भारतीय व्यापारी काशगर, यारकंद, खोतान, मिरान, कूची और तूरफान आदि दूरस्थ स्थानों पर व्यापार केंद्र स्थापित कर रहे थे। मध्य-एशिया में इन गतिविधियों के कारण चीन के साथ भारत के संपर्क में सुधार हुआ। रोमन व्यापारियों ने अनेक बार गोबी के मरुस्थल तक पहुंचने का प्रयत्न किया परंतु शीघ्र ही भारतीय व्यापारी चीन और रोम के बीच होने वाले व्यापार में मध्यस्थ बन गए।[140]

बौद्ध प्रचारकों के कार्यकलापों ने इन संबंधों को और घनिष्ठ बना दिया। रोमन व्यापारी कभी-कभी जोखिम उठाकर गोबी के मरुस्थल तक बढ़ जाते थे। दक्षिण-पूर्व एशिया के साथ व्यापार में भारत की रुचि बढ़ाने के लिए रोमन व्यापार भी उत्तरदायी है।

नासिक, कार्ले और जुन्नार से प्राप्त अभिलेखों में अनेक यवन दानकर्ताओं का उल्लेख है जो गुजरात एवं पश्चिमी महाराष्ट्र में बसकर विभिन्न आर्थिक गतिविधियों में संलग्न थे। इनके द्वारा दिए गए दान बौद्ध धर्म से संबंधित हैं।[141]

यवन (अर्थात पश्चिमी एशिया एवं भूमध्यसागरीय) व्यापारियों ने सातवाहनों के राज्यों में तथा सुदूर दक्षिण के राज्यों में अपने व्यापारिक संस्थान खोल रखे थे। समृद्ध व्यापारियों के दूसरे वर्ग में इंडो-यूनानियों तथा उत्तर एवं पश्चिम के शकों के वंशज थे, जिनके अस्तित्व की जानकारी पश्चिम तट के अनेक स्थानों पर खुदवाए गए दानलेखों से होती है।

पुरातात्विक स्रोतों से अरिकामेडु के विषय में पर्याप्त जानकारी मिलती है। 1945 ई. में हुए एक विस्तृत उत्खनन में यहां एक ऐसी विशाल रोमन बस्ती का पता चला है, जो एक व्यापारिक केंद्र था और जिसके निकट एक बंदरगाह भी था। अरिकामेडु मलाया और चीन जाने वाले मार्ग पर केवल साधारण बंदरगाह नहीं था, क्योंकि यहां न केवल भारतीय माल ही खरीदकर जहाजों पर चढ़ाया जाता था, वरन अरिकामेडु में मलमल और इसी प्रकार की वस्तुओं का, संभवतः रोमनों की रुचि तथा उनके द्वारा दिए गए नमूनों के अनुसार निर्माण भी होता था, जो फिर जहाजों द्वारा रोम को भेज दिया जाता था। अरिकामेडु के अतिरिक्त दक्षिण एवं मध्य भारत के अन्य अनेक स्थानों से रोमन सिक्के प्राप्त हुए हैं। अन्य ऐसी सामग्री भी कतिपय स्थलों से उपलब्ध हुई है जिससे यूनानी शक-पार्थव एवं रोमन संपर्क के स्पष्ट प्रमाण प्राप्त हुए हैं।

दक्षिण के अधिकांश नगर, जैसे कावेरीपत्तनम, बंदरगाह थे, जो इंडो-रोमन व्यापार से समृद्ध थे। एक प्राचीन तमिल कविता में कावेरीपत्तनम का वर्णन करते हुए कहा गया है कि मध्य में बने एक उद्यान और एक खुले बाजार से यह नगर दो हिस्सों में बंट गया था। राजभवन तथा समृद्ध व्यापारियों के ईंटों से निर्मित भवन नगर के भीतरी भाग में थे। तटवर्ती आधे भाग में, जो शिल्पियों तथा कारीगरों और मध्यम श्रेणी के लोगों से बसा हुआ था, व्यापारियों के गोदाम और कार्यालय भी थे। विदेशियों ने तटवर्ती भाग में अलग बस्ती बना रखी थी।

भारत से निर्यात होने वाली वस्तुओं में इलायची, मसलिन अनेक प्रकार के कीमती पत्थर तथा मसाले एवं आयात की जाने वाली वस्तुओं में सिक्के, गाने-वाले, औषधियां तथा शाही-हरमों में भेजी जाने वाली लड़कियां मुख्य थे। निस्संदेह रूप से ये यवनियां थीं, जो राजाओं के लिए अंगरक्षक का कार्य करती थीं। कवि नक्कीरर पांड्य राजा वाक्मारान की प्रशंसा में कहता है[142] की मार जिसकी तलवार सदैव विजयी रही

है जिसने अपने दिन शांति और आनंद के साथ व्यतीत किए हैं, प्रतिदिन स्वर्ण पात्रों में दासियों के हाथों से यवनों द्वारा लाई गई सुगंधित एवं ठंडी मदिरा का उपभोग करता है। कवि द्वारा उल्लिखित यवन संभवतः मिस्र के यूनानी थे क्योंकि *गेरिप्लस* में उल्लेख है कि वे यूनानी व्यापारी मिस्र के थे जो शराब, पीतल, तांबा और शीशा आदि वस्तुएं मुशीरी के बंदरगाह पर बिक्री के लिए लाते थे तथा वहां से कालीमिर्च, सुपारी, हाथीदांत, मोती और मसलिन खरीदकर ले जाते थे। मिस्र से यूनानी व्यापारी जुलाई में चलकर 40 दिन की यात्रा के पश्चात भारत पहुंचते थे। जैसा कि उस समय भारतीय समुद्रों में डाकुओं का खतरा रहता था अतः यवन व्यापारी अपने जहाजों पर धनुर्धारी सैनिकों को भी लाते थे। उस समय मिस्र रोम के अधीन था। पांड्य राजा ने सबसे पहले रोमनों के साथ मित्रता स्थापित की। उसने अगस्टस सीजर के दरबार में दो दूतमंडल भी भेजे।[143]

शक-सातवाहन काल (लगभग 100 ई. पू. से 300 ई. तक) में विशाल रोमन साम्राज्य तथा भारत के मध्य व्यापारिक धारा अबाध गति से बहती रही। प्रथम पांच रोमन सम्राटों (अगस्टस से लेकर नीरो ई. पू. 29 से 68 तक) के सोने के सिक्के विशेष रूप से कोयंबटूर, मदुरा आदि दक्षिण के नगरों से मिले हैं। मैसूर, आंध्रप्रदेश, महाराष्ट्र तथा मध्यप्रदेश में भी कई स्थानों से ये सिक्के काफी संख्या में प्राप्त हुए हैं। इन सिक्कों को रोमन साम्राज्य प्रधानतया अपने नागरिकों के विविध फैशनों की पूर्ति के लिए भारत को भेजता था। अनेक प्रकार के बारीक और उत्तम कोटि के रेशम तथा मलमल के वस्त्र, सुगंधित पदार्थ, मोती, वैदूर्य आदि रत्न भारत से रोमन साम्राज्य को जाते थे और वहां से बदले में अपार धनराशि भारत में आती थी। लगभग 75 ई. के लगभग यूनानी लेखक प्लिनी ने लिखा है—'भारतीय माल रोम में आकर सौ गुना मूल्य पर बिकता है और ऐसा कोई वर्ष नहीं जाता जिसमें भारतीय व्यापारी रोम से कम से कम साढ़े पांच करोड़ सेस्तर (लगभग 6 लाख स्वर्ण मुद्राएं) प्राप्त नहीं करते।'

अश्व : कालिदास के नाटकों में पारसीकों और यवनों को अश्व साधन[144] कहा गया है। स्पष्ट है कि उनके द्वारा भारतीय क्षेत्रों में घोड़ों की आपूर्ति की जाती होगी। कालिदास ने भारत में प्रयुक्त किए जाने वाले घोड़ों को 'वनायु' कहा है।[145] *अर्थशास्त्र*[146] के अनुसार वनायु अरब का क्षेत्र था। अरबी घोड़ों की नस्ल आज भी बहुत विख्यात हैं। भारत में घोड़े कश्मीर के उत्तर-पश्चिम में स्थित कंबोज देश से भी आते थे। रघु की विजय के पश्चात पराजित कंबोजों ने उसे उत्तम नस्ल के घोड़े भेंट किए थे।[147]

सिक्के : मकदूनियायी सेनापति सिकंदर द्वारा ई. पू. 326 में भारत में प्रवेश करने के समय से भारतीय इतिहास में एक नया अध्याय प्रारंभ होता है। पोरस को पराजित करने के उपलक्ष्य में संभवतः सेल्यूकस ने बेबीलोनिया से दस द्रख्म के चांदी के सिक्के प्रचलित किए थे। इन सिक्कों पर एक ओर सैनिक आकृति है जिसे जियस के रूप में एलेक्जेंडर माना जाता है। दूसरी ओर युद्ध का दृश्य है जिसमें अश्वारोही भागते हुए हाथी पर भाले से आक्रमण करता हुआ दिखाया गया है। पी.एल. गुप्त के अनुसार यदि यह दृश्य वास्तव में पुरु-सिकंदर संघर्ष का प्रतीक है तो इसे भारत से संबंधित पहला विदेशी सिक्का माना जा सकता है।

सिकंदर (एलेक्जेंडर) की मृत्यु के पश्चात उसके विजित प्रदेशों को उसके शक्तिशाली अधिकारियों ने आपस में विभाजित कर लिया। इनमें से सेल्यूकस ने सीरिया में एक यवन राज्य की स्थापना की। यह राज्य फरात नदी से लेकर वक्षु और सिंधु नदी तक विस्तृत था। ई. पू. 250 के लगभग अंतियोक की मृत्यु का लाभ उठाकर डिओडोटस के पश्चात उसके नाम से ही उसका पुत्र शासक हुआ तत्पश्चात यूथेडेसम के पुत्र डेमेट्रियस ने अपने राज्य का विस्तार बैक्ट्रिया से आगे अफगानिस्तान और पंजाब तक कर लिया। किंतु उसे यूक्रेटाइडिस नामक एक प्रतिस्पर्धी का सामना करना पड़ा। यूक्रेटाइडिस ने उसे बैक्ट्रिया के राज्य से वंचित कर गंधार तक का प्रदेश छीन लिया। अफगानिस्तान और पंजाब में डेमेट्रियस के पश्चात पांतलेय (पेंटेलियन) और अगुथक्लेय (अगाथाक्लीज) नामक दो भाई शासक बने। तत्पश्चात मिनांडर पंजाब का शासक बना जिसकी चर्चा पालि ग्रंथ *मिलिंदपञ्ह* में 'मिलिंद' नाम से हुई है।

भारत के इन बैक्ट्रियायी शासकों में मिलिंद सर्वाधिक शक्तिशाली था। यूक्रेटाइडिस और मिनेंडर की मृत्यु के पश्चात बैक्ट्रियायी राजाओं का इतिहास अत्यंत स्पष्ट है। उपर्युक्त शासकों के अतिरिक्त भारत में राज्य करने वाले बाईस बैक्ट्रियायी शासकों का परिचय उनके सिक्कों से मिलता है। उनके नाम हैं—अमिंटस, एंटियालकिडस, एंटिमेकस, अपोलोडोटस, अपोलोफेनस, अरखेवियस, अर्तिनिडोरस, डयोमिडिज, डायोनिसस, हेलियोक्लीज, हरमियस, हिप्पास्ट्रेटस, नीसिया प्यूकोलस, प्लेटो, फिलाक्जेनस और जायोलस, एंटिमेकस, अपोलोडोटस, डैमेट्रियस, डिओडोटस, यूक्रेटाइडिस, यूथेडेमस, हेलियोक्लीज, स्ट्राटो और जायल के सिक्कों को देखने से ऐसा प्रतीत होता है कि इन नामों के दो या दो से अधिक शासक रहे होंगे।

भारत में सोने के सिक्कों का प्रचलन संभवतः इसी काल में हुआ था। ये सिक्के डायोडोटस, यूक्रेटाइडिस और यूथेडेमस के हैं और उनका प्रचलन मुख्यतः बैक्ट्रिया

प्रदेश में ही था। कुछ अभिलेख रहित सोने के सिक्के भारत से भी प्राप्त हैं जिनके प्रतीकों के आधार पर उन्हें मिनांडर का माना जाता है।

बैक्ट्रियायी शासकों ने मुख्यतः चांदी और तांबे के ही सिक्के चलाए थे। पांतलेय और अगुथक्लेय के कुछ सिक्के निकेल मिश्रित तांबे के मिलते हैं। स्ट्राटो ने अपने कुछ सिक्कों के लिए सीसे का भी प्रयोग किया था। ये सिक्के ठप्पों में अंकित तथा यूनानी स्वरूप के थे। उन्होंने भारतीय सिक्कों को एकाधिक रूप से प्रभावित कर नया स्वरूप प्रदान किया। इन सिक्कों के दोनों ओर प्रतिमा अंकन है दूसरे उन पर यूनानी देवी-देवता जैसे–जियस, अतिमिस, हेराक्लीज, पोसीडोन, अपोलो आदि के स्वरूप अथवा उनसे संबंधित प्रतीकों का अंकन है। बैक्ट्रियायी सिक्कों की एक अन्य विशेषता अभिलेखों के अंकन की है।[148]

इस प्रकार यूनानी सिक्कों के अनुकरण में भारतीय क्षेत्र में भी उत्तम कोटि के सिक्के ढाले जाने लगे, जिसके परिणामस्वरूप भारतीय बाजार में तीव्र गतिविधियों का रूप से समावेश हुआ। यवन सिक्कों से भारतीय मुद्रा क्षेत्र में एक नए अभिप्राय का नवीन आदर्श जुड़ा वहीं चांदी के अच्छे गोल बराबर किनारे के ढाले हुए सिक्के चलने लगे। किसी भी राजवंश द्वारा प्रारंभ ये प्राचीनतम सिक्के हैं। इनसे पूर्व भारत में आहत-मुद्राएं प्रचलित थीं, जिन्हें मुख्यतः व्यापारियों के निगम संगठन द्वारा जारी किया जाता था। तभी से सिक्कों के लिए मूल यूनानी शब्द 'द्रख्म' का उपयोग द्रम्म के रूप में होने लगा, जो आज भी हिंदी में मूल्य के अर्थ में प्रचलित दाम शब्द में जीवंत हैं। इन यवन सिक्कों का भारतीय इतिहास में असाधारण महत्व है।[149]

धर्मांतरण : सांस्कृतिक उथल-पुथल के परिणामस्वरूप भारतीय समाजशास्त्रियों को स्मृतियों में युग के अनुकूल अनेक परिवर्तन करने पड़े। अनेक विदेशी जातियां भारत में आक्रांता के रूप में आकर समाज में समाहित हो गईं। इसी क्रम में यवनों के भी भारतीय धर्मों में दीक्षित होने के प्रमाण प्राप्त हैं। स्वात के कलश लेख से ज्ञात होता है कि थियोडोर नामक यूनानी ने बौद्ध धर्म ग्रहण कर लिया था।[150] इसी प्रकार बेसनगर के स्तंभ लेख से प्रमाणित होता है कि हेलियोडोरस नामक यवन ने भागवत धर्म में दीक्षा लेकर विष्णु-ध्वज स्तंभ की स्थापना की थी।[151] इसी तरह कार्ले तथा जुन्नार आदि से प्राप्त अभिलेखों से भी ज्ञात होता है कि कुछ यवन व्यापारियों ने बौद्ध धर्म अपना लिया था।[152] वस्तुतः यवन भारतीय धर्मों से प्रभावित होकर अनुयायी बनते रहे। इसी कारण उन्हें विशेषकर अपनी जनता के ज्ञान के लिए यूनानी कला तकनीक से प्रभावित गांधार कला शैली को जन्म देना पड़ा।

गंधार कला : हिंदूकुश से प्रायः मथुरा तक बस जाने के कारण यह स्वाभाविक था कि यूनानी वहां अपनी कला की छाप छोड़ें। उनके द्वारा प्रचलित कला की विशिष्ट शैली गांधार कला के नाम से प्रसिद्ध हुई जो पहली सदी ई. से पांचवीं-छठी श.ई. के मध्य निरंतर पेशावर से मथुरा तक के प्रदेश में जीवित रही। उसका केंद्र तक्षशिला के निकट चरसद्दा था। जिससे उस प्रदेश के ही नाम पर इस शैली को गांधार कला कहा गया। इसमें यूनानी कलाकारों की छेनी और भारतीय विषय का योग था। इस शैली में कोरी उभारी मूर्तियां यूरोपीय आकृति-रूपरेखा में प्रस्तुत होती हैं। ग्रीक दार्शनिकों के चुन्नटदार परिधान, जंफर और सैंडिल इन मूर्तियों की विशेषता है। पत्थर और स्टक्कों का उपयोग इस शैली में किया गया है। उत्खनन (रिलीफ) का उपयोग भी इसमें भरपूर हुआ है और बुद्ध के जीवन की अनेक घटनाएं (जातक कथाएं) इस शैली में विरूपित हुई हैं। बुद्ध की प्रथम मूर्ति इसी गांधार कला का परिणाम है। जब यूनानियों ने इस देश में बसकर इसके धर्म, समाज, कला और संस्कृति से अपने संबंध स्थापित कर लिए थे तो वे विदेशी होने के बावजूद विदेशी नहीं रह गए थे और निःसंदेह इस देश के अभिप्राय उन्होंने अपने तकनीक के प्रयोग से सजीव कर दिए थे। बुद्ध की मूर्ति न केवल यूनानी तकनीक का परिणाम थी वरन उनके चिंतन और कल्पना की भी, क्योंकि बुद्ध की कोई प्रतिमा न उपस्थित होने के कारण उन्हें प्रमाण अपने अंतःकरण और महापुरुष-लक्षणों को ही बनाना था। समस्त गांधार शैली के महत्व के कला विधान के अतिरिक्त ग्रीकों के इस बुद्ध मूर्ति के निर्माण ने भारतीय धर्म और कला के क्षेत्र में एक क्रांति उत्पन्न कर दी थी। ऐतिहासिक काल में देश में बनी धार्मिक उपदेष्टा के रूप यह प्रथम मूर्ति थी। तत्पश्चात बुद्ध और जिन मूर्तियों की इस देश में अटूट परंपरा निर्मित हो गई।

गांधार प्रदेश का प्रसार सिंधु नदी और झेलम के बीच पश्चिमी पंजाब से पेशावर जिला काबुल नदी की घाटी, स्वात और अन्य कबीलाई क्षेत्रों तक था किंतु इसकी मूर्तियां मथुरा तक पाई गई हैं। इसी शैली की सबसे अधिक मूर्तियां युसुफजई इलाके से जमालगढ़ी शहर-ए-बहलोल और तख्त-ए-बाही से प्राप्त हुईं। स्वात क्षेत्र से भी इसी शैली की मूर्तियां प्राप्त हैं। वास्तुकला के क्षेत्र में आयोनियायी (यवन) स्तंभों से युक्त भवन भी तक्षशिला के उत्खनन से प्राप्त हुए हैं।[153] आठवीं सदी के ललितादित्य मुक्तापीड के बनवाए मार्तंड मंदिर पर भी इस शैली का प्रयोग हुआ है।[154] इस प्रकार अपने आरंभ में प्रायः हजार साल बाद तक ग्रीक शैली का निरंतर कम-अधिक उपयोग होता रहा।

भारतीय कला के इतिहास में गांधार कला के तिथि क्रम, विषय और शैली का अत्यंत महत्व है। इस कला की केवल चार मूर्तियों पर वर्ष दिया हुआ है, परंतु उनका संवत्सर अनिश्चित है। वी.एस. अग्रवाल ने 129 ई. पू. को गणना का आधार मानकर जो कि किसी प्राचीन शक संवत्सर का आरंभ था। निम्नलिखित तिथियां प्राप्त कीं—दृष्टनगर की 384 वर्ष की मूर्ति 255 ई., लोरिया तंघई की बौद्ध मूर्ति वर्ष 318-259 ई., स्कारा देरी से प्राप्त हारीती की मूर्ति वर्ष 399-270 ई., ममानीढेरी की बुद्ध मूर्ति वर्ष 89 ई. की है। इससे सूचित होता है कि गांधार कला की ये मूर्तियां दूसरी-तीसरी शती ई. में बनाई गईं।

सिक्कों से भी, जो स्तूप या अवशेषों की नींव में या ऊपरी सतह पर पाए गए हैं। इस काल की पुष्टि होती है। कंदाहर के समीप प्राप्त अशोक के लेख से जो दो लिपियों और भाषाओं में है, गांधार के इतिहास में एक निश्चित तिथि प्राप्त होती है। अशोक के समय से 250 ई. तक जब सासानी राजाओं ने गांधार प्रदेश को जीता तब तक इस कला का पहला चरण माना जा सकता है। इसी बीच में वाह्लीक, मद्रक, यवन, शक, पार्थियन, कुषाण जातियों के राज्यों में कला का भी विकास होता रहा।

मद्र देश की राजधानी साकल में ई. पू. द्वितीय शती के मध्य भाग से मद्रक-यवनों का राज्य हुआ। उनके साथ यवन संस्कृति और कला भी आई जो बाद में एकदम निःशेष नहीं हुई किंतु भारतीय जनता के जीवन-क्रम के साथ घुल-मिल गई।[155] उत्तर-पूर्वी अफगानिस्तान में एइ-खानुम के उत्खनन से पूर्ण रूपेण विकसित हेलेनिस्टिक नगर के अवशेषों के प्रकाश में आने के पश्चात उपरोक्त अवधारणा को और अधिक बल मिलता है। यूनानी प्रकार के थियेटर, व्यायामशाला, एक्रोपोलिस, मंदिर स्टेडियोन तथा हेलेनिस्टिक तकनीक और शैली में बनी विभिन्न प्रकार की मूर्तियों से युक्त एइ-खानुम नगर एक पूर्ण यूनानी नगर था। चौथी शताब्दी ई. पू. के अंत अथवा तीसरी श. ई. के प्रारंभ में स्थापित यह नगर लगभग 200 वर्षों तक फलता-फूलता रहा।[156]

संदर्भ

1. मज्झिमनिकाय, 2/43/1।
2. नाथि चा षं जनपदे यथा नथि इमे निकाया अनता योनेसु बहंने च शमने च। *सिलेक्ट इंसक्रिप्शंस,* पृ. 36, टिप्पणी-9; *हुलश कार्पस इंसक्रिप्शंस इंडिकेरम,* खंड-1, पृ. 209; डी. आर. भंडारकर, *अशोक,* पृ. 27।

3. पूर्व किराता यस्यान्ते पश्चिमे यवनाः स्थिताः।
ब्राह्मणः क्षत्रिया वैश्या मध्ये शूद्राश्च भागशः।
इज्यायुद्धवाणि ज्याद्यैर्वर्तयंतो व्यवस्थितः ॥–*विष्णुपुराणा,* 2/37।
4. *मृच्छकटिकम्।*
5. *दशकुमारचरित।*
6. *मालविकाग्निमित्रम्,* पृ. 33, 88।
7. ह्वेनसांग की *सी-यू-की,* बील का अनुवाद, पृ. 73।
8. *द क्लासिकल एज,* पृ. 561-62।
9. *बृहत्संहिता,* 53, 70, 91।
10. *रघुवंश,* 5, 19, 14, 67।
11. *अभिज्ञान शाकुंतलम,* पृ. 162।
12. *गौतम धर्मशास्त्र,* IV, 21।
13. प्रतिलोम्येन यज्जन्म स ज्ञेयो वर्णसंकरः (*नारद*) स्त्री पुंम, 105।
14. उदय प्रकाश अरोड़ा, *मोटिफ्स इन इंडियन मायथोलॉजी* (*रामायण* 1.55)।
15. *महाभारत,* आदिपर्व, 174, 85, 34।
16. तदैव, 1174, 36, 37।
17. *मनुस्मृति,* X 43.44।
18. *वायु,* 88/122-25; *ब्रह्मांड,* 8/29-32; *हरिवंश,* 13/30-34।
19. डी.सी. सरकार, *स्टडीज इन द सोसायटी एंड एडमिनिस्ट्रेशन ऑफ एंशियंट एंड मेडिवल इंडिया,* I, पृ. 51।
20. भगवत शरण उपाध्याय, *गुप्तकाल का सांस्कृतिक इतिहास,* हिंदी समिति, सूचना विभाग, उ. प्र.; 1964, पृ. 35-36।
21. रोमिला थापर, *ए हिस्ट्री ऑफ इंडिया,* खंड-1, पृ. 5।
22. *मज्झिमनिकाय* 2/149 में वर्णित यवन बस्ती नीसा की पहचान एरियन द्वारा वर्णित नीसा के साथ की जा सकती है; *आई.एच.क्यू.,* IV, पृ. 141।
23. जे.डब्ल्यू. मैक्रिंडल, *ए.आई.डी.एम.ए.,* पृ. 201, स्मिथ के अनुसार नीसा हखामनी साम्राज्य के अंतर्गत भारत में काम करने वाले यूनानियों की बस्ती थी। *अर्ली हिस्ट्री ऑफ इंडिया,* पृ. 55-56।
24. पी.एल. गुप्त, *प्राचीन भारत के प्रमुख अभिलेख,* पृ. 38-39।
25. *महावसं,* 12/39-40।
26. तदैव, 12/37-39।
27. "सामने पन पंचतिसाधके द्विवस्ससते संपत्ते महारक्खित थेरो योनक रटठं गंत्वा कंबोज खेमा वर–हरि भुंज–अयुद्धा यादिसु अनेकादिसु रटठेसु सासंन पटिठठापेसि।" *सासनवंस* (पालि टेक्स्ट सीरीज), पृ. 49।
28. पी.एल. गुप्त, *प्राचीन भारत के प्रमुख अभिलेख,* प्रथम खंड, पृ. 120-22, वि.वि. प्रकाशन, वाराणसी, द्वितीय संस्करण, 1980, पृ. 86।
29. तदैव, पृ. 123।

30. पी.सी. बागची, *इंडिया एंड सेंट्रल एशिया,* कलकत्ता, पृ. 495।
31. *पाणिनि, अष्टाध्यायी,* IV, 1.49।
32. कात्यायन पर तीसरी वार्तिक, IV, 1.49।
33. स्टेन कोनो, *कार्पस इंसक्रिप्शंस इंडिकेरम,* वॉल्यूम II, प्रथम भाग, पृ. XIV; जी.एन. बनर्जी, *हेलेनिज्म इन एंशियंट इंडिया,* पृ. 191।
34. मार्शल, *तक्षशिला,* I, पृ. 15।
35. स्टेन कोनो, *कार्पस इंसक्रिप्शंस इंडिकेरम,* वॉल्यूम II, प्रथम भाग, पृ. XIII।
36. आर.एन. सैलेतोर, *अर्ली इंडियन इकोनॉमिक हिस्ट्री,* बांबे, 1973, पृ. 406-7।
37. तदैव, पृ. 406।
38. *वायुपुराण,* 58.43।
39. *महाभारत,* कर्णपर्व, 30, 15-16।
40. 'यवनी कर्पूरतुरिष्ठा नाम प्रतिचंद्राभिमुखं मधुनः कास्यमड़ गुलित्रयेण धारयंती' *शृंगार-हत,* पदतादीटकम्, 114, 4-5।
41. *रघुवंश,* IV. 61।
42. *मत्स्यपुराण,* 120.26-27।
43. बुद्ध प्रकाश द्वारा उद्धृत स्ट्रैबो, *पॉलिटिकल एंड सोशल मूवमेंट्स इन एंशियंट पंजाब,* पृ. 225।
44. 'धानागौडासेव पीत्वा गोमांसेल लशुनैःसह', *महाभारत,* कर्ण पर्व, 30.15।
45. हसंति गांति नृत्यति स्त्रीभिर्मता विवाससः, तदैव, 30.16।
46. *महाभारत,* शांति पर्व, पृ. 221; *जातक* में भी 2, पृ. 208, IV, पृ. 73।
47. एस. वोगेल, *द कैटलॉग ऑफ द आर्कियोलॉजिकल म्यूजियम ऐट मथुरा,* प्लैटस C-2, J. 63।
48. एम. हलाडे, *ईस्ट एंड वेस्ट,* IXV, पृ. 38।
49. तदैव, पृ. 36-37।
50. ए. घोष, *एंशियंट इंडिया,* 4, 75।
51. भगवत शरण उपाध्याय, तदैव, पृ. 35।
52. एक्ट II, IV, *विक्रमोवर्शीयम,* एक्ट V, श्लोक III।
53. नीलकंठ शास्त्री, *द कंप्रेहेंसिव हिस्ट्री ऑफ इंडिया,* खंड-2, पृ. 444।
54. *भगवती वैहापण्णति,* 9, 6; नया धम्मराय 1126।
55. फूंशे ए, 2, *आर्ट ग्रेको-बुद्धिक टू गांधार,* I, फिगर्स 178, 179, 289, 291 आदि।
56. आर.एस. त्रिपाठी, *हिस्ट्री ऑफ एंशियंट इंडिया,* पृ. 150।
57. *महाभारत,* भीष्म पर्व, 71/19।
58. आर.एन. सैलेतोर, *अर्ली इकोनॉमिक हिस्ट्री,* बांबे, 1973, पृ. 182।
59. *महाभारत,* सभा पर्व, LXX, VIII vs. 35-36।
60. *बृहत्भाष्य,* I, 1239, एस.सी. जैन, *एल.आई.ए.आई.,* पृ. 197 द्वारा उद्धृत, उमा प्रसाद थपलियाल, *फा.इ.इ.ए.इ.सो.,* पृ. 83 से उद्धृत।
61. *महाभारत,* कर्ण पर्व, 30.32।

62. वासुदेव शरण अग्रवाल, *इंडिया एज नोन टू पाणिनी,* पृ. 121।
63. *अर्थशास्त्र,* II, 25।
64. कर्टियस, VIII, 10, कृपया देखें आर.सी. मजूमदार, *क्लासिकल एकाउंट्स ऑफ एंशियंट इंडिया,* पृ. 105।
65. वासुदेव शरण अग्रवाल, *इंडिया एज नोन टू पाणिनी,* पृ. 116-20।
66. *रघुवंश,* IV, 65।
67. कर्टियस, V, III, 10, आर.सी. मजूमदार, *क्ला.एका.इन.ए.,* इंडिया, पृ. 108।
68. एरियन V, 2; देखें आर.सी. मजूमदार, तदैव, पृ. 235।
69. डिओडोटस II, 38; देखें आर.सी. मजूमदार, तदैव, पृ. 235।
70. एथेनियम, जे. मार्शल, *टेक्सिला,* पृ. 407 पर उद्धृत।
71. *पेरिप्लस,* 49, I।
72. ए. घोष, *ए.आई.,* I, पृ. 41।
73. जे. मार्शल, *टेक्सिला,* पृ. 406।
74. जे. मार्शल, *टेक्सिला,* पृ. 432 एवं 226-28।
75. जेड.ए. अंसारी, *मार्ग,* 14.2, पृ. 15।
76. आर.ई. मार्टीमर व्हीलर, *एंशियंट इंडिया,* पृ. 104।
77. जे. मार्शल, *टेक्सिला,* पृ. 411।
78. तदैव, पृ. 416।
79. तदैव।
80. जे. मार्शल, *ए गाइड टू टेक्सिला,* प्लेट I, पृ. 77।
81. तदैव, पृ. 77-78।
82. जे. मार्शल, *आर्कियालॉजिकल सर्वे ऑफ इंडिया एनुअल सर्वे रिपोर्ट,* प्लेट VIII d.।
83. *विशुद्धीमग्ग,* पृ. 238।
84. आर.ई. मार्टीमर व्हीलर, *एंशियंट इंडिया,* 2, पृ. 40।
85. एम.एन. देशपांडे, *एंशियंट इंडिया,* 15, पृ. 90।
86. बी.बी. लाल, *एंशियंट इंडिया,* 10, पृ. 65।
87. के.सी. पाणिग्राही, *ए.ई.* I, पृ. 50।
88. एच.डी. संकालिया, *फ्रॉम हिस्ट्री टू प्री हिस्ट्री एट नेवासा,* प्रस्तावना, XII।
89. एम.एन. देशपांडे, *प्रोसी. इंटरनेशनल कॉन्फ्रेंस ऑन एशियन आर्कियोलॉजी,* 1961, पृ. 161।
90. संकालिया, तदैव, पृ. 161।
91. आर.ई. मार्टीमर व्हीलर, *ए.ई.,* 15, 4, पृ. 309।
92. जेड.ए. अंसारी, *ए.इ.,* 15, पृ. 63, बी.बी. लाल, 5, पृ. 78।
93. एच.डी. संकालिया, तदैव, पृ. 161।
94. *पेरिप्लस,* 49।
95. जे. मार्शल, *टेक्सिला,* पृ. 685।
96. तदैव।

97. बी.पी. सिन्हा, *पॉटरीज इन एंशियंट इंडिया,* पृ. 280।
98. जेड.ए. अंसारी, *मार्ग,* XIV, 2, पृ. 15।
99. जे.एन. पांडेय, *पुरातत्व विमर्श,* पृ. 422।
100. *वायुपुराण,* 88/122-25; *ब्रह्मपुराण,* 8/29-32; *हरिवंश,* 13/30-34; *ब्रह्मांड,* 3/62/120-24; *शिव,* 7/61/23-25।
101. *विष्णुपुराण,* 5/3/15-21।
102. *भगवत पुराण,* 9/8/2-7।
103. *हरिवंश,* 13/126-32; *ब्रह्मांड,* 3/63/117-19; *वायु,* 88/19-21; *ब्रह्मपुराण,* 8/26-28; *लिंग,* 1/66/12-14।
104. सागर स्वां प्रतिज्ञां व गुरोर्वाम्यं निशम्य च।
धर्मं जघान तेषा वै वैषान्यत्वं चकार ह ॥
अर्ध शकानां शिरसो मुंडं कृत्वा व्यसर्जयत्।
यवनानां शिरः सर्व कांबोजानां तथैव च ॥
पारदामुक्तकेशाश्च पह्लवाः श्मश्रुधारिणः।
निःस्वाध्याय वषटकाराः कृतास्तेन महात्मना ॥—*हरिवंश* 14/15-17।
105. डी.सी. सरकार, *स्टडीज इन द जियोग्राफी ऑफ एंशिएंट एंड मेडिवल इंडिया,* पृ. 25, टिप्पणी 4 तथा पार्जिटर, *एंशिएंट इंडियन हिस्टारिकल ट्रेडिशन,* पृ. 102, 153-156।
106. *जे.आर.ए.एस.,* 1910, पृ. 9, 10; 1914, पृ. 280-81।
107. डी.सी. सरकार, तदैव, पृ. 47-48।
108. *राजतरंगिणी,* 4/178-80।
109. *रघुवंश,* 4/64।
110. डी. पिगरे "ए ग्रीक लाइनीयर प्लेनेटरी टेक्स्ट इन इंडिया" *जर्नल ऑफ द अमेरिकन ओरियंटल सोसायटी,* वा. 79; 1956, पृ. 282-84।
111. भगवत शरण उपाध्याय, *गुप्तकाल का सांस्कृतिक इतिहास,* हिंदी समिति, सूचना विभाग, उ. प्र.; 1964, पृ. 27-28।
112. तदैव।
113. भगवत शरण उपाध्याय, तदैव।
114. तदैव।
115. जयराजभाय, *फॉरेन इन्फ्ल्यून्स इन एंशियंट इंडिया,* पृ. 73।
116. तदैव।
117. तदैव, पृ. 79, एवं जे. जौली; *इंडियन मेडिसिन,* अनुवाद सी.जी. काशिकर 1954, पृ. 27।
118. तदैव, पृ. 127।
119. XI, X, II, पृ. 127।
120. दीपक रंजन दास, *इकोनॉमिक हिस्ट्री ऑफ डेकन,* पृ. 178।
121. कृपया देखें एस. कृष्णास्वामी अयंगर की *एंशियंट इंडिया, साउथ इंडियन हिस्ट्री एंड कल्चर,* वॉल्यूम I, पृ. 27।
122. वार्मिंगटन, ई.एच., *कॉमर्स बिटवीन रोमन इंपायर एंड इंडिया,* पृ. 46।

123. प्लिनी, *नेचुरल हिस्ट्री,* बुक XII; कृपया देखें जे.डब्ल्यू. मैक्रिंडल, *ए.आई.डी.सी.एल.,* पृ. 121-22।
124. आर. सेवेल, *जे.आर.ए.एस.* 1904, पृ. 591।
125. बी.बी. लाल, *इंडियन आर्कियोलॉजी सिंस इंडिपेंडेंस,* पृ. 32-34, टेर की पहचान प्राचीन महाराष्ट्र के तगर से और धरनीकोटा की प्राचीन धेनुकटक के साथ की गई है। शिशुपालगढ़ वर्तमान उड़ीसा प्रांत में है।
126. आर.ई. मार्टीमर व्हीलर, *एंशियंट इंडिया* 2, पृ. 17-124।
127. तदैव।
128. अंताखीं चैव रोमांच यवनानां पुरं तथा।
    दूतैरेव वशे चक्रे करं चैनानदापयत् ॥–*महाभारत,* सभा पर्व, 28-29।
129. बी.एन. मुखर्जी, *आई.एच.क्यू.,* XXXV, पृ. 147।
130. जयराजभाय, *फॉरेन इन्फ्ल्यून्स इन एंशियंट इंडिया,* पृ. 723।
131. तदैव।
132. डब्ल्यू.डब्ल्यू. टार्न, *ग्रीक्स इन इंडिया एंड बैक्ट्रिया,* पृ. 321।
133. भगवत शरण उपाध्याय, तदैव, पृ. 33, कृपया गिबन का *डिक्लाइन एंड फाल ऑफ द रोमन एंपायर* देखें।
134. आर.एस. शर्मा, *प्राचीन भारत में नगरों का पतन,* 1994।
135. भगवत शरण उपाध्याय, तदैव, पृ. 33।
136. कीथ, *हिस्ट्री ऑफ संस्कृत लिटरेचर* (भूमिका), पृ. 2 पाद टिप्पणी।
137. एस. चट्टोपाध्याय, *एकेमेनिडस एंड इंडिया,* पृ. 66।
138. पालिग्रंथ, *खुद्दक निकाय* के अंतर्गत पेतवत्थु।
139. पी.एल. गुप्ता, *प्राचीन भारत के प्रमुख अभिलेख,* प्रथम खंड, पृ. 120-22, वि.वि. प्रकाशन, वाराणसी, द्वितीय संस्करण, 1988।
140. रोमिला थापर, *ए हिस्ट्री ऑफ इंडिया,* वॉल्यूम I, पृ. 150।
141. अजय मित्र शास्त्री, यवनाज इन वेस्टर्न इंडियन केव इंसक्रिप्शंस, *यवनिका,* जर्नल ऑफ द इंडियन सोसायटी फॉर ग्रीक एंड रोमन स्टडीज नं. 3, 1995।
142. एच.जी. राविल्सन, *इंटरकोर्स बिटवीन इंडिया एंड द वेस्टर्न वर्ल्ड,* पृ. 78।
143. वी.कनक सभाई, *द तमिल एट्टीन हंड्रेड ईयर्स एगो,* 38, 220।
144. पाश्चात्यैः अश्वसाधनैः *रघुवंश* 43-62; अश्वानीकेन यवनेन, *मालविका,* पृ. 102।
145. *रघुवंश,* 5, 73।
146. *अर्थशास्त्र,* 2-30।
147. *रघुवंश,* 4, 68-70।
148. पी.एल. गुप्त, *प्राचीन भारतीय मुद्राएं,* वि.वि. प्रकाशन, वाराणसी, 1989, पृ. 18-19।
149. भगवत शरण उपाध्याय, *गुप्तकाल का सांस्कृतिक इतिहास,* पृ. 24; उदय प्रकाश अरोड़ा, *प्राचीन यूनान : इतिहास एवं संस्कृति,* पृ. 448।
150. आर.एस. त्रिपाठी, *हिस्ट्री ऑफ एंशियंट इंडिया,* पृ. 271।
151. भगवत शरण उपाध्याय, *भारतीय कला,* पृ. 47।

152. ओ. स्टीन. यवनाज इन द अर्ली इंसक्रिप्शंस, *इंडियन कल्चर,* वॉल्यूम II, पृ. 343-355।
153. पिगट, *एंशियंट स्टडीज ऑफ इंडिया,* तक्षशिला।
154. भगवत शरण उपाध्याय, *भारतीय कला,* पृ. 8।
155. बी.एस. अग्रवाल, *भारतीय कला,* पृ. 284-85, पृथ्वी प्रकाशन, वाराणसी, 1987।
156. उदय प्रकाश अरोड़ा, *प्राचीन यूनान इतिहास एवं संस्कृति,* पृ. 448।

5. यवनों से संबद्ध समूह

जातियों के संपर्क, प्रतिक्रिया और योग से संस्कृति का सृजन होता है। संस्कृति सार्वजनीन संपदा है, जो देशी-विदेशी तथा स्थानीय संपर्क का परिणाम तथा संयुक्त प्रयास की परिणति है। अनंत मानव जातियां, सभ्य और बर्बर भारत में आईं तथा धीरे-धीरे भारतीय समाज में आत्मसात हो गईं। उन्हीं जातियों में से एक यवन भी थी। भारत में उनका आगमन संभवतः ई.पू. 5वीं शताब्दी में माना जा सकता है। यवनों के साथ भारतीय ऐतिहासिक स्रोतों में अनेक विदेशी एवं देशज जातियों का उल्लेख मिलता है। इस परिशिष्ट में इन्हीं जातियों का उल्लेख किया गया है।

कंबोज : कंबोजों को सामान्यतः ईरानी मूल का माना जाता है।[1] कंबोजों को ईरानी मूल मानने का सबसे अधिक आग्रह डॉ. सुधाकर चट्टोपाध्याय का है। उनका मत है कि कंबोज न केवल ईरानी थे, अपितु उनका नामकरण कंबोज भी ईरान के हखामनी राजवंश के सम्राट कंबुजिया के नाम पर हुआ था। उनका विचार है कि अशोक के शिलालेखों के अनुसार अशोक ने यवनों, कंबोजों और गांधारों में बौद्ध धर्म के प्रचार-प्रसार का जो प्रयास किया उससे विदित होता है कि वे क्षेत्र जिनमें ये लोग निवास करते थे, सांस्कृतिक दृष्टि से शेष भारत से अलग थे। बुद्ध घोष के अनुसार सीमांत पर निवास करने वाले यवन, कंबोज एवं उनसे संबद्ध अन्य लोग पारसीक साम्राज्य के प्रभाव क्षेत्र में थे।[2]

कंबोज जनपद की भौगोलिक स्थिति के संबंध में दो मत सर्वाधिक स्वीकृत हैं। एक के अनुसार कंबोज की भौगोलिक स्थिति कश्मीर के दक्षिण-पूर्व में अभिसार से लेकर काफिरिस्तान तक बताई गई है। इस मत के प्रवर्तक हेमचंद्र राय चौधरी हैं।[3] *महाभारत* में कंबोजों का यवनों के साथ उत्तर-पश्चिमी क्षेत्र की वीर लड़ाकू जाति के रूप में वर्णन हुआ है। द्रोण पर्व में उनकी राजधानी राजपुर का उल्लेख है। यदि यह

राजपुर वही स्थान है जिसे ह्वेनसांग[4] ने हो-लो-शे-पू-लो कहा है और कनिंघम ने उसे कश्मीर के दक्षिण में स्थित राजौरी के रूप में ठीक-ठीक पहचाना है,[5] तो निश्चित रूप से कंबोज देश राजौरी का क्षेत्र रहा होगा।

कंबोज देश की स्थिति के संबंध में दूसरा मत पं. जयचंद्र विद्यालंकार का है, जिन्होंने कंबोज को कश्मीर के उत्तर और उत्तर-पूर्व में पामीर के पठार और बदख्शां प्रदेश में स्थिति होने का दावा किया है।[6] *चौथी राजतरंगिणी* का लेखक बाणभट्ट मुगल वंश का वृत्तांत लिखते हुए बाबर को स्पष्ट शब्दों में कंबोज यवनेश (कंबोज देश का यवन राजा) कहता है।[7] बाबर फरगना का रहने वाला था, जो कि पामीर की ठीक सीमा पर स्थित है। 16वीं शताब्दी तक की कश्मीरी पंडितों की परंपरागत जानकारी से ज्ञात होता है कि कंबोज प्रदेश कश्मीर के उत्तर में था।

कंबोज ईरानी शब्दों में मिश्रण के साथ ऐसी संस्कृत बोलते थे जिसमें ईरानी शब्दों के साथ भारतीय प्रत्ययों का प्रयोग होता था अथवा वे ऐसी भाषा प्रयोग करते थे, जो आंशिक रूप से भारतीय आर्य भाषा थी और आंशिक रूप से ईरानी।[8] *भूरिदत्त जातक* के अनुसार उत्तरापथ में रहने वाले कंबोज लोग कीड़े, पतंगे, सांप, मेंढक और मक्खियों को मार डालते थे।[9] जोरोआस्ट्रियन धर्म के अनुसार विषैले जीवों को मारना धर्म का काम था, किंतु भारतीय ऐसे कृत्यों की घोर निंदा करते थे।

प्राचीन भारतीय साहित्य और अभिलेखों में प्रायः यवनों के साथ कंबोजों का उल्लेख किया गया है।[10] *रामायण* के बालकांड में यवनों के साथ कंबोजों की चर्चा है।[11] *महाभारत* में कंबोजराज सुदक्षिण की वीरता का विस्तृत वर्णन हुआ है। वह अपने साथ कंबोजों, शकों और यवनों की एक अक्षौहिणी सेना लेकर *महाभारत* युद्ध में कौरव पक्ष की ओर से सम्मिलित हुआ था।[12] इस ग्रंथ में अनेक स्थानों पर कंबोजों का यवनों के साथ उल्लेख किया गया है। पुराणों में भी कंबोज जनपद वहां के लोगों और घोड़ों का असंख्य बार उल्लेख किया गया है।[13] *मज्झिमनिकाय* के अंतर्गत *अस्सलायन सुत्त* में यवन और कंबोज राष्ट्रों में वर्ण धर्म का अभाव बताया गया है।[14] *अगुंत्तर निकाय* के अंतर्गत कहा गया है कि अन्य देशों की स्त्रियां कंबोज देश में नहीं जाती थीं। कंबोज ऐसा देश था, जहां कोई ब्राह्मण अपने परिवार सहित यदि व्यापार के लिए जाता और वहां उसकी मृत्यु हो जाती तो उसकी पत्नी को वहां आजीविका के लिए विवश होकर काम करना पड़ता था और उसके बच्चे दास हो जाते थे।[15] पाणिनि की *अष्टाध्यायी* में (1/2/72) के *मयुरव्यसकादिगण* में यवनमुंड कंबोज का उल्लेख आया है। कंबोजों और यवनों को *महाभारत* में भी मुंड कहकर पुकारा गया है।[16]

कौटिल्य के *अर्थशास्त्र* (11/1/4) में कंबोजों को 'वार्ताशस्त्रोपजीविनः' कहा गया है। *मनुस्मृति* कंबोजों को शक, यवन आदि जातियों के साथ परिगणित करती है, जो ब्राह्मणों की क्रियाओं के अभाव में वृषलत्व को प्राप्त हुई।[17] वराहमिहिर के ज्योतिष ग्रंथ *बृहत्संहिता* में कंबोजों का अनेक बार उल्लेख हुआ है।[18] विशाखदत्त ने अपने नाटक *मुद्राराक्षस* में शक, यवन, किरात आदि अनेक उत्तर-पश्चिमी जातियों के साथ कंबोजों का उल्लेख किया है।[19] बाणभट्ट ने *हर्षचरित* में कंबोज देश के घोड़ों का उल्लेख किया है।[20]

यवन और कंबोज देश में महारक्षित थेर द्वारा बौद्ध धर्म के प्रचार की पुष्टि *सासनवंस*[21] के एक उल्लेख से भी होती है, जहां पर स्पष्ट रूप से कहा गया है कि महात्मा बुद्ध के महापरिनिर्वाण के 235वें वर्ष में (अर्थात 250 ई.पू. के लगभग) महारक्षित थेर ने यवन, कंबोज आदि अनेक राष्ट्रों में बौद्ध शासन की स्थापना की।[22] *सासनवसं* में एक कथा मिलती है, जिसमें कंबोज देश के राजकुमार के बौद्ध भिक्षु होने का उल्लेख है।[23]

प्रारंभिक भारतीय साहित्य और अभिलेखों में कंबोजों के संदर्भ में सबसे महत्वपूर्ण यह है कि उन्हें प्रायः यवनों और गंधारों दोनों के साथ संबंधित किया गया है। मौर्य सम्राट अशोक (तीसरी शता. ई.पू.) के अभिलेखों में 5वां शिलालेख यवनों, कंबोजों,[24] गंधारों जबकि 13वां शिलालेख यवनों तथा कंबोजों का उल्लेख करता है।[25] *महाभारत* का एक श्लोक (XII, 207, 43) अशोक के 5वें शिलालेख में उल्लिखित योन (यवन), कंबोज, गंधार की पुष्टि करता है। मौर्यकालीन उत्तरापथ में यवन, कंबोज तथा गंधार तीन जातियां महत्वपूर्ण थीं। सिकंदर की विजय के उपरांत इस क्षेत्र में यवन और अधिक प्रसिद्ध हो गए। दूसरा रुचिकर तथ्य यह है कि हिंद-यूनानी शासन के पतन के समय शकों का आवागमन हुआ और उन्हें प्रायः यवनों से जोड़ा गया, परिणामतः शकों तथा यवनों का उल्लेख लोकप्रिय हो गया।[26] गंधार एवं कंबोजों की संस्कृति का आधुनिकीकरण संभवतः मौर्य युग में यवनों के साथ उनके संबंधों के परिणामस्वरूप हुआ।

उत्तरापथ के लोगों की बाद की सूची में जो कि पुराणों के अंग *बृहत्संहिता* तथा *भुवनकोश* से मिलती है, इसमें यवन, कंबोज एवं गंधार का उल्लेख पुराने अभिलेखों की तरह नहीं किया गया है। यद्यपि उनमें से दो को दाएं-बाएं रखा गया है। इस प्रकार *मनुस्मृति* (X.43) में गांधारों को छोड़कर कंबोजों, यवनों एवं शकों का उल्लेख है। *भुवनकोश* यवनों को गांधारों के एक ओर तथा कंबोजों को दूसरी ओर रखता है।[27]

बौद्ध ग्रंथ *अंगुत्तर निकाय* में वर्णित सोलह महाजनपदों में कंबोज एक है।[28] सोलह महाजनपदों में चौदह मज्झिम देश (मध्य देश) व दो उत्तरपथ के अंतर्गत आते हैं। कंबोज उत्तरापथ या जंबूद्वीप के उत्तर-पश्चिम भाग स्थित एक महत्वपूर्ण महाजनपद है। टी.डब्ल्यू. रास डेविड के अनुसार कंबोज सुदूर उत्तर-पश्चिम में स्थित था तथा इसकी राजधानी द्वारका थी।[29] कुछ इतिहासकारों का मत है कि मूल कंबोज क्षेत्र वाह्लीक के पड़ोस में पूर्वी आक्सस देश में स्थित था परंतु कालांतर में कुछ कंबोज कबीलों ने हिंदुकुश को पार कर इसकी दक्षिणी तलहटी में अपनी बस्तियां बसा लीं। यहीं बाद के कंबोज तत्कालीन साहित्य में दरद व गांधारों के साथ निरूपित किए गए हैं तथा अशोक के शिलालेखों में भी इन्हीं का उल्लेख हुआ है। प्लिनी के *भूगोल* में भी इसी धारणा की पुष्टि हुई है। प्राचीन कंबोजों की जिस हिंदुकुश शाखा[30] व ट्रांस हिंदुकुश शाखा का उल्लेख मिलता है उसमें से[31] ट्रांस हिंदुकुश शाखा विशुद्ध ईरानी है जबकि हिंदुकुश शाखा पर भारतीय प्रभाव स्पष्ट दिखाई पड़ता है। कंबोज जनतंत्रीय लोग थे। *महाभारत* में बहुत से कंबोज गणराज्यों का उल्लेख हुआ है।[32] कौटिल्य के *अर्थशास्त्र* में बताया गया है कि कंबोज गणतंत्रीय प्रणाली का अनुसरण करते थे। पाणिनि[33] की *अष्टाध्यायी* में बताया गया है कि कंबोज एकछत्र अधिराज्य था परंतु वहां नाम मात्र का राजा होता था। विभिन्न प्राचीन दस्तावेजों में इंडो-आर्यन सभ्यता के संदर्भ में कंबोजों का उल्लेख वैदिक ऋषि कंबोज उपमन्यु को *ऋग्वेद* की ऋचा 1.102.9 के संगीतकार के रूप में वर्णित किया गया है।

गंधार : गंधार अपनी पूर्वी राजधानी तक्षशिला से अपनी पश्चिमी सीमा पर स्थित कुनार नदी तक और दक्षिण में काबुल नदी से उत्तर में स्वात (सुवास्तु) नदी तक फैला हुआ था।[34] इसके अंतर्गत आधुनिक पेशावर के रावलपिंडी और कश्मीर के क्षेत्र आते थे।[35] साइरस ने इस क्षेत्र को पारसीक साम्राज्य में सम्मिलित किया और 330 ई.पू. में सिकंदर ने जब डेरियस तृतीय को पराजित किया तब तक पारसीकों के अधीन बना रहा। इस लंबे राजनीतिक संपर्क से गंधार में अनेक महत्वपूर्ण ईरानी तत्वों का समावेश हो गया।

अपनी भौगोलिक स्थिति के कारण गंधार विदेशी आक्रमणों के लिए सामान्यतः खुला हुआ था। अशोक के अभिलेखों में गंधारों को कंबोजों और यवनों के साथ दिखाया गया है।[36]

यूनानी इतिहासकार हेरोडोटस के अनुसार गंधार हखामनी साम्राज्य का सर्वाधिक आबादी वाला तथा धन संपन्न बीसवां प्रांत था।[37] वहां से यूनानियों के विरुद्ध लड़ने

वाली पारसीक सेना को धन-जन प्राप्त होता था। *रामायण* से पता चलता है कि गंधार की स्थापना भरत के पुत्रों तक्ष व पुष्कर ने की थी। तक्षशिला प्रमुख व्यापारिक नगर होने के साथ-साथ शिक्षा का भी प्रमुख व प्रसिद्ध केंद्र था। इस जनपद का दूसरा प्रमुख नगर पुष्कलावती था। छठी शताब्दी ई.पू. के मध्य में यहां पुक्कुसाति अथवा पुष्करसारिन नामक राजा राज्य कर रहा था। उसने मगधराज बिंबिसार के दरबार में अपना एक दूतमंडल भेजा था और इस प्रकार गंधार तथा मगध राज्यों के मध्य मैत्री संबंध स्थापित हुए। पुक्कुसाति ने अवंति के ऊपर आक्रमण कर वहां के राजा प्रद्योत को पराजित किया था।[38] भारत की पश्चिमोत्तर सीमा पर गंधार जनपद था। महाभारत युद्ध के समय गंधार के राजा सुबल व शकुनि थे।[39] शकुनि की बहन गांधारी कौरवों की माता व धृतराष्ट्र की महारानी थी। गौतम बुद्ध के समकालीन कुसाती को गंधार का शासक बताया गया है, जिसने मगध नरेश बिंबिसार के पास अपना दूत भेजा था।[40] यहां पुक्कुसाति व कुसाति एक ही राजा के नाम जान पड़ते हैं। हेमचंद्र राय चौधरी के अनुसार छठी श.ई.पू. के उत्तरार्द्ध में गंधार पर पारसीकों (ईरान) का अधिकार हो गया।[41] बुद्ध के उदय के समय भारत का राजनीतिक विभाजन सोलह महाजनपदों के रूप में था जिनमें गंधार भी एक था।[42] *विनय पिटक* में भी यह तथ्य दर्शित है।[43] यहां यह उल्लेख करना आवश्यक होगा कि तत्कालीन समाज में यह विभाजन भौगोलिक न होकर वहां के निवासियों के अनुरूप था।

डॉ. जिमर के अनुसार गंधार वैदिक काल से ही कुभ (काबोल) नदी के दक्षिण तट से सिंधु घाटी में इसके उद्गम तक फैला था। कालांतर में इसका फैलाव सिंधु को पार करते हुए उत्तर-पश्चिम पंजाब तक हो गया। गंधार वैदिक काल की ख्यातिलब्ध जाति थी, जो युद्ध-कला में भी अत्यधिक निपुण थी। पौराणिक मान्यताओं के अनुसार इसकी स्थापना सूर्यवंशी राजा ययाति के वंशज अरुद्ध के पुत्र गंधार द्वारा की गई थी, जो ऋग्वैदिककालीन नरेश द्रुह्य की परंपरा से थे। पाणिनि की रचना में वैदिककालीन गंधारी व उत्तरकालीन गंधार का स्पष्ट उल्लेख है। *अष्टाध्यायी* व्यापारियों के व्यापार के लिए विदेह से गंधार जाने के उल्लेख तत्कालीन ग्रंथों में उपलब्ध है।[44] स्पष्ट है कि बौद्धकालीन भारत में गांधारों के सामाजिक, राजनीतिक व आर्थिक संपर्क अन्य व दूरवर्ती जातियों से थे। आवागमन के सीमित साधनों के बाद भी सुदूरवर्ती स्थानों में उनकी पहुंच उल्लेखनीय है। गंधार को कालांतर में महान मौर्य शासक अशोक के साम्राज्य के एक भाग के रूप में जाना जाता है।[45] अशोक के कंदहार, लंपक, मानसेहरा, शाहबाजगढ़ी और तक्षशिला लेख गंधार के विभिन्न क्षेत्रों में पाए गए हैं। अशोक का

धौली और जौगढ़ पहला पृथक शिलालेख गंधार नगर तक्षशिला का उल्लेख करता है।[46]

गंधार अपनी विशिष्ट भौगोलिक स्थिति के कारण मध्य एशिया से व्यापार का प्रमुख केंद्र था। एक प्रमुख व्यापारिक केंद्र होने के कारण गंधार संस्कृति विविधता युक्त थी। गंधार कला में पारसीक, बेबीलोन आदि मध्य एशियाई तत्वों का प्रचुर समावेश है। अशोक के मानसेहरा व शाहबाजगढ़ी दीर्घ शिलालेख खरोष्ठी लिपि में हैं। इसकी लिपिमाला में अक्षरों का विन्यास अलग प्रकार का है। सिक्कों में प्रयोग किए गए अक्षरों का विन्यास भी इसी तरह का है। इसी विन्यास के आधार पर विभिन्न विद्वानों ने इन्हें विभिन्न नाम दिए हैं। लॉसेन ने काबुलियन, विल्सन ने एरियानियन एवं एम. सेनार्ट इन्हें पश्चिमी वर्णमाला कहते हैं तो कनिंघम इसे गांधारियन कहते हैं।[47] अफगानिस्तान व पंजाब का संयुक्त भू-क्षेत्र गंधार कहलाता रहा है। कुषाण राजा कनिष्क गर्मियों में पेशावर व सर्दियों में अमृतसर के पास तत्कालीन चिनेयोटि में रहता था। चीनियों द्वारा गंधार नरेश की उपाधि से विभूषित था। गांधार जाति अपनी कलाप्रियता, उत्कृष्ट वास्तुकला, शिल्प आदि में अत्यंत निपुण थी। कला के कुछ अद्भुत नमूने गंधारों की ही देन हैं। बामियान बुद्ध की प्रतिमा संसार के आश्चर्यों में से एक मानी जाती थी। केश-विन्यास की गंधार शैली अनूठी है। गंधार शैली की विभिन्न प्रतिमाएं व वास्तुशिल्प भारत के अन्य स्थानों में आज भी दर्शनीय हैं।

शक : संस्कृत साहित्य में प्रायः शक (सीथियन) यवन, पह्लव आदि आक्रांताओं का उल्लेख एक-दूसरे से संबंधित शक, यवन पह्लव समूह नाम से विदेशियों एवं बर्बरों के रूप में हुआ है। एक जनसमुदाय के रूप में शकों का प्राचीनतम परिचय हमें डेरियस[48] के अभिलेख में मिलता है। यह अभिलेख तीन शक बस्तियों का उल्लेख करता है—(क) शक-हउम-वर्का, (ख) शक-तिग्रखउदा, (ग) शक तरदर्या। शक-हउम-वर्का की पहचान एफ.डब्ल्यू. टॉमस[49] द्वारा पारसीक प्रांत ड्रैगियाना के निवासियों से की गई है। ड्रैगियाना हेलमंद नदी का वह क्षेत्र था जो संस्कृत में 'शकस्तान' नाम से जाना जाता है। शक तिग्रखउदा (शंक्वाकार शिरस्त्राण पहनने वाले), हेरोडोटस (7.61) के अनुसार अपने पड़ोसी बैक्ट्रियनों के साथ डेरियस के पुत्र जेरेक्सीज की सेना में उस समय सम्मिलित थे जब उसने यूनान पर आक्रमण किया था। वे इस प्रकार स्पष्टतया शक थे जो अपने मूल स्थान जैक्सेरिटीज (सीर दरिया) के क्षेत्र में रहते थे। डेरियस इन शकों को अपने साम्राज्य के चौदहवें प्रांत का निवासी बताता है, जो उसे कर दिया करते थे।[50]

भारत में प्रथम शक राजा मावेस अथवा मोग (ई.पू. 80) था। उसके उत्तराधिकारी

एजेज ने उत्तरी भारत में अंतिम यूनानी राजा हिप्पास्ट्रेटस पर आक्रमण करके सफलता पाई। बाद में एक राजा गोंडोफर्नीज ने इसलिए प्रसिद्ध पाई कि उसका नाम संत थामस के साथ जुड़ा हुआ है जो कि संभवतः इस्रायल से चलकर गोंडोफर्नीज के दरबार में आया था।[51]

रामायण[52] में यवनों के साथ शकों का उल्लेख है। किष्किंधा कांड में शकों का कंबोजों, यवनों और वाह्लीकों के साथ वर्णन है।[53] *महाभारत* में शकों और तुषारों के मध्य भेद स्थापित करते हुए उन्हें यवनों के साथ उल्लिखित किया गया है।[54] इसी महाकाव्य में उल्लिखित है कि ब्राह्मणों के साथ सहयोग न करने के कारण शक, यवन और पह्लव वृषलत्व को प्राप्त कर नीच कुल के क्षत्रिय हो गए।[55] *मनुस्मृति* के अनुसार यवन, पह्लव और कंबोज ब्राह्मणों के साथ यज्ञ, अध्यापन और प्रायश्चितादि के लिए संपर्क न रखने का कारण वृषल हो गए।[56] कुछ पुराणों में शकों को यवनों, कंबोजों, पारदों और पह्लवों के साथ अयोध्या के राजा बाहु को पराजित करने वाला बताया गया है। बाहु के पुत्र सगर ने बड़े होकर इन सभी जातियों को पराजित कर अपमानित किया।[57] *कश्यप संहिता* और *पराशर संहिता* ज्योतिष पर प्राचीन ग्रंथ हैं, इनमें यवनों का कुकुरों के साथ उल्लेख किया गया है।[58] चिकित्सा के ग्रंथ *चरक-संहिता* में शकों के भोजन का उल्लेख है। शक मांस, गेहूं का आटा तथा अनेक पेय उपभोग में लाते थे।[59]

पाणिनि गणपाठ में भी शक नाम का अनेक स्थानों पर उल्लेख है।[60] कात्यायन ने भी अपने *वार्तिक* में शक शब्द की चर्चा की है।[61] पतंजलि के *महाभाष्य* में शक-यवन शब्द साथ-साथ प्रयुक्त किए गए हैं जिससे स्पष्ट होता है कि वह शकों के साथ-साथ यवनों से भी परिचित था।[62] भरतमुनि के *नाट्यशास्त्र*[63] में शकों का आभीरों तथा चंडालों के साथ वर्णन है।

गार्गी संहिता का *युगपुराण* खंड शकों के अभियानों, लूटपाटों और उनके अंत के विषय में पर्याप्त वर्णन करने के साथ शकों की क्रूरता का भी उल्लेख करता है।[64] शुंग काल में यवनों के आक्रमण के उपरांत शक सेना दलों ने भारत के भागों पर आक्रमण किया। के.पी. जायसवाल के अनुसार यह ग्रंथ प्रथम शताब्दी ई. का है।[65]

चंद्रगुप्त विक्रमादित्य के समकालीन लेखक विशाखदत्त ने अपने नाटक *देवीचंद्रगुप्तम* में चंद्रगुप्त द्वारा एक शक राजा को मारने का उल्लेख किया है। इस शक राजा ने उसके बड़े भाई की पत्नी ध्रुव देवी से विवाह करना चाहा था। इस ऐतिहासिक तथ्य को पुनः बाणभट्ट के *हर्षचरित* में दोहराया गया है। इस ग्रंथ में

उल्लिखित है कि चंद्रगुप्त ने एक स्त्री का वेश धारण कर उस शक राजा का वध कर दिया जिसने दूसरे की स्त्री को प्राप्त करने की इच्छा की थी।[66]

शक शासन मोटे तौर पर ईरान की एकेमेनिड और सेल्यूसिड शासन प्रणालियों जैसा था। पूरा राज्य प्रांतों में विभक्त था और प्रत्येक प्रांत का राज्यपाल एक सैनिक होता था जिसे महाक्षत्रप कहते थे। इनमें से प्रत्येक प्रांत छोटी-छोटी इकाइयों में विभाजित था जिसके शासक क्षत्रप होते थे। ये क्षत्रप निजी शिलालेख प्रचारित करते थे तथा अपने नामों के सिक्के ढलवाते थे। शक राजा यूनानी और हखामनी परंपरा के अनुकरण में कई प्रकार की गौरवपूर्ण उपाधियां ग्रहण करते थे, उदाहरण के लिए महाराजा, राजाधिराज इत्यादि।

शक अन्य नामों के अतिरिक्त साइ-बांग के नाम से भी जाने जाते हैं। शकों का उल्लेख *महाभाष्य*[67] व जैन ग्रंथ *कालकाचार्य कथानक*[68] में भी हुआ है। शकों की किपिन में उत्तर भारतीय निवास की पुष्टि *खरोष्ठी* शिलालेखों व चीनी इतिवृत्तों से होती है।[69] शकों द्वारा भारत पर आक्रमण एक से अधिक मार्गों द्वारा किया गया। वे सिस्तान से अराकोसिया होते हुए ब्राहुई पर्वत माला को पार करते हुए निचले सिंधु क्षेत्र तक पहुंचे।[70] इस मार्ग की उपस्थिति मुद्राशास्त्रीय प्रमाणों से भी होती है।[71] प्रारंभिक शक मुद्राओं की उपस्थिति अराकोसिया और उत्तर गेदरोसिया के साथ-साथ पंजाब में पाई गई है जबकि ऊपरी काबुल घाटी में नहीं। किपिन (कपिशा) पहुंचने का दूसरा मार्ग साई व 'हियेन-तू' (लटकते हुए दर्रों का मार्ग) कहलाता था।[72] एक अन्य मार्ग जिसकी पहचान शेवनीज और आरेल स्टाइन द्वारा कश्मीर घाटी से गुजरने वाले बोलन मार्ग से की गई है कि शकों ने पहले कश्मीर में प्रवेश किया तत्पश्चात कराकोरम दर्रे से होकर भारतीय क्षेत्रों में फैल गए।[73]

पेरिप्लस ऑव इरिथ्रियन सी में सिंध को इंडो-स्कीथया अर्थात भारतीय शक स्थान नाम दिया है। सिंध से उन्होंने काठियावाड़ और गुजरात में इसके बाद फिर मालवा से उज्जयिनी में प्रवेश किया। यहां से वे मथुरा और पंजाब की ओर बढ़े। *कालकाचार्य कथानक* इस मान्यता का समर्थन करती है कि शक भारत में बलूचिस्तान से आए थे। इसलिए रैप्सन, टॉमस और कनिंघम के मत को स्वीकार करते हुए अधिकांश विद्वान यह मानते हैं कि शक लोग पूर्वी ईरान से दक्षिणी अफगानिस्तान और बलूचिस्तान होते हुए बोलन दर्रे के मार्ग से भारत में प्रविष्ट हुए।[74] ब्यूहलर द्वारा मथुरा स्तंभ लेख में वर्णित 'सर्वस सकस्तनस पुयए' का अर्थ संपूर्ण शक स्थान के सम्मान में बताया गया है। यहां शकस्तान का अभिप्राय सीथिया का वह भाग है जहां

से सीर नदी नीचे की ओर बहती हुई इरीथ्रियन सागर तक जाती है।

भारत में प्रवेश से पूर्व शक मूल रूप से पूर्वी ईरान स्थित सिस्तान क्षेत्र के निवासी थे।[75] मुद्राशास्त्रीय प्रमाण शकों की तीन शाखाओं के बारे में इंगित करते हैं–प्रथम वोनोनिस और उसके वंशज स्पलाहोरिस व स्पालागाडमेश सिंधु नदी के पश्चिम स्थित अराकोसिया में बस गए, द्वितीय मावेस और अजस पंजाब में तथा नहपान व उसके वंशज सिंध व मध्य-पश्चिमी भारत में बसे। पहली सदी ई.पू. के मध्य तक शक भारत की हृदय स्थली मथुरा तक पहुंच चुके थे।[76] उपरोक्त वर्णन जैन कृति *कालकाचार्य कथानक* बताती है कि शक राजा 'शाही' कहलाते थे। यह कि एक जैन शिक्षक द्वारा कुछ शाही सुरत्त (सौराष्ट्र) विषय और उज्जैन जो हिंदू देश के भाग थे, में जाने के लिए प्रेरित किए गए जहां उन्होंने चार साल तक राज्य किया। पर्जिटर का मत है कि शक मूल रूप से आर्य नहीं थे[77] बल्कि वे हैययों के अयोध्या अभियान के दौरान उनके अनुचर थे।[78] शकों का उल्लेख गौतमी पुत्र सातकर्णि व समुद्रगुप्त की प्रशस्तियों में भी आया है। 'कदंब मयूरशर्मन' के चंद्रवल्ली शिलालेख तथा 'महामायूरी' 95 में भी शकस्थान का उल्लेख हुआ है। सर्वप्रथम कनिंघम द्वारा प्रतिपादित किया गया कि शक संवत् की स्थापना चष्टन द्वारा की गई थी।[79]

शकों के काल में मुद्राओं के निर्माण में अभिनव प्रयोग किए गए। परवर्ती राजाओं यथा गुप्त व सातवाहनों की मुद्राओं में शक मुद्राओं का प्रभाव स्पष्ट रूप से देखा जा सकता है। चंद्रगुप्त द्वितीय द्वारा ईसा की पांचवीं सदी के प्रारंभ में शकों को पराजित कर पश्चिमी भारत पर विजय के उपरांत उस भू-भाग पर चलाई जाने वाली रजत मुद्राएं शक मुद्राओं की ही प्रतिकृति हैं। केवल शक संवत् को गुप्त संवत् से बदला गया है। यह तथ्य स्थानीय मुद्राओं का भारतीय मुद्राओं पर प्रभाव दर्शित करता है।[80] शकों के बारे में कुछ पौराणिक उद्धरण भी हमें ज्ञात हैं जैसे कि *हरिवंश पुराण* हमें बताता है कि शक अपने आधे सिर को बाल रहित रखते थे[81] *वायु पुराण* में बताया गया है कि शक अपने आधे सिर को बाल रहित रखते थे जबकि यवन और कंबोज अपने पूरे सिर को[82] बाल रहित रखते थे। अतः समग्र रूप से हम कह सकते हैं कि शक मध्य एशिया की वह प्रथम आक्रांता जाति है जो भारत में आने के बाद भारतीय परिवेश में घुल कर विलुप्त हो गई या उसमें आत्मसात हो गई।

पह्लव : पह्लव, पार्थियन अथवा पह्लवों का इतिहास अंधकारमय है परंतु उनसे संबंधित कुछ सामग्री सिक्कों और अभिलेखों के रूप में उपलब्ध है। भारतीय साहित्य में पार्थियनों को सामान्यतः पह्लव[83] तथा पश्चिमोत्तर भारत का निवासी बताया गया

है। पतंजलि[84] ने उनको कपिशा क्षेत्र का निवासी बताया है। महाकाव्यों[85] में पह्लवों का शकों तथा यवनों के साथ उल्लेख है। इस कुल का पहला ज्ञात राजा वोनोनिस् था, जिसने अराकोसिया और सीस्तान में अपनी शक्ति प्रतिष्ठित की और महाराजाधिराज[86] का विरुद्ध धारण किया। यूक्रेटाइडिस के कुल के राजाओं के अनुस्मरण में ढाले अपने सिक्कों पर वोनोनिस अपने भाइयों, स्पलिराइसिस और स्पलाहोरिस, तथा अपने भतीजे के साथ उल्लिखित है। संभवतः ये विजित प्रांतों में उसके प्रतिनिधि शासक थे। स्पलिराइसिस वोनोनिस का उत्तराधिकारी हुआ, यह एजेस द्वितीय का अधिराट जान पड़ता है क्योंकि कुछ सिक्कों पर सामने की ओर उसका नाम ग्रीक अक्षरों में और एजेस का पीछे की ओर खरोष्ठी में अंकित है।

गोंडोफर्नीज इस कुल का सबसे शक्तिमान नृपति था। एक सौ तीस वर्ष के तख्त-ए-बाही[87] अभिलेख से उसकी शासन अवधि प्रायः निश्चित हो गई है। इसे विक्रम संवत् का वर्ष मानकर फ्लीट ने इसकी तिथि 45 ई. मानी है। उसके सिक्कों के प्रकार से ज्ञात होता है कि वह पूर्वी ईरान तथा पश्चिमी भारत दोनों के शक, पह्लव प्रांतों का स्वामी बन गया था। ख्रिष्टीय अनुश्रुतियों में उसे भारत का राजा कहा गया है और उसका संबंध सेंट थामस से जोड़ा गया है।[88] पह्लव-नृपति की मृत्यु के पश्चात उसका राज्य बिखर गया और उसके प्रांतों पर अन्य राजाओं ने अधिकार कर लिया। इनमें से एक पकोरिस, संभवः पश्चिमी पंजाब और दक्षिण अफगानिस्तान के कुछ भागों पर राज्य करता था।[89]

देश की राजनीति में पार्थियन ई. सदी के प्रारंभ में महत्वपूर्ण हो गए। *महाभारत* में पंचाल राजा द्रुपद ने अपने जमाताओं को उनके साथ संधि करने का परामर्श दिया।[90] दूसरी ओर पौराणिक मिथकों में राजा सगर द्वारा उन्हें पराजित करने का उल्लेख मिलता है।[91]

राजनीतिक शक्ति के साथ ही साथ पह्लवों की जनसंख्या में भी वृद्धि होने के कारण अनेक पार्थियन नगरों की स्थापना हुई। निःसंदेह तक्षशिला का सिरकप आबादी क्षेत्र पश्चिम एशियाई पार्थियन नगरों की वास्तुकला से समानता रखता है।[92] गुजरात और काठियावाड़ में भी पार्थियन उपनिवेश स्थित थे।[93]

जनसंख्या और राजनीतिक शक्ति में वृद्धि ने अंततः उन्हें भारतीय समाज में आत्मसात होने की ओर अग्रसर कर दिया। पवित्र गाय नंदिनी[94] से उनकी उत्पत्ति की कथाएं और युधिष्ठिर के राजसूय यज्ञ[95] में उनके सम्मिलित होने का उल्लेख इस तथ्य की पुष्टि करते हैं।

प्रायः पह्लवों को शकों के साथ ही निरूपित किया जाता है। इनका मूल निवास-स्थान ईरान था। एक बड़ी संभावना यह है कि दोनों जनसमूह एक समानांतर व्यवस्था के अंतर्गत जुड़े हों। यह तो निश्चित है कि शक और पह्लवों में एक मजबूत साहचर्य था तथा यह बिलकुल असंभाव्य नहीं है कि पूर्वी ईरान से भारत पर आक्रमण में भिन्न तत्वों का समावेश रहा हो। यू-ची के दबाव व अन्य बर्बर जातियों द्वारा विस्थापन के फलस्वरूप भी शक व पह्लवों को अपने निवास के वैकल्पिक क्षेत्रों की आवश्यकता व तलाश रही होगी। रैप्सन का कथन है कि शक व पह्लव राजाओं के सुविधानुकूल समायोजन में कुछ अन्य तत्वों का भी योग है।[96] मुद्राओं व लेखों के आधार पर विदेशी राजाओं तथा क्षत्रपों के विभिन्न नामों के भाषायी अध्ययन के आधार पर थामस भी इसी निष्कर्ष पर पहुंचे हैं।[97]

गोंडोफर्नीज पह्लवों का प्रथम व सर्वाधिक महत्वपूर्ण शासक था परंतु स्वतंत्र प्रतिष्ठा प्राप्ति से पूर्व आर्थागनस का सामंत था व अराकोसिया से भारत तक उसका प्राधिकार था।[98] गंधार, तक्षशिला के अतिरिक्त मथुरा और काठियावाड़ भी उसके अधिकार क्षेत्र में थे। अलग-अलग क्षेत्रों जैसे गंधार, तक्षशिला, मथुरा आदि के लिए अलग-अलग मुद्रा प्रकार थे। क्षत्रप हगान व हगामास की मुद्राओं में गोंडोफर्नीज के चिह्न व प्रकार इस बात के साक्ष्य हैं कि मथुरा उसके अधिकार क्षेत्र में था।[99] इसी प्रकार कच्छ और काठियावाड़ उसके प्रभाव क्षेत्र में थे। यह निष्कर्ष मुखर्जी द्वारा प्लिनी के इंडो-सीथियन सूचनाओं के आधार पर निकाला गया है।[100] गोंडोफर्नीज को प्रशासन में सहयोग तीन मुख्य सरदारों ससाना, गडा और अस्पवर्मा द्वारा दिया जाता था। ससाना[101] व अस्पवर्मा[102] मुद्राओं तथा गडा[103] मुद्राओं के साथ-साथ उपाख्यानों द्वारा जाने गए। गोंडोफर्नीज का उत्तराधिकारी उसका भतीजा अबदागसेस हुआ। सिमोनेटा के अनुसार ससान व अबदागसेस के मध्य युद्ध के चलते साम्राज्य का विभाजन क्रमशः गंधार व ड्रंगियाना-अराकोसिया के रूप में हुआ और इस प्रकार विघटन का प्रारंभ हो गया। विघटन के फलस्वरूप सपेडनेस व सतवस्त्रा क्रमशः अराकोसिया और पुष्कलावती, तक्षशिला पर अथामा, गंधार पर विम कैडफिसेस का अधिकार हो गया। विघटन की इस प्रक्रिया के चलते यूनानियों या शकों के विपरीत वे ईसा की पहली सदी में पश्चिमोत्तर भारत के एक छोटे भू-भाग पर ही सत्तासीन रह सके। अपने से पहले के शकों की तरह ही पह्लव लोग भी भारतीय समाज और राजतंत्र के अभिन्न अंग बन गए।

वाह्लीक : वाह्लीक भी संभवतया ईरानी मूल के थे। *रामायण* में उल्लेख मिलता है कि बाहल अथवा वाह्लीक क्षेत्र प्रजापति कर्दम द्वारा शासित था जिसके वंशज कर्दम

कहलाते थे। कर्दम वंश का नाम पारसीक नदी कर्दम से लिया हुआ माना जाता है।[104] *महाभारत* में वाह्लीकों को सामान्यतः पंजाब क्षेत्र का निवासी बताया गया है परंतु भारतीय उनके विषय में पहले से ही परिचित थे।[105] उनमें से कुछ ने चौथी श. ई. पू. में उत्तर-पश्चिम के भागों को पार कर लिया था। हेरोडोटस के अनुसार कश्मीर और गांधार की सीमा पर रहने वाले लोगों की जीवन पद्धति बैक्ट्रियनों के समान थी,[106] परंतु वाह्लीकों की भारत में अधिकतम संख्या संभवतः बैक्ट्रियायी यूनानियों के दबाव के कारण तीसरी श. ई. पूर्व में आई।

महाकाव्यों में वाह्लीक एक निश्चित विदेशी समूह का प्रतिनिधित्व करते हैं, जो बैक्ट्रिया से आने के बावजूद शकों और यवनों से भिन्न है। यद्यपि उन्हें सामान्यतः यवनों, शकों तथा पारदों के साथ रखा गया है।[107] *महाभारत* में एक कल्पनात्मक उत्पत्ति में बताया गया है कि वे ब्रह्मा से उत्पन्न नहीं हैं।[108] यह उनके विदेशी मूल को बताने का प्रयास प्रतीत होता है।

महाभारत में वाह्लीक शासक शल्य को एक महान सारथी[109] तथा उन्हें एक महत्वपूर्ण राजनीतिक शक्ति के रूप में दिखाया गया है। पुराणों के वाह्लीक वंशीय तीन राजाओं[110] का उल्लेख इस तथ्य की पुष्टि करता है। कुछ समय के लिए उनका पंजाब[111] में निवास रहा जहां शाकल को 'वाह्लीकग्राम'[112] के रूप में जाना गया, जो उनका मुख्य उपनिवेश था। यद्यपि प्रथम शताब्दी ई. के आस-पास विकसित घुमंतू दबाव ने उन्हें पंजाब से दक्षिण की ओर पलायन करने के लिए विवश कर दिया। इससे ज्ञात होता है कि चौथी शताब्दी ई. तक निचले सिंधु क्षेत्र में वाह्लीकों की एक बस्ती थी।[113]

पंजाब के मद्र लोग भी वाह्लीक नाम से जाने जाते थे। संभवतः वे हिमालय के पार[114] कंबोजों के आस-पास रहने वाले उत्तर मद्रों के वंशज थे। राजनीतिक अथवा पारिस्थितिक परिवर्तनों के कारण से मद्रों की अधिकतम संख्या पलायन कर पंजाब में बस गई। उत्तर मद्र के आप्रवासी वाह्लीक देश के निकट रहने के कारण स्वाभाविक रूप से उत्तरकालीन भारतीय साहित्य में मद्रों अथवा वाह्लीकों के रूप में जाने गए। तथा जो पीछे रह गए वे उत्तर मद्रों के रूप में वर्णित हुए।[115] *महाभारत* में वाह्लीक और मद्र शब्द का एक-दूसरे के लिए प्रयोग किया गया है। मद्रों का राजा शल्य वाह्लीक के रूप में जाना जाता था।[116]

भारत के सुदूर उत्तर-पश्चिमी क्षेत्र में कंबोजों के पड़ोसी के रूप में वाह्लीकों की गणना होती है। प्राचीन काल से मनुष्य व प्रकृति एक-दूसरे से अदृश्य बंधनों से बंधे

रहे हैं। पर्यावरणीय परिवर्तनों के दृष्टिगत मनुष्य प्रकृति से सामंजस्य बिठाए रखने के उद्देश्य से स्वयं में परिवर्तन करता आया है। प्रकृति की प्रकृति भी सामंजस्य स्थापना की होती है परंतु यह एक लंबी चलने वाली सतत प्रक्रिया होती है। उस काल में खानाबदोशीय प्रवृत्ति परीक्षा व भूल के सिद्धांत पर आधारित थी क्योंकि उस काल के मानव के पास पूर्व निष्कर्षों का अभाव था। शायद यही कारण था कि वाह्लीक सुदूर उत्तर-पश्चिम से पंजाब में व्यास नदी के तटवर्ती भागों में बस गए। वाह्लीकों को बैक्ट्रिया मूल का भी माना जाता है। भंडारकर व डी.सी. सरकार कुषाणों व वाह्लीकों को एक ही वंश परंपरा का मानते हैं। *महाभारत* में शल्य को कर्ण के सारथी के रूप में बताया गया है, जोकि प्रमुख वाह्लीक राजन्य था। प्राचीन ग्रंथों में कंबोजों और वाह्लीक घोड़ों की बार-बार प्रशंसा की गई है। कालांतर में वाह्लीकों ने अपनी शक्ति में उल्लेखनीय वृद्धि की। मेहरौली के लौह स्तंभ लेख में वाह्लीक विजय का उल्लेख है।[117]

पारसीक : हखामनी साम्राज्य के पूर्व में विस्तार से भारत और ईरान में ऐतिहासिक संपर्क स्थापित हुआ। छठी शता. ई. पूर्व के उत्तरार्द्ध में पश्चिमोत्तर सीमा का भू-भाग अनेक छोटे-छोटे राज्यों में विभक्त था। उनके परस्पर झगड़ों को नियंत्रित करने वाली शक्ति का अभाव था। हखामनी सम्राट साइरस (लगभग ई.पू. 558-30) ने अपने साम्राज्य की पश्चिमी सीमाएं भूमध्य सागर तक और पूर्वी बल्ख तथा गंधार तक पहुंचा दी थी। वाह्लीक और गंधार दोनों पर साइरस ने अधिकार कर लिया था किंतु भारतीय सीमा के भीतर वह प्रवेश नहीं कर सका था। उसके उत्तराधिकारी अपनी समस्याओं में इतने उलझे रहे कि उन्हें पूर्व के विषय में सोचने का अवसर ही नहीं मिला। परंतु डेरियस प्रथम (522-486 ई.पू.) ने निश्चित रूप से सिंधु नदी की तटवर्ती भूमि का एक भाग जीत लिया था। हेरोडोटस ने लिखा है कि डेरियस द्वारा विजित भारतीय क्षेत्र जिसमें पंजाब का केवल कुछ भाग सम्मिलित था, फारसी साम्राज्य का बीसवां प्रांत (क्षत्रपी) बना, जहां से साम्राज्य को स्वर्ण चूर्ण के रूप में प्रति वर्ष लगभग 360 टैलेंट स्वर्ण धूलि की आय होती थी।

डेरियस के उत्तराधिकारी जेरेक्सीज (486-456 ई.पू.) के शासनकाल में उसकी जिस सेना ने यूनान पर आक्रमण किया, उसमें सूती वस्त्र पहने और बेंत के धनुष तथा लौह-फलक युक्त बाण धारण किए हुए भारतीय सैनिक भी सम्मिलित थे। सिकंदर के विरुद्ध लड़ने वाली डेरियस तृतीय की सेना में भी कुछ भारतीय सैनिक थे।[118]

शाहबाजगढ़ी और मानसेहरा से प्राप्त अशोक के शिलालेख खरोष्ठी लिपि में हैं।

इनमें शिलालेख सं. 5 में यवनों और कंबोजों तथा शिलालेख सं. 13 में यवनों, कंबोजों और गांधारों का उल्लेख हुआ है। सम्राट अशोक ने पारसीकों में धर्म प्रचार के लिए इन शिलालेखों को संभवतः खरोष्ठी लिपि में लिखवाया था। ब्यूहलर ने दर्शाया है कि खरोष्ठी अक्षरों का विकास अरमाइक लिपि से हुआ, जिसका प्रयोग राजकीय लेखों में समस्त हखामनी साम्राज्य में होता था।[119] इन शिलालेखों से इन क्षेत्रों में पारसीक जनसंख्या की उपस्थिति के विषय में स्पष्ट संकेत मिलते हैं।

भारतीय स्रोतों में पारसीकों को प्रायः पश्चिमी भारत का निवासी बताया गया है। अशोक और रुद्रदामन के अंतर्गत सौराष्ट्र के दो गवर्नर तुषास्फ और सुविशाख की पहचान पारसीकों के रूप में की जाती है।[120] कालकाचार्य द्वारा पारसकुल के 66 राजाओं को सौराष्ट्र[121] में आमंत्रित करने की कथा पश्चिमी भारत में पारसीकों के विस्तार का सुझाव देती है। *मुद्राराक्षस*[122] में उन्हें देश की राजनीति में सक्रिय दर्शाया गया है। *रघुवंशम्*[123] में पारसीकों की पराजय भी उन्हें पश्चिमी भारत में रखती है। सौराष्ट्र में सूर्य पूजक[124] होने का विचार यदि सही है तो पश्चिमी भारत में पारसीक जनसंख्या निवास का तथ्य अस्वीकृत नहीं किया जा सकता है। प्राचीन पारसीक पुजारी मगों के आगमन ने भारत के धर्म और विचारों को अत्यंत प्रभावित किया। ई. सन् के तुरंत बाद उत्तर-पश्चिम भारत में पारसीक राजाओं के काल में मग ब्राह्मणों ने अपने सूर्य पूजा के संप्रदाय को प्रचलित किया। सूर्य प्रतिमाओं की स्थापना के लिए उन्हें ब्राह्मणों की तरह आमंत्रित कर सम्मान दिया जाने लगा। *भविष्य पुराण* के अनुसार चंद्रभागा (चिनाव) नदी के तट पर बनाए गए नए सूर्य मंदिर के अभिषेक समारोह में स्थानीय ब्राह्मणों ने सूर्य पूजा पद्धति की अनभिज्ञता अथवा विदेशी संप्रदाय के कारण, सम्मिलित होने से मना कर दिया, तब मगों को बुलाया गया, जो वहीं बस गए और शकद्वीपी ब्राह्मण कहलाए।[125]

विद्वानों के मतानुसार वैदिक जनसंख्या अपने मूल इंडो-यूरोपियन गृह क्षेत्र से विस्थापित होकर संभवतः मेसोपोटामिया के तटीय क्षेत्रों में बस गई थी। वैदिक लोगों व ईरानी लोगों में प्राचीन काल से संबंध थे तथा वैदिक जनसंख्या अविभाजित इंडो-ईरानियन आबादी थी। यहां बसी आबादी के एक भाग ने भारत में प्रवेश किया जबकि दूसरी शाखा ईरान की ओर प्रस्थान कर गई।[126] उपरोक्त विचार के अनुसार आर्य बाहर से विस्थापित होकर भारत आए। भारतीय विचारकों ने विरोध किया और अपनी यह धारणा दी कि हिंदुकुश या हिमालय का उत्तरी-पश्चिमी भाग ईरानियों सहित आर्यों का वैदिक जनों का मूल निवास था। आर्यों का मूल निवास कहीं भी हो परंतु

इसमें कोई संदेह नहीं कि प्राचीन भारतीयों व ईरानियों के मध्य घनिष्ठ संबंध था तथा ब्राह्मण सभ्यता 1000 ई. तक आधुनिक अफगानिस्तान के अधिकतर भागों में विद्यमान थी। *अवेस्ता* में उपलब्ध शब्द हिंदु जिससे कि हम भारतीय जाने जाते हैं। हमें ईरानियों से मिला जोकि पुरानी फारसी में हि(न्) दू शब्द सिंधु या इंडस नदी से निकला है। पारसीकों के मध्य प्रचलित इंडोई शब्द का अर्थ भारतीय है। संस्कृत यवन तथा फारसी का या-मा-नु शब्द यूनानियों के लिए प्रयुक्त किया जाता था।[127] पारसीक ईरानी थे जिनके पूर्वज मध्य एशिया के मैदानों में घुड़सवारी करते थे। मुख्य पारसी शहर पर्सिपोलिस सम्राट डेरियस प्रथम के आदेश से निर्मित किया गया था, जिसका निर्माण काल लगभग 518 ई.पू. था। पारसीक सूर्य, प्रकृति के देवताओं आदि पर विश्वास करते थे। मंदिरों का निर्माण नहीं होता था, परंतु वे पर्वतीय स्तूपों में आराधना करते थे। मुख्य देव अहुरमज्दा प्रकाश का देवता था। संयुक्त देश के बहुत से लोग पैगंबर जरथ्रुस्त्र की शिक्षाओं का पालन करते थे, जिसका मुख्य सार है—जीवन अच्छाई (प्रकाश) व बुराई (अंधकार) के मध्य संघर्ष का नाम है। पारसीक अच्छे लड़ाकू थे। उनके शस्त्र लोहे के थे तथा वे घुडसवार सेना से युक्त थे। महान पारसीक योद्धा साइरस ने लीडिया, एशिया माइनर की यूनानी बस्तियों पर विजय प्राप्त की थी तथा बेबीलोन पर अधिकार कर लिया था। साइरस के पुत्र कंबीसस ने मिस्र विजय की थी। पारसीक राज्य की राजधानी पर्सिपोलिस व सम्राट डेरियस के महल के भग्नावशेष आज भी दक्षिण-पश्चिमी ईरान स्थित आधुनिक शहर शिराज के नजदीक स्थित है। पारसीक साम्राज्य का विस्तार उत्तर में काकेशस पर्वतमाला के पूर्व में भारतीय सीमा तक तथा सुदूर उत्तर अफ्रीका तक था। 538 ई.पू. में साइरस ने ईरान का नाम बदलकर पर्सिया कर दिया था।[128] एक जर्मन इतिहासकार ने सही कहा है कि साइरस ने काबुल घाटी में हिंदुकुश व गांधार की भारतीय जातियों को अपने अधीन कर लिया था। बैक्ट्रियन व भारतीय जातियां साइरस के अधीन थीं। उसका साम्राज्य इरीथ्रियन सागर यानि हिंद महासागर व फारस की खाड़ी तक फैला था।[129] साइरस एक महान राजनीतिज्ञ था। वह जानता था कि राज्य से धर्म अधिक मजबूत है।

आभीर : व्याकरण के आचार्य पतंजलि ने अपने *महाभाष्य*[130] (लगभग 150 ई. पू.) में आभीरों का उल्लेख किया है। भारत में उनका मूल निवास पेशावर जिले के सिंधु क्षेत्र में था। *महाभारत* में आभीरों के पंजाब में निवास का उल्लेख हुआ है। कालांतर में उनके कुरुक्षेत्र, शूरसेन (ब्रज) आदि में बसने का उल्लेख होने लगा। उनकी एक शाखा गुर्जरों के साथ दक्षिण में पलायन कर गुजरात के पश्चिमी समुद्रतट पर

काठियावाड़ में जा बसी और अपनी शक्ति बढ़ा ली। सातवाहन नरेश यज्ञश्री शातकर्णि के उत्तराधिकारियों के दुर्बल होते ही आभीरों के राजा ईश्वरसेन ने तीसरी सदी ई. के अंत में उनसे महाराष्ट्र छीन लिया। साथ ही शक क्षत्रपों को भी शक्तिहीन कर दिया।

क्षत्रपों के अभिलेखों में प्रायः उनका उल्लेख किया गया है।[131] आभीरों की एक शाखा गणतंत्रात्मक भी थी। समुद्रगुप्त की प्रयाग प्रशस्ति में आभीरों की गणना की गई है। *मनुस्मृति* (10, 15) के अनुसार ब्राह्मण पुरुष और अंबष्ठ स्त्री (ब्राह्मण + वेश्या स्त्री) के संयोग से आभीर नामक जाति की उत्पत्ति होती है। महाभाष्यकार[132] ने कहा है कि सामान्य और विशेष वाचियों के अंदर द्वंद्व समास नहीं होता और *शूद्राभीरम्* के अंदर द्वंद्व समास होता है। अतः आभीर शूद्रों से पृथक एक स्वतंत्र जाति है, उसकी उपजाति नहीं।

आभीरों का उल्लेख अन्य प्राचीन ग्रंथों के साथ-साथ पाणिनि की कालजयी कृति *अष्टाध्यायी* व महान ग्रंथ *महाभारत* में भी हुआ है। इनकी एक शाखा गुजरात तक पहुंच चुकी थी और उन्हीं आभीरों में कुछ ने पश्चिमी क्षत्रपों की सेना में सेनानायकों के पद प्राप्त कर लिए थे। परवर्ती काल में वे मध्य देश में बस गए थे। झांसी और विदिशा के मध्य का भू-भाग आभीर बस्तियों के कारण अहिरवाड़ कहलाता है।[133]

पेरिप्लस ऑव इरिथ्रियन सी में इसे अबीरिया कहा गया है। उनकी दूसरी शाखा भिलसा व झांसी के मध्य अहिरवाड़ नामक स्थान में शासन करती थी। गुप्तों के उदय तक ये दोनों शाखाएं विद्यमान थीं।

चीन : भारतीयों और चीनियों के मध्य सांस्कृतिक संपर्क पर्याप्त समय पूर्व स्थापित हो चुके थे।[134] द्वितीय श. ई.पू. में दक्षिण-पश्चिम चीन के उत्पाद पूर्वी मार्गों से भारत लाए जाते थे और फिर उत्तर-पश्चिम भारत तथा अफगानिस्तान होते हुए बैक्ट्रिया के बाजारों में भेज दिए जाते थे।[135] संभवतः द्वितीय श.ई.पू. में दक्षिण भारत और चीन के मध्य समुद्री व्यापार भी होता था।[136] कुछ चीनी दार्शनिकों के विचारों से ज्ञात होता है कि वे बुद्ध के संसार संबंधी विचारों तथा जातकों से भलीभांति परिचित थे।[137]

भारत और चीन के मध्य सक्रिय संपर्क दूसरी शताब्दी ई.पू. में उस समय प्रारंभ हुआ जब 95 ई.पू. में एक चीनी दूतमंडल भारत पहुंचा।[138] ईसा की शताब्दी के सात सौ वर्षों की अवधि में दोनों देशों के मध्य कम से कम 33 राजनीतिक एवं सांस्कृतिक प्रतिनिधि मंडलों का आदान-प्रदान हुआ। यद्यपि 500 से 513 ई. तक कुल सात दूत मंडल चीन पहुंचे।[139] चीन के विषय में ह्वेनसांग से भी ज्ञात होता है।[140]

भारतीय साहित्य में भी भारत का चीनियों के साथ पुराने संबंधों का उल्लेख है।[141]

प्राचीन ग्रंथों में चीनियों को नीच तथा बर्बर कहा गया है।[142] ईसा की प्रथम शताब्दी के प्रारंभ में कुछ चीनी लोग संभवतः उत्तर-पश्चिम भारत में बस गए थे।[143] *महाभारत*[144] शक तथा हूण जैसे विदेशियों के साथ उनका उल्लेख करता है। *बृहत्संहिता*[145] में चीनियों को एक स्थान पर वाह्लीकों तथा गांधारों के साथ दूसरे स्थान पर सफेद हूणों के साथ तथा एक अन्य स्थान पर कंबोजों तथा यवनों के साथ उनका उल्लेख करते हुए उन्हें उत्तर-पश्चिम भारत का रहने वाला बताया गया है।

ज्ञान या 'बोधि' से बुद्ध का उदय हुआ। इस 'बोधि' का प्रकाश सुदूरवर्ती भागों तक फैला। भारत का चीन को यह आध्यात्मिक सहयोग बुद्ध की विचारधारा के रूप में था। इस विचारधारा को चीन के धर्म, दर्शन, समाज, कला आदि पर पड़ने वाले प्रभाव ने चीनी संस्कृति के ताने-बाने को एक नया रंग, नई आभा प्रदान की। हमें ज्ञात है कि ईसा के 69वें वर्ष में लोयांग शहर में सफेद हूणों के मठ की स्थापना के साथ ही चीन में पहले-पहल बौद्ध धर्म ने प्रवेश किया।[146] पहली और दूसरी सदी में बहुत से प्रतिरोधों, वैचारिक मतभेदों आदि के बावजूद चीनी केंद्रीय सत्ता ने अंततः अनजान धार्मिक दार्शनिक अनिवासियों को स्वीकार किया। *कन्फ्यूसियज्म* से सदियों से पोषित निजी मान्यताएं जन प्रवाह में या तो तिरोहित हो गईं या समाहित हो गईं।

इसमें कोई संदेह नहीं है कि ईसा से बहुत पहले ही भारत और चीन के व्यापारिक संबंध थे। मैसूर में द्वितीय शताब्दी ई.पू. का एक चीनी सिक्का मिला है जो इस व्यापारिक संबंध की पुष्टि करता है। चीनी वृत्तांतों के अनुसार 65 ई. के आस-पास चीन के हान सम्राट मिंग ने एक दूत मंडल भेजा, जो धर्मरत्न और काश्यप मातंग नामक दो भारतीय बौद्ध भिक्षुओं को अपने साथ चीन ले गया। मातंग द्वारा चीनी सम्राट ने बौद्ध धर्म अंगीकार किया।[147] कौटिल्य के *अर्थशास्त्र* में चीनी रेशम का उल्लेख है। कालिदास ने अपने नाटक *अभिज्ञान शाकुंतलम्* में 'चीनांशुक' अर्थात चीनी रेशम का उल्लेख किया है—

> गच्छति पुरः शरीरं पश्चाद्धावत्यसंस्थितं चेतः।
> चीनांशुकमिव केतोः प्रतिवात नीयमानस्य ॥[148]

चीनी अन्वेषक झांग जियान ने 128 ई.पू. में बैक्ट्रिया की यात्रा की। अपने यात्रा वृत्तांत में वह लिखता है कि जब मैं बैक्ट्रिया में था, वहां मैंने झियोंग की बांस की कैने व कपड़ा (रेशम) देखा जो सू प्रांत में निर्मित था। मैंने लोगों से उनकी प्राप्ति के

बारे में पूछा, उन्होंने बताया कि यह उन्होंने उत्तर-पश्चिम भारत के सिंधु नामक बाजार से खरीदा जो बैक्ट्रिया से कई हजार ली की दूरी पर है।[149] दक्षिण चीन से मध्य एशिया का मुख्य व्यापार उत्तर-पश्चिम भारत के माध्यम से ही होता था।

किरात : प्राचीन भारत में तिब्बत के लोग किरातों के रूप में जाने जाते थे।[150] *महाभारत*[151] में चीनियों को कौरवों का मित्र दिखाया गया है। *पुराणों*[152] के अनुसार वे पूर्वी भारत के निवासी थे।[153] *बृहत्संहिता* में किरातों के मूल क्षेत्र के विषय में बहुत ही अस्पष्ट जानकारी दी गई है। इसमें दक्षिण-पश्चिम एवं उत्तर-पूर्व भारतवर्ष में उनका मूल स्थान बताया गया है। *महाभारत*[154] में नकुल के दक्षिण अभियान के वर्णन में कहा गया है कि कुछ म्लेच्छ समुद्र तट के किनारे रहते हैं जिसमें से किरात भी एक है। विंध्य क्षेत्र में उनके निवास के साक्ष्य नरसिंह द्वितीय के श्रवण बेलगोला अभिलेख[155] (10वीं शताब्दी ई.) में उल्लेख है कि राजा ने पर्वतीय कबीलों अथवा किरातों की शक्ति को ध्वस्त किया जो विंध्य पर्वत के निकट रहते थे।

महाभारत के युद्ध में भी किरात सम्मिलित हुए। युधिष्ठिर के राजसूय यज्ञ में उन्होंने चंदन की लकड़ी, मूल्यवान चर्म के ढेर एवं अनेक पशु-पक्षी भेंट किए।[156] नेपाल की वंशावली पौराणिक राजाओं की एक सूची का वर्णन करती है जिसके आधार पर कहा जा सकता है कि किरातों ने नेपाल में शासन किया। संभवतः किरात जनजाति, किरांती के रूप में पूर्वोत्तर भारत में अभी तक विद्यमान है। प्राचीन भारत में जब लेखकों ने किरात शब्द का प्रयोग किया तो निश्चित रूप से उनका तात्पर्य अनेक कबीलाई जातियों के लिए समझा जाता था। प्रश्न यह है कि क्या किरात शब्द का प्रयोग सामान्यतः पूर्व में रहने वाली कबीलाई जातियों के लिए अथवा वन्य कबीलों के लिए किया जाता था? सामान्यतः यह कहा जा सकता है कि इस शब्द का प्रयोग सामान्य संदर्भ में वन्य कबीलों के लिए किया जाता था, क्योंकि अभिलेखों तथा साहित्य में प्रायः इसी रूप में अधिक प्रयुक्त किया गया है।

महाभारत[157] में किरातों की उत्पत्ति यवनों के साथ गाय नंदिनी से बताई गई है। *मनुस्मृति*[158] में उन्हें पतित क्षत्रिय कहा गया है। *भागवतपुराण*[159] में हूणों, आभीरों तथा यवनों के साथ किरातों को भगवान कृष्ण को अर्पित कर उनका शुद्धिकरण करने का उल्लेख है।

शुलिक : भारत में शुलिकों का आगमन संभवतः सोग्डियाना से हूणों के आक्रमण के समय हुआ।[160] भारतीय साहित्य में उन्हें सामान्यतः वाह्लीकों, पह्लवों, चीनों, यवनों तथा शकों जैसे विदेशियों के साथ उल्लिखित किया गया है।[161] *मत्स्यपुराण*[162] उन्हें

मध्य एशियाई मूल का बताता है। प्राचीन समय में काशगर तथा उससे जुड़े क्षेत्र को सुलि[163] नाम से जाना जाता था।

रोमक : प्राचीन भारत और रोम के मध्य घनिष्ठ व्यापारिक एवं सांस्कृतिक संपर्क के साक्ष्य मिलते हैं। पूर्वी देशों में चीन और भारत के साथ रोम का व्यापार होता था। प्रथम श. ई. से भड़ौच और भूमध्यसागरीय बंदरगाहों के मध्य सीधे जहाजों के आवागमन के परिणामस्वरूप व्यापार में तेजी से वृद्धि हुई।[164] हिप्पालस द्वारा मानसून का पता लगा लेने से अरब के मध्यस्थ व्यापारियों का महत्व घट गया। स्ट्रैबो के अनुसार प्रतिवर्ष 120 जहाज लाल सागर से उत्तरी अफ्रीका और भारत की ओर जाते थे जिनमें से कुछ तो गंगा के मुहाने तक जाते थे। भारत से निर्यात की जाने वाली वस्तुओं में रेशमी तथा सूती वस्त्र, मणि, माणिक्य, काली मिर्च, जटामासी, गुग्गुल, अकीक तथा हाथीदांत की बनी वस्तुएं प्रमुख थीं। आयात की जाने वाली वस्तुओं में मदिरा, स्वर्ण एवं रजत मुद्राएं ,तांबा, रांगा, मूंगा, पुखराज, सुरमा, कीमती बर्तन तथा युवतियों का उल्लेख मिलता है।[165] मदुरा[166] तामलुक, चंद्रकेतु, गढ़, टेर तथा धरनी कोटा में रोमन व्यापारियों की व्यापारिक बस्तियां थीं।[167] अरिकामेडु सबसे अधिक संपन्न रोमन व्यापारिक केंद्र था।[168] कावेरीपत्तनम[169] जिसे संगम साहित्य *शिलप्पदिद्कारम्* में पुहार कहा गया है। एक अन्य महत्वपूर्ण रोमन व्यापारिक केंद्र था। *महाभारत*[170] में भी कुछ रोमन व्यापारिक केंद्रों का उल्लेख किया गया है।

बृहत्संहिता में रोमकों का उल्लेख है।[171] *महाभारत*[172] और *पुराण*[173] उत्तर पश्चिम भारत में उनकी उपस्थिति से अवगत थे। कर्न ने उनकी पहचान रोमनों के रूप में की है।[174] प्राचीन भारत में रोमन ज्योतिष विज्ञान को रोमक सिद्धांत[175] कहा जाता था। व्यापारिक संबंधों के परिणामस्वरूप भारत रोम के मध्य संबंध स्थापित हुए और लगभग नौ भारतीय दूत मंडल रोम भेजे गए।[176]

इटली में एक छोटे से देश के रूप में रोम का उदय हुआ था परंतु समय के साथ प्राचीन विश्व के पराक्रमी व शक्तिशाली देशों में इसकी गणना की जाने लगी। इसका फैलाव भूमध्य सागर के विस्तार की तरह बढ़ता गया। रोम, टाइबर नदी के तट पर बसा हुआ लैटिन भाषा-भाषी आबादी वाला तथा एट्रस्कन राजाओं द्वारा शासित एक व्यापारिक नगर था। उत्तर इटली स्थित एट्रसिया निवासी एट्रस्कन राजाओं में प्रथम रोमुलस ने सात पहाड़ियों के शीर्ष पर एक शानदार व मजबूत स्थिति का चुनाव रोम की स्थापना के लिए किया था। रोम के दक्षिण में लातीनी या लैटिन लोगों का निवास-स्थान था, परंतु बाद में सभी निवासी रोमन कहलाने लगे। पुरानी काल गणनाओं

में रोम की स्थापना 753 ई.पू. बताई गई है जोकि फोनेशियन नगर कार्थेज की स्थापना के 150 वर्ष बाद की तथा प्रथम ओलंपिक खेलों के प्रारंभ से 23 वर्षों बाद की घटना है।[177]

रोम की उपजाऊ धरती उसकी सैनिक शक्ति तथा इटली के मध्य उसकी विशिष्ट स्थिति ने उसे इस स्थिति तक पहुंचाने में सहायता दी। रोम की प्रारंभिक सड़क 'एप्यिन-वे' का निर्माण 312 ई.पू. में हुआ था ताकि सैनिक दक्षिण की ओर जा सकें। यूरोप की सर्वश्रेष्ठ सेना के रूप में रोमन सेना जानी जाती थी। 200 ई.पू. में रोमन साम्राज्य भूमध्यसागरीय विश्व का महत्वपूर्ण देश था।

44 ई.पू. में सीजर की हत्या के उपरांत रोम में गृहयुद्ध भड़क गया। युद्ध के उपरांत ऑक्टावियस ने देश की सत्ता संभाली जो रोम के प्रथम सम्राट आगस्टस के रूप में जाना जाता है। अपने शीर्ष में रोमन साम्राज्य का फैलाव पश्चिम में ब्रिटेन पूर्व में मेसोपोटामिया तक था। तीसरी शताब्दी ईसा के पश्चात धीरे-धीरे रोमन साम्राज्य विभिन्न कारणों से पतनोन्मुख होता गया। विघटित होते इस साम्राज्य के बारे में यह मुहावरा 'रोम जलता रहा और नीरो वंशी बजाता रहा' विघटन के कारणों पर एक सटीक दृष्टिकोण है।

दरद : मेघातिथि एवं कुलुक[178] ने दरदों को पौंड्रों, चोडों, द्रविड़ों, कंबोजों, यवनों, शकों, पारदों, चीनियों और किरातों के साथ दस्यु कहा है। *महाभारत* में उल्लेख है कि वसिष्ठ ने विश्वामित्र से मुकाबला करने के लिए एक म्लेच्छ सेना उत्पन्न की जिसमें पह्लव, शबर, शक, यवन, पुलिंद, पौंड्र, किरात, द्रविड़, सिंहल, बर्बर तथा दरद आदि म्लेच्छ सम्मिलित थे।[179] मनु ने दरदों को उपरोक्त जातियों के साथ वृषल की संज्ञा दी है।[180] *महाभारत*[181] के युद्ध में दरदों के भी सम्मिलित होने का उल्लेख है। दरद उत्तरी कश्मीर अथवा गिलगिट का क्षेत्र था। *महाभारत* (2/27/23) में अर्जुन द्वारा कंबोजों और दरदों को जीतने का उल्लेख है।

पुलिंद : *महाभारत*[182] में आंध्र, शक, यवन, पुलिंद, कंबोज, वाह्लीक, शूर तथा अहीर राजाओं द्वारा पृथ्वी पर राज्य करने की भविष्यवाणी की गई है। इसमें पुलिंदों को म्लेच्छ[183] कहा गया है। *गरुड़ पुराण*[184] कंबोज के पड़ोसी देशों में पुलिंद, अश्मक, जीमूत, नटराज, कर्नाटक और लाट की गणना करता है और इन सबकी स्थिति दक्षिणापथ में बताता है।

उशनस[185] के अनुसार पुलिंद या वैश्य पुरुष से क्षत्रिय स्त्री में गुप्त प्रणय के फलस्वरूप उत्पन्न होने वाली जाति है, जिसकी आजीविका पशुवृत्ति अर्थात पशुपालन

अथवा दुष्ट प्राणियों का वध करना है।

पारद : मनु[186] ने लिखा है कि पारद आदि क्षत्रिय जातियां उपनयन आदि वैदिक संस्कारों का लोप हो जाने के कारण वृषलत्व को प्राप्त हो गई। *पुराणों*[187] में उल्लेख है कि अयोध्या के राजा बाहु के पुत्र सगर ने शकों का आधा सिर मुड़वा दिया तथा यवनों और कंबोजों का पूरा सिर मुड़वा दिया। पारदों के केश खुलवा दिए और पह्लवों को दाढ़ी-मूंछ रखने का आदेश दिया। अशोक के शिलालेख सं. 13 में पारदों का उल्लेख मिलता है। प्राचीन भारतीय साहित्य में प्रायः यवनों के साथ पारदों का उल्लेख किया गया।

बर्बर : *मज्झिमनिकाय*[188] में 'बभर' शब्द का उल्लेख है, जिसका अनुवाद अज्ञात एवं समझ में न आने वाली भाषा बोलने वाले लोगों के रूप में किया जा सकता है। *पुराण*[189] बर्बरों का उल्लेख करते हैं। *प्रश्नाव्याकरण*[190] में बर्बरों की म्लेच्छों के रूप में गणना की गई है। *महाभारत*[191] में वसिष्ठ की गाय नंदिनी से बर्बरों की उत्पत्ति सर्वविदित है। *महाभारत* में अनेक स्थानों पर शक, यवन, पह्लव को बर्बरों के साथ वर्गीकृत किया गया है।[192] संभवतः अस्पष्ट और समझ में न आने वाली भाषा बोलने वाली जातियों को बर्बर कहा जाता था।

शबर : *ऐतरेय ब्राह्मण*[193] के अनुसार शबर, पुलिंद, मुतिब, आंध्र और पौंड्र सीमा प्रदेश में रहने वाली जातियां हैं। ब्राह्मण साहित्य में उनका यह सबसे पहला उल्लेख है। कालक्रमानुसार यूनानी लेखकों ने इसके पश्चात उन्हें आदिम जनजातियां कहा है। मेगस्थनीज[194] सिंधु के दूसरी तरफ की उनकी जातियों में सिबरे का उल्लेख करता है। मैक्रिंडल ने उनकी पहचान *महाभारत* के सौवीरों के साथ की है। टॉलमी[195] सबर और पुलिंद को ग्रीक रूप में सबरई और पुलंदई एग्रीफेगोई कहता है। *अर्थशास्त्र*[196] सबरों और पुलिंदों को सीमा तथा राज्य के मध्य के भाग की रक्षा करने वाला बताता है। *मुद्राराक्षस*[197] में सबरों को चंद्रगुप्त के विरुद्ध मलयकेतु का मित्र कहा गया है। *बृहत्संहिता*[198] में सबरों को अपरांत क्षेत्र का निवासी, वहीं *मार्कंडेय पुराण*[199] में सबरों को दक्षिणापथ का निवासी बताया गया है। *अमरकोश*[200] (ल. 5वीं शता. ई.) में सबरों को म्लेच्छ माना गया है। मोनियर विलियम[201] के अनुसार सबर का अर्थ दुष्ट, दुर्भावना, घातक और आक्रमण है जबकि *पालि-इंग्लिश डिक्शनरी*[202] के अनुसार हिंसक है।

उपरोक्त के अतिरिक्त प्राचीन भारतीय साहित्य में यवनों के साथ द्रविड़, पौंड्र, औड्रक, आंध्र इत्यादि जातियों का भी उल्लेख मिलता है।

संदर्भ

1. अग्रवाल, वी.एस., *पुराण,* 5, पृ. 355-69।
2. चट्टोपाध्याय, सुधाकर, *द एकेमेनिडस एंड इंडिया,* पृ. 4।
3. राय चौधरी, हेमचंद्र, *पोलिटिकल हिस्ट्री ऑव एंशियंट इंडिया,* 1953, पृ. 148।
4. बील, एस., 1, 113, वाटर्स टॉमस, 1, 284।
5. *एंशिएंट ज्योग्राफी ऑव इंडिया,* पृ. 129।
6. भारत भूमि और उसके निवासी, संवत, 1987, पृ. 297-304।
7. सिंह, रघुनाथ, *शुकराजतरंगिणी तथा राजतरंगिणी संग्रह,* पृ. 110।
8. ग्रियर्सन, *जे.आर.ए.एस.,* 1911, पृ. 882।
9. कीटा पतंग उरगा च मेका हन्त्वा किमि सुज्झति मक्खिका च।।
   एते हि धम्मा अनरियरुया कंबोजकानं वितथा बहुन्नं। *–जातकाज,* 6, पृ. 110।
10. नरीमन, जी.के., *जे.आर.ए.एस.,* 1912, पृ. 255-57।
11. *रामायण,* 1/54/24, 55/2।
12. *महाभारत,* 6/16/15-17।
13. *मार्कंडेय* (57/32-58), *ब्रह्मांड* (1/16/40-69), *मत्स्य* (114/34-57), *वायु* (45/109-137), *ब्रह्म* (27/41-70), *वामन* (13/36-58), *विष्णु* (2/3/1-9), *कूर्म* (1/47/20-24), शिव (18/1-15) और *अग्नि पुराण* (118/1-8) में विस्तृत विवरण उपलब्ध है।
14. *मज्झिमनिकाय,* 2/43/1 तथा 2/149।
15. मलालसेकेर, जी.पी., *डिक्शनरी ऑव पालि प्रापर नेम्स,* पृ. 526।
16. *महाभारत,* 7/119/26-27।
17. *मनु.,* 10, 43-44।
18. *बृहत्संहिता,* 14/17-19।
19. *मुद्राराक्षस,* 2।
20. *कर्णभार,* 19।
21. *हर्षचरित,* 7/88।
22. *सासनवंस* (पाली टेक्स्ट सीरीज), पृ. 490।
23. तदैव।
24. हुल्श, *सी.आई.आई,* वा.-1, पृ. 191-92।
25. तदैव।
26. पतंजलि' *महाभाष्य,* 2.4.10, *मिलिंदपञ्ह,* पृ. 327, शक, यवन, पह्लव का उल्लेख नासिक अभिलेख में आया है। (*सेलेक्ट इंसक्रिप्शंस,* 1942, पृ. 197)।
27. सरकार, डी.सी., *स्टडीज इन द जियोग्राफी ऑव एंशियंट एंड मेडिवल इंडिया,* 1971, पृ. 200।
28. *अंगुत्तर निकाय,* 1, पृ. 213, 4, पृ. 252-60।
29. डेविड, टी.डब्ल्यू. रॉस, *बुद्धिस्ट इंडिया,* पृ. 28।

30\. *प्राब्लम्स ऑव एंशियंट इंडिया,* 2000, पृ. 6-6; *जियोग्राफिकल डाटा इन अर्ली पुराणाज,* पृ. 168।
31\. *महाभारत,* 2, 27, 27।
32\. *महाभारत,* 7, 91, 39।
33\. पाणिनि, *अष्टाध्यायी,* 4, 1, पृ. 168-175।
34\. अग्रवाल, वासुदेव शरण, *इंडिया ऐज नोन टू पाणिनि,* पृ. 49-50।
35\. लाहा, बी.सी., *ए.आई.यू.,* पृ. 15।
36\. शिलालेख 5 एवं 13, राधा गोविंद बसाक, *अशोकन इंसक्रिप्शंस,* पृ. 26-71।
37\. झा, द्विजेंद्र नारायण, *प्राचीन भारत,* पृ. 88।
38\. तदैव, *प्राचीन भारत,* पृ. 165।
39\. भार्गव, पुरुषोत्तम लाल, *प्राचीन भारत का इतिहास,* पृ. 112।
40\. शरण, आर., *प्राचीन भारतीय इतिहास एवं पुरातत्व,* पृ. 4-5।
41\. सेंगर, शैलेंद्र, *प्राचीन भारत का इतिहास,* पृ. 113।
42\. *अंगुत्तर निकाय,* 1, 293; 4, 252, 256, 260।
43\. *विनय पिटक,* 2, 146।
44\. कोवेल, ई.वी., (संपा.), *जातक,* पृ. 3, 365।
45\. थापर, रोमिला, *अशोक और मौर्य साम्राज्य का पतन,* पृ. 237।
46\. बाशम, ए.एल., *जर्नल ऑव एंशियंट इंडियन हिस्ट्री,* CCXL6, 1958।
47\. कनिंघम, सर एलेक्जेंडर, *क्वाइंस ऑव एंशियंट इंडिया,* पृ. 31।
48\. पर्सीपोलिस के निकट नक्शे-ए-रुस्तम का क्यूनीफार्म अभिलेख।
49\. *जे.आर.ए.एस.,* 1906, पृ. 186।
50\. पर्सीपोलिस के निकट नक्शे रुस्तम का क्यूनीफार्म अभिलेख।
51\. थापर, रोमिला, *भारत का इतिहास,* पृ. 86।
52\. भूय एवासृजद्घोरान शकान् यवनमिश्रितान
तैरासीत्संवृतता भूमिः शकैर्यवनमिश्रितै।। —*बालकांड,* 54.21।
योनि देशाच्च यवनाः शकृदेशाच्दकास्तथा।। 55.3।
53\. काम्बोजान यवनांश्चैव शकानारट्टकानपि।
बाह्लीकानृषिकांश्चैव पौरवनथ टकंणान।। —*तदैव,* 43.12।
54\. भीष्मपर्व, 71.20।
55\. कर्ण पर्व, 64.16।
56\. *मनुस्मृति,* 10, 43, 44।
57\. *ब्रह्मांड,* अध्याय 63, *वायु,* अध्याय 88; *विष्णु,* अध्याय 8; *वायु,* 88; 140-141।
58\. (1) प्रागर्ध नर्मदायाश्च शोणाः शबरमागधाः।
भद्राबंगा कालिगांश्च बाह्लीका यवनाः शकाः।
(2) रौद्रे शकान् कुकुरान पल्लनोपजीविनश्च।
अद्भुत सागर द्वारा उद्धृत, काशी संस्करण, 1962 क्रमशः पृ. 10 एवं 65। भट्ट उत्पल द्वारा *बृहत्संहिता* पर टीका में पृ. 218 पर उद्धृत।

59. बाह्लीकाः पह्लवाश्चीनाः शूलीका यवनाः शकाः।
मांसगोधूममाध्वीक शस्त्र वैश्वानरोचिताः।।
—*चिकित्सा स्थान*, अध्याय, 30, 316।
60. *गणपाठ*, 4, 1, 175; 4, 3, 92; 5, 4, 38।
61. 1.1, 64।
62. 4.1, 151।
63. शकाराभीरचंडाल शबरदमिलांध्रजाः।
हीना वनेचराणां च विभाषा नाटके स्मृता।। अध्याय 17.50।
64. ततः प्रनष्टचारित्राः स्वकर्मोपहताः प्रजाः।
करिष्यंति चका (शका) घो (रा) बहुलाश्च इति श्रुतिः।
चतुर्भागं तु शस्त्रेण नाशयिष्यंति प्राणिनाम्।
हरिष्यंति शकाः षोशं (कोशं ? तेष ?) चतुर्भाग स्वकं पुर।
ततः प्रजायां शेप्राया तस्य राज्यस्य परिक्षायत।
65. *बी.ओ.आर.एस.जे.*, 1928, पृ. 404 और तदैव, 1929, पृ. 131।
66. सत्यश्रव, *शकाज इन इंडिया*, पृ. 20।
67. *महाभाष्य*, 2, 4, 10।
68. कालकाचार्य कथानक, *जर्नल ऑव इंडियन हिस्ट्री*, 12, 1933, पृ. 17।
69. पी.सी. बागची का अध्यक्षीय उद्‌बोधन-*प्रोसीडिंग्स ऑव द इंडियन हिस्ट्री कांग्रेस*, 6वां सत्र, *जर्नल ऑव द रायल एशियाटिक सोसाइटी*, 1903, पृ. 22।
70. *जर्नल ऑव द रायल एशियाटिक सोसाइटी*, 1913, पृ. 635;
रैप्सन, कैंब्रिज हिस्ट्री ऑव इंडिया, 1, पृ. 560;
टर्न, डब्ल्यू.डब्ल्यू. टार्न, *ग्रीक्स इन ब्रेक्ट्रिया एंड इंडिया*, पृ. 232;
मार्शल, *तक्षशिला*, 1, पृ. 45।
71. शास्त्री, के.ए.एन., *ए कम्प्रिहेंसिव हिस्ट्री ऑव इंडिया*, 2, पृ. 191।
72. नारायण, ए.के., *द इंडो ग्रीक्स*, पृ. 142।
73. गार्डनर, *कैटलॉग ऑव क्वाइंस ऑव ग्रीक्स एंड सीथिक किंग्स ऑव बैक्ट्रिया एंड इंडिया इन द ब्रिटिश म्यूजियम*, पृ. 11;
बागची, पी.सी., *जर्नल ऑव ग्रेटर इंडिया सोसाइटी*, 10, 2, पृ. 118।
74. श्रीराम गोयल, *प्राचीन भारत*, कुसुमांजली बुक वर्ल्ड, जोधपुर, पृ. 652।
75. स्मिथ, विसेंट, *अर्ली हिस्ट्री ऑव इंडिया*, चतुर्थ संस्करण, पृ. 245-50।
76. बाशम, ए.एल., *द वंडर दैट वाज इंडिया*, पृ. 59।
77. पर्जिटर, *जर्नल ऑव रॉयल एशियाटिक सोसाइटी*, 1919, पृ. 261।
78. तदैव।
79. सरकार, डी.सी., *सेलेक्ट इंसक्रिप्शंस*,
नसिक केव इंसक्रिप्शन, पृ. 193;
इलाहाबाद प्रयाग प्रशस्ति इंसक्रिप्शन, पृ. 258।
80. कनिंघम, ए., *न्यूमैसमैटिक क्रोनिकल*, 1888, पृ. 232-33।

81. सरकार, डी.सी., *स्टडीज, इन इंडियन क्वाइंस,* पृ. 12।
82. *हरिवंश पुराण,* अध्याय, 14, 16।
83. *वायु पुराण,* 1.2।
84. सरकार, डी.सी., *इंडियन हिस्टारिकल क्वार्टरली,* 21, पृ. 302, दूसरे मत के लिए देखें के.पी., जायसवाल, *हिंदू पोलिटी,* पृ. 126-36।
85. *महाभाष्य,* 4.2.99।
86. *रामायण,* बालकांड 54, 18-21, किष्किंधाकांड, 43.4, *महाभारत,* आदि पर्व, 165, 35-36।
87. रैप्सन, वोनोनिस् को पूर्वी ईरान के राज्य का अधिराट मानता है और उसे मिथ्रिडेट्स द्वितीय के शासनकाल के बाद रखता है। (*सी.आई.आई.,* 1, पृ. 572-73)।
88. कृपया देखिए, स्टेनकोनो, *सी.आई.आई.,* 2, नं. 20, पृ. 57-82।
89. सेंट थामस की अनुश्रुति के लिए, देखिए, विसेंट स्मिथ, *अर्ली हिस्ट्री ऑव इंडिया;* चतुर्थ संस्करण, पृ. 245-50।
90. फिलास्ट्रेट्स, *लाइफ ऑव अपोलोनियस ऑव तियाना,* कृ. देखिए, मैक्रिंडल, *ए.आई.डी.सी.एल.,* पृ. 192।
91. *महाभारत,* उद्योग पर्व, 4, 15।
92. *विष्णुपुराण,* नं. 3, 42; *हरिवंश,* 10, 30-42।
93. मार्शल, टैक्सिला, पृ. 176।
94. *बांबे गजेटियर,* 1, पृ. 35।
95. *महाभारत,* सभा पर्व, पृ. 165.31.35।
96. *कैंब्रिज हिस्ट्री ऑव इंडिया,* 1, पृ. 567-68।
97. *जर्नल ऑव रॉयल एशियाटिक सोसाइटी,* 1906, पृ. 208।
98. नारायन, ए.के., एवं जेनकिंस, जी.के., *सी.आई.टी,* पृ. 17।
99. श्रीराम गोयल, *प्राचीन भारत,* कुसुमांजली बुक वर्ल्ड, जोधपुर, पृ. 663-64।
100. मुखर्जी, बी.एन., *सी.आई.टी.,* पृ. 146, फुटनोट, 227।
101. आर.बी., व्हाइटहैड, *कैटेलाग ऑव क्वाइंस इन पंजाब म्यूजियम,* भाग-1, पृ. 148।
102. तदैव, पृ. 150।
103. द एक्ट्स ऑव सैंट थामस, ई.ए., डब्ल्यू., बज, द कांटेंडिग्ज ऑव द एपोस्टल, 2, पृ. 406-19।
104. *रामायण,* उत्तरकांड 90; इस बिंदु पर विस्तार के लिए कृपया देखें एच.सी. रायचौधरी, *आई.एच.क्यू.,* 9, पृ. 37-39; मोती चंद्र, स्टडीज, पृ. 12।
105. रायचौधरी, एच.सी., *पोलिटिकल हिस्ट्री ऑव एंशियंट इंडिया,* पृ. 296, 343।
106. हेरोडोटस, 3.102।।
107. *महाभारत,* सभा पर्व, 48.12-15; *विष्णुपुराण,* 2.3.17 *मत्स्यपुराण,* 114.40।
108. वहिश्चनाम ह्लीकश्च विपाशायं पिशाचकों।
तयोरपत्यं वाह्लीका नैषा सृष्टिः प्रजापतेः।।

—*महाभारत,* कर्णपर्व, 30.44।

109. *महाभारत,* कर्णपर्व 26.1।

110. *विष्णुपुराण,* 55.24.57; *भागवतपुराण,* 12.1.34, *वायु पुराण,* 99.373।
111. *महाभारत,* कर्ण पर्व, 30।
112. *कासिका,* 4.2.117; वाह्लीकों के साकल से संबंध के लिए देखिए *महाभारत,* कर्ण पर्व, 30. 29.30।
113. चंद्रगुप्त द्वितीय ने सिंधु के सप्त मुखों को पार कर वाह्लीकों को पराजित किया
    तीर्त्वा सप्तमुखानि येन समरे सिंधोज्जिता वाह्लिका
    —डी.सी. सरकार, *सेलेक्ट इसंक्रिप्शंस,* पृ. 283।
114. उदीच्यां दिषि ये के च परेण हिमवन्तं जनपदाः
    उत्तरकुरुवः उत्तरमद्राः इति वैराज्यायैव तेभिषिच्यत्ते।
    —*ऐतरेय ब्राह्मण,* 8.14.3।
115. *वशं ब्राह्मण,* वैदिक इंडेक्स में उद्धृत, 2, पृ. 123।
116. *महाभारत,* आदि पर्व, 61.6।
117. सरकार, डी.सी., *सेलेक्ट इंसक्रिप्शंस,* पृ. 283।
118. त्रिपाठी, आर.एस., *प्राचीन भारत का इतिहास,* पृ. 84-85।
119. कंबोज, जे.एल., *प्राचीन कंबोज जन और जनपद,* पृ. 220।
120. *एपीग्राफिया इंडिका,* 8, पृ. 46.47; डी.सी. सरकार, *सलेक्ट इंसक्रिप्शंस,* पृ. 180।
121. जैन, जे.सी., *लाइफ इन एंशिएंट इंडिया ऐज डिस्क्राइब्ड इन जैन कैनन्स,* पृ. 339।
122. *मुद्राराक्षस,* एक्ट-1, श्लोक 20, 50।
123. *रघुवंश,* 4.60।
124. वेथेन, *जे.ए.एस.बी.,* 4.2.99।
125. उपाध्याय, बी.एस., *फीडर्स ऑव इंडियन कल्चर,* नई दिल्ली, 1989, पृ. 42।
126. चाइल्ड गार्डन, *ह्वाट हैपन इन हिस्ट्री, पेलिकन,* 1950, पृ. 168।
127. भार्गव, पी.एल., *इंडिया इन द वैदिक एज,* लखनऊ, 1956, पृ. 26।
128. डीक्रूज, एडमंड, *सर्वे ऑव वर्ल्ड हिस्ट्री,* पृ. 7।
129. *राविल्सन, इंडिया,* पृ. 53।
130. कीथ, *हिस्ट्री ऑव संस्कृत लिटरेचर,* पृ. 33; *महाभाष्य,* 1.2.72।
131. त्रिपाठी, आर.एस., *हिस्ट्री ऑव एंशियंट इंडिया,* पृ. 245।
132. *महाभाष्य,* खंड, 1 कीलहार्न द्वारा संपादित, 1892, पृ. 52 (1.2.72)।
133. सेंगर, शैलेंद्र, *प्राचीन भारत का इतिहास,* पृ. 298।
134. बागची, पी.सी., तदैव।
135. शास्त्री, के.ए.एन., *आई.एच.क्यू.,* 1938, पृ. 104।
136. शास्त्री, के.ए.एन., *ए कंप्रीहेंसिव हिस्ट्री ऑव इंडिया,* पृ. 766।
137. सैलेतोर, बी.ए., *आई.डी.आर.ई.,* परिशिष्ट-सी; एस.के. मैती, *इकोनोमिक लाइफ ऑव नार्दन इंडिया इन द गुप्ता पीरियड,* पृ. 129-30।
138. तदैव।
139. बील के अनुसार यह क्षेत्र रावी से लेकर सतलुज नदी तक विस्तृत था। *बुद्धिस्ट रिकार्ड्स ऑव दि वेस्टर्न वर्ल्ड,* 2, पृ. 207।

140. *अर्थशास्त्र,* इसका उल्लेख करता है।
141. *महाभारत,* शांति पर्व, 65.13; *मनुस्मृति,* 10.43-44।
142. *महाभारत* (भीष्म पर्व 10.65), इसमें *मरघश्चीनाः* का उल्लेख मिलता है।
143. चीनान्हूणान्शकानोड्रान्यर्वतान्तरवासिनः

—*महाभारत,* सभा पर्व, 147.19; भीष्म पर्व, 10.64-66।

144. बाह्लकचींगनूधारा, *बृहत्संहिता,* 11.61।
145. थपलियाल, यू.पी., *फारेन इलीमेंट्स इन एंशियंट इंडियन सोसाइटी,* पृ. 40।
146. डेविडसन, जे.एल., *इंडियन इंफ्लुएंस ऑन चाइना,* पृ. 455।
147. भार्गव, पुरुषोत्तम लाल, *प्राचीन भारत का इतिहास,* पृ. 493-94।
148. कालिदास, प्रथम अंक, *अभिज्ञान शाकुंतलम।*
149. वाटसन, बर्टन, अनुवाद, *रिकार्ड्स ऑव ग्रेट हिस्टोरियन,* पृ. 236।
150. तस्य चीनैः किरातैश्च कांचनैरिव संवृतम्।
 वभौ वलमनाधृष्यं कर्णिकारवनं यथा।।

—*महाभारत,* उद्योग पर्व 19.15।

151. *मार्कंडेयपुराण,* 48.8; *विष्णुपुराण,* 2.3.8।
152. *बृहत्संहिता,* 13.18।
153. पराशर, अलोका, *म्लेच्छाज इन अरली इंडिया,* पृ. 189।
154. *एपीग्राफिया इंडिका,* वा. 4, पृ. 170, 179।
155. *महाभारत,* 2, 47.12.20।
156. तदैव।
157. *महाभारत,* आदि पर्व, 165.36; *रामायण,* बालकांड, 55.3।
158. *मनुस्मृति,* 10.43.44।
159. *भागवतपुराण,* 2, 4.18।
160. बागची, पी.सी., *कंप्रीहेंसिव हिस्ट्री ऑव इंडिया,* पृ. 764।
161. *चरक संहिता,* 30.316।
162. *मत्स्यपुराण,* 121.45।
163. एस.बील, *बी.आर.ओ.,* डब्ल्यू.,डब्ल्यू, 4, पृ. 486।
164. वार्मिंगटन, ई.एच., *कामर्स बिटवीन रोमन एंपायर एंड इंडिया,* पृ. 46।
165. पांडेय, जयनारायण, *पुरातत्व-विमर्श,* पृ. 420।
166. सेवेल, आर., *जे.आर.ए.एस.,* 1904, पृ. 591।
167. लाल, बी.बी., *इंडियन आर्कियोलॉजी सिंस इंडिपेंडेंस,* पृ. 32-34।
168. व्हीलर, आर.ई. *मार्टीमर, एंशियंट इंडिया,* पृ. 17-124।
169. तदैव।
170. *महाभारत,* सभा पर्व, 28-49।
171. *बृहत्संहिता,* 2.4।
172. औष्णीकानंतवासांश्च रोमकान् पुरुषाद्कान्।

—*महाभारत,* सभा पर्व, 51.17।

173. *मत्स्यपुराण,* 121.47।
174. *बृहत्संहिता* (कर्न द्वारा संपादित), पृ. 241।
175. *बृहत्संहिता,* 2.31।
176. सैलेतोर, बी.ए., *इंडियाज रिलेशनशिप विद द वेस्ट,* पृ. 230-67।
177. *मानव धर्मशास्त्र* पर मेघतिथि एवं कुलुक, 10.32।
178. *महाभारत,* 1, 51.165.35-37।
179. *मानव धर्मशास्त्र,* 10.43.44।
180. *महाभारत,* 5.4.15।।
181. *महाभारत,* 3.188.34.36।
182. *गरुड़पुराण,* 1.15.13।
183. निरूपण विद्यालंकार, *भारतीय धर्मशास्त्र में शूद्रों की स्थिति,* पृ. 119।।
184. *मनु,* 10.43-44।
185. *वायु,* 88.122-25; *ब्रह्मपुराण,* 8.29-32; *हरिवंशपुराण,* 13.30-34 *ब्रह्मांड,* 3.62.120-24, *शिवपुराण,* 7.61.23-25।
186. तदैव।
187. तदैव।
188. *मज्झिमनिकाय,* 1.128।
189. *ब्रह्मांडपुराण,* 2.18.43; *मत्स्यपुराण,* 121.44।
190. अभयदेव की टीका के साथ प्रश्न व्याख्या, सूत्र 4।
191. *महाभारत,* 1.165.35-37।
192. *महाभारत,* 2.27.289।
193. *ऐतरेय ब्राह्मण,* 7.18।
194. मैक्रिंडल, जे.डब्ल्यू., *एंशियंट इंडिया ऐज डिस्क्राइब्ड बाई मेगास्थनीज एंड एरियन,* पृ. 153।
195. तदैव, पृ. 153।
196. *अर्थशास्त्र,* 2.16।
197. *मुद्राराक्षस,* 4.11, पूना, 1923 (इसके अतिरिक्त पूना), 1940, वाराणसी, 1972।
198. *बृहत्संहिता,* 9.15।
199. *मार्कंडेयपुराण,* 105.2.47।
200. *अमरकोश,* 2.10.2।
201. विलियम, मोनियर, 1899, पृ. 1056।
202. डेविड्स, रॉस, पृ. 159।

6. मध्य देश में यवन आक्रमण

पतंजलि के *महाभाष्य*[1] में यवनों द्वारा साकेत और माध्यमिका (चित्तौड़) को घेरने का उल्लेख है। पतंजलि को पुष्यमित्र शुंग का पुरोहित बताया गया है।[2] उसने समकालीन प्रमुख घटनाओं को व्यक्त करने के लिए विशिष्ट काल का प्रयोग किया है। यद्यपि उसने स्वयं इन घटनाओं को नहीं देखा था।[3] *महाभाष्य* में वर्णित हिंद-यवन आक्रमण की अन्य साहित्यिक एवं अभिलेखिक साक्ष्यों से भी पुष्टि होती है।

ततः साकेतमाक्रम्य पांचलान् मथुरा तथा
यवना दुष्ट विक्रांत (:) प्रप्स्यन्ति कुसुमध्वजम्
ततः पुष्पपुरे प्राप्ते कर्दमे प्राथितेहिते
आकुला विषयाः सर्वे भविष्यन्ति न संशयः।

—युगपुराण

गार्गी संहिता का *युगपुराण*[4] खंड उल्लेख करता है—मध्य देश में दुष्ट विक्रांत यवन मथुरा, पांचाल और साकेत को आक्रांत करते हुए कुसुमध्वज (पाटलिपुत्र) पहुंच जाएंगे। उन यवनों के पुष्पपुर (पाटलिपुत्र पहुंच जाने पर सर्वत्र रक्त कीचड़ फैल जाएगा) और सब विषय (प्रांत) असंदिग्ध रूप से अव्यवस्थित हो जाएंगे।

डी. आर. मनकड ने *युगपुराण* की उक्त पंक्तियों का पाठ निम्न प्रकार किया है—

ततः साकेतमाक्रम्य पांचाला मथुरा (स) तथा
यवनाश्च सुविक्रांताः प्राप्स्यंति कुसुमध्वजम्
ततः पुष्पपुरे प्राप्ते कर्दमे प्राथितेहिते
आकुलाः विषयाः सर्वे भविश्यन्ति न संष्यः।

—युगपुराण

प्रो. मनकड के अनुसार उक्त पाठ का अर्थ है कि यवनों ने मथुरा एवं पांचाल के साथ मिलकर एक संघ बनाया और तीनों ने एक साथ साकेत पर आक्रमण कर दिया।

गार्गी संहिता के उपर्युक्त उद्धरण से ज्ञात होता है कि यवनों ने पांचाल मथुरा और साकेत को आक्रांत करने के बाद पाटलिपुत्र को घेर लिया। *गार्गी संहिता* के उक्त उल्लेख के संबंध में प्रायः दो निष्कर्ष निकाले जाते हैं। प्रथम मथुरा और पांचाल यवन आक्रमणकारियों के साथ थे[5] तथा दूसरा यह कि मथुरा और पांचाल को भी यवनों ने पराजित किया।[6] विद्वानों ने इस सूचना को यवनों द्वारा शुंग राज्य पर आक्रमण के रूप में स्वीकार किया है।[7] संभवतः कुछ समय तक पाटलिपुत्र पर उनका घेरा बना रहा। परिणामतः यवनों के अत्याचार से लोग त्रस्त हो गए और चारों ओर अराजकता व्याप्त हो गई।

पतंजलि ने यवनों के इस आक्रमण का आद्यतन भूतकाल (लङ्) के उद्धरण के रूप में इस प्रकार उल्लेख किया है : *अरुणद् यवनः साकेतम्, अरुणद् यवनों माध्यमिकाम्*[8] अर्थात यवनों ने साकेत पर अधिकार किया। यवनों ने माध्यमिका (चित्तौड़ के समीप नगरी) पर अधिकार किया। एक अन्य स्थान पर पतंजलि ने वर्तमान काल (लट्) का उदाहरण देते हुए 'इह पुष्यमित्र याजयामः'[9] का उल्लेख किया है जिसका अर्थ है कि यहां मैं पुष्यमित्र के लिए यज्ञ कर रहा हूं। पतंजलि के दोनों उद्धरणों से ज्ञात होता है कि पतंजलि पुष्यमित्र शुंग के समकालीन थे और यवन आक्रमण पुष्यमित्र शुंग के अश्वमेध यज्ञ से पहले, लेकिन बहुत पहले नहीं हुआ था। कुछ विद्वानों[10] का मानना है कि पतंजलि के उक्त उद्धरण पूर्ववर्ती विद्वानों द्वारा दिए गए विवरणों से उद्धृत किए गए प्रतीत होते हैं।

गार्गी संहिता के *युगपुराण* एवं पतंजलि के *महाभाष्य* में यवनों द्वारा विजित प्रदेशों में साकेत को अधिकृत करने के उल्लेख से प्रतीत होता है कि इन दोनों स्रोतों में एक ही यवन आक्रमण का उल्लेख है।[11] *महाभाष्य* सूचना देता है कि यवनों का आक्रमण पुष्यमित्र शुंग के यज्ञ से कुछ पहले हुआ था और दूसरी ओर *युगपुराण* इसका उल्लेख शलिशुक मौर्य के शासन के उपरांत करता है। *हर्षचरित*[12] का बलदर्शन *व्यपदेशदर्शितासेषसैन्यः* संभवतः पाटलिपुत्र में यवनों की उपस्थिति का परिचायक है। सैन्य निरीक्षण करने के उपरांत बृहद्रथ मौर्य ने संभवतः आक्रमणकारी यवनों का सामना करने में असमर्थता प्रकट करने पर दुष्ट यवनों से देश की रक्षा के लिए सेनापति पुष्यमित्र शुंग ने उसकी हत्या कर दी होगी।

युगपुराण पतंजलि के *महाभाष्य* एवं *हर्षचरित* के सम्मिलित साक्ष्यों से ज्ञात होता

है कि यवनों का आक्रमण बृहद्रथ मौर्य के शासन के अंतिम दिनों में हुआ था और उस समय पुष्यमित्र, मौर्य सेना का सेनापति था।

महाभाष्य एवं *गार्गी संहिता* दोनों ही किसी यवन आक्रमणकारी के नाम की चर्चा नहीं करते हैं। यद्यपि इस विषय में बहुत मत-मतांतर हैं किंतु इस बात पर सभी एकमत हैं कि आक्रमणकारी बैक्ट्रियन यूनानी था। बैक्ट्रिया के यूनानी मूल रूप में सेल्युकस के सीरियाई (तथा पश्चिमी एशियाई) साम्राज्य के नागरिक थे। स्ट्रैबो, जस्टिन तथा ट्रोगस के विवरण से ज्ञात होता है कि "जिस समय सेल्युकस के उत्तराधिकारी ई. पू. की तीसरी शताब्दी के मध्य अपने साम्राज्य के पश्चिमी भागों में व्यस्त थे, बैक्ट्रिया के एक हजार नगरों के राज्यपाल डियोडोटस ने विद्रोह कर दिया और स्वयं शासक बन बैठा।" जस्टिन के अनुसार उसका पुत्र ही डियोडोटस द्वितीय के नाम से उसका उत्तराधिकारी बना। इस व्यक्ति ने अर्सकीज के साथ गठबंधन किया था, जिसने प्रायः उसी समय (247 ई.पू.) उत्तरी ईरान के पार्थिया नामक प्रांत पर स्वतंत्र राज्य स्थापित कर लिया था।[13]

डायोडोटस द्वितीय का उत्तराधिकारी यूथेडेमस था। स्ट्रैबो का कथन है कि यूथीडेमस तथा उसके उत्तराधिकारियों ने ही बैक्ट्रिया तथा उसके समीपवर्ती भू-भाग में विद्रोह कराया था। पोलिबियस का कहना है कि एंटियोकस तृतीय (223-187 ई.पू.) ने इन प्रांतों को पुनः प्राप्त करने का प्रयास किया, परंतु अंततोगत्वा उसने भी यूथीडेमस से संधि कर ली। स्ट्रैबो ने आगे कहा है–'एंटियोकस महान ने यूथीडेमस के पुत्र डेमेट्रियस का स्वागत किया और यह देखा कि व्यक्तित्व, तौर-तरीके तथा बातचीत से वह राज सम्मान का अधिकारी प्रतीत होता था, एंटिओकस ने अपनी एक लड़की[14] से उसका विवाह कराने का वचन दिया तथा उसके पिता को राजकीय उपाधि प्रदान की। उसके बाद उसने एक लिखित संधि की तथा संधि की शर्तों पर शपथ ले ली। उसके बाद अपनी सेना को सुसंगठित किया और यूथीडेमस से हाथियों का उपहार स्वीकार किया। इसके बाद वह काकेसस, अर्थात हिंदुकुश को पार करके भारत पहुंचा। यहां पर तत्कालीन भारतीय नरेश सुभगसेन (सोफागेसेनस) से संधि की और उससे भी हाथियों का उपहार स्वीकार किया। इस प्रकार उसने 150 हाथी एकत्रित किए। अब अपनी सेना को एक बार पुनः संगठित कर वह विजय यात्रा पर निकला। उसने भारत में उपहार स्वरूप मिले खजाने को अपने देश ले जाने का काम एंड्रोस्थनीज के जिम्मे कर दिया।

एंटिओकस महान की इस विजय यात्रा के बाद बैक्ट्रियन यूनानियों ने भी हिंदुकुश

के दक्षिण के भू-भाग को अपने राज्य में मिलाने का प्रयास किया। स्ट्रैबो के कथनानुसार बैक्ट्रिया में विद्रोह करने वाले यूनानी इतने अधिक शक्तिशाली हो गए कि वे एरियाना और भारत के स्वामी हो गए। आर्टेमिटा के अपोलोडोटस का भी यही मत है। उसके सेनापति मिनांडर ने सिकंदर महान से अधिक भू-भागों पर कब्जा किया था। उसकी विजयों में से कुछ तो मेनांडर ने स्वयं की थी और कुछ बैक्ट्रियन राजा यूथेडेमस के पुत्र डेमेट्रियस ने की थी।[15] अतः कुछ विद्वान[16] यवनों के इस आक्रमण का श्रेय मिनांडर को देते हैं और कुछ डेमेट्रियस को।

एक मत[17] के अनुसार *युगपुराण* की तिथि अनिश्चित है इसलिए इस ग्रंथ को शुंग काल में तथाकथित यवन आक्रमण की जानकारी के स्रोत के रूप में प्रयुक्त करना त्रुटिपूर्ण है। विशेषकर जब इसमें किसी शुंग प्रतिरक्षक का उल्लेख नहीं है। उनके अनुसार शुंग काल में यवन आक्रमण को रखने के विरोध में निम्न आपत्तियों पर विचार किया जा सकता है।

(क) *गार्गी संहिता* की तिथि अनिश्चित है। इसमें *महाभारत* के चरित्रों का उल्लेख है। अतः स्वाभाविक है कि यह महाभारत के बाद लिखा गया होगा।[18] प्रो. साही[19] ने *गार्गी संहिता* की आंतरिक साक्ष्यों के आधार पर तिथि निर्धारण करने का प्रयास किया है। इसमें एक भयंकर अकाल की घटना का विवरण दिया गया है, जिसे विद्वानों ने शुंग काल की घटना माना है। इस अकाल की अवधि में बड़े पैमाने पर जनसंख्या विस्थापित हुई। यह घटना 102 ई.पू. से 90 ई.पू. के मध्य घटित हुई। साही का विचार है कि इस कृति में उल्लिखित अंतिम राजनीतिक घटना शुंगों द्वारा शिप्रा नदी के तट पर अधिकार करना है, यदि वह स्थान उज्जैन है तो घटना 101 ई.पू. में हुई होगी। अतः यह ग्रंथ शकों के काल से संबद्ध है। जॉन मिचनर ने इस ग्रंथ की तिथि 25 ई.पू. निर्धारित की है।

(ख) इसमें शुंगों तथा पुष्यमित्र के नाम से कोई भी स्वतंत्र उल्लेख नहीं है और न ही यवन आक्रमण के प्रतिवादियों का। इस ग्रंथ में ब्राह्मणवादी धार्मिक क्रियाकलापों के पुनरुत्थान जैसे अश्वमेध यज्ञ करना, ब्राह्मण धर्म की पुनर्स्थापना करना अथवा मध्य देश से आक्रमणकारियों को पुनः बाहर करने का भी कोई विवरण नहीं दिया गया है।

(ग) वस्तुतः *युगपुराण* में वर्णित ऐतिहासिक घटनाओं को प्रो. नेगी ने एक त्वरित

कथानक की संज्ञा दी है। इस वर्णन में मगध के बहुत से महत्वपूर्ण राजाओं अजातुशत्रु, नंद, चंद्रगुप्त और अशोक को छोड़कर विभिन्न अज्ञात राजाओं (जैसे अमलठ, गोपाल, पुष्यक इत्यादि) का उल्लेख मिलता है, जिनके बारे में अन्य स्रोतों से कुछ भी ज्ञात नहीं होता है। इस ग्रंथ का कालक्रम संदिग्ध है, क्योंकि शिशुनाग को उदायिन से पहले बताया गया है जबकि वास्तव में उदायिन शिशुनाग के बाद हुआ था। मनकड द्वारा *युगपुराण* के आधार पर पुनः निर्धारित कालक्रम किसी को स्वीकार्य नहीं है। इसलिए इसे शुंग काल के इतिहास के लिए प्रामाणिक ग्रंथ नहीं माना जा सकता है।

(घ) *युगपुराण* की सभी पांडुलिपियां आक्रमण के प्रसंग की पंक्तियों में 'यवन' शब्द के पठन में एकमत नहीं हैं। दूसरे कालांतर में 'यवन' शब्द विदेशियों और निम्न लोगों को इंगित करने के लिए साधारण शब्द बन गया था और इसका केवल यूनानियों से अभिप्राय नहीं था।

भारतीय साहित्य एवं विदेशी विवरणों में डेमेट्रियस का उल्लेख तथा पश्चिमोत्तर भारत से प्राप्त उसके सिक्के आदि इस संदर्भ में विशेष महत्व के प्रतीत होते हैं। *गार्गी संहिता* के *युगपुराण* खंड में धर्ममीत का उल्लेख मिलता है।[20] के.पी. जायसवाल ने इस ग्रंथ के धर्ममीत को डेमेट्रियस या दिमित का रूपांतर माना है।[21] पतंजलि के *महाभाष्य* में दत्तमित्र नामक नगर का उल्लेख है। टीकाकार कमदीश्वर के व्याकरण से ज्ञात होता है कि सौवीर क्षेत्र में दत्तामित्रि नामक नगर की स्थापना दत्तमित्र ने की थी। संभवतः दत्तमित्र संस्कृत दिमित्रियस का ही रूपांतर है। दिमित्रियस का दत्तमित्र के रूप में उल्लेख *महाभारत* में भी मिलता है।[22] *महाभारत* में उल्लिखित 'यवनाधिप' एवं दत्तमित्र के संदर्भ यवनराज दिमित्रियस के सूचक हैं।[23] नासिक अभिलेख में उत्तर के एक योनक का उल्लेख है जो दत्तमित्र नामक नगर का रहने वाला था।[24] चारक्स के इसीडोर के विवरण में अराकोशिया के एक नगर का नाम 'दिमित्रियापोलिस' मिलता है। एरियन एवं टॉलमी के वृत्तांतों से पता चलता है कि दिमित्रियस ने पंजाब में यूथेडेमिया नामक नगर की स्थापना की थी।[25] यूथेडेमिया का पहचान साकल के साथ की जाती है।[26] जो *मिलिंदपञ्ह* के अनुसार मिनांडर की राजधानी थी।

बेसनगर से प्राप्त एक मुद्रा पर किसी राजा त्रिमित्र का उल्लेख है।[27] भंडारकर ने त्रिमित्र की पहचान डेमिट्रियस से की है।[28] डेमेट्रियस के बहुत से चांदी एवं सोने के

सिक्के उत्तर-पश्चिम भारत के विविध क्षेत्रों से मिले हैं।[29] इनमें कुछ सिक्कों पर यूनानी खरोष्ठी दोनों भाषाओं में लिखा गया है।[30] डेमेट्रियस के कुछ सिक्के बैक्ट्रिया के सिक्कों से बिलकुल भिन्न हैं तथा उसके अग्रभाग पर यूनानी भाषा में 'बसीलियस अनिकेतो दिमित्रियस' उत्कीर्ण है और उनके पृष्ठ भाग पर खरोष्ठी भाग में 'महाराजस अपरिजितस दिमित्रियस' अंकित है।[31]

यूनानी वृत्तांतों[32] में डेमेट्रियस को भारत का राजा कहा गया है। अर्तमिता के 'अपोलोडोटस' के आधार पर स्ट्रेबो ने उल्लेख किया है कि बैक्ट्रिया के यवन एरियाना (पारसीक साम्राज्य का पूर्वी भाग) और भारत के स्वामी हो गए। उसने यह भी लिखा है कि बैक्ट्रिया के यवन मुख्यतः मिनांडर ने एलेक्जेंडर से अधिक प्रदेशों को जीता। यह विजय अंशतः मिनांडर और अंशतः यूथेडेमस के पुत्र डेमेट्रियस द्वारा की गई थी।[33] ट्रोगसपांपियस ने यवनों की भारत विजय के संबंध में अपोलोडोटस एवं मेनांडर का उल्लेख किया है। टार्न के अनुसार स्ट्रेबो एवं ट्रोगसपांपियस के साक्ष्य एकांतिक नहीं वरन समावेशिक हैं।[34] इस आधार पर रैप्सन ने यह मत प्रतिपादित किया कि डेमेट्रियस, अपोलोडोट्स तथा मिनांडर एक दूसरे के समकालीन थे तथा वे यूथेडेमस परिवार से संबंधित थे।[35] टार्न के अनुसार डेमेट्रियस के भारतीय अभियान में मेनांडर और अपोलोडोटस उसके सहयोगी तथा सेनापति थे।[36] उनका कहना है कि डेमेट्रियस के भारतीय अभियान के निश्चित रूप से दो मार्ग थे। एक मार्ग से उसकी सेना मेनांडर के नेतृत्व में पंजाब, दिल्ली एवं गंगा घाटी में मौर्य साम्राज्य की राजधानी पाटलिपुत्र पहुंची[37] तथा दूसरे मार्ग से उसकी सेना सिंधु नदी के निचले मुहाने से होते हुए सिंधु सौवीर एवं माध्यमिका तक गई, स्वयं डेमेट्रियस ने अपोलोडोटस के साथ इस सेना का नेतृत्व किया था।[38]

डेमेट्रियस के बाद हिंद-यवन राज्य का विघटन एक ऐतिहासिक तथ्य माना जा सकता है। भारत में दो यूनानी विरोधी राज्यों का होना तथा उसका विघटन विभिन्न प्रमाणों से भी प्रभावित होता है। पुराणों में कहा गया है धार्मिक भावना या शक्ति प्रभाव से यवन लोग राजा होंगे किंतु उनका विधिवत राज्याभिषेक नहीं होगा। वे लोग समाज में व्याप्त भ्रष्टाचार का लाभ उठाकर भ्रष्ट रीति-रिवाजों का पालन करेंगे और स्त्रियों, शिशुओं एवं दूसरों की हत्या ही कलियुग के अंत में राजाओं का कार्य रह जाएगा।[39]

भविष्यन्तिः यवना धर्मतः कामतोऽर्थतः
नैवमूर्धाभिष्क्तास् ते भविष्यन्ति नराधिपाः
योगदोष-दुराचारा भविष्यन्ति नृपास्तु ते
स्त्रीनाम् बाल-वर्धनेव हत्वा चैव परस्परम्।

युगपुराण से पता चलता है कि यवन मध्य देश में अधिक समय तक नहीं रुक सके।[40] *युगपुराण* के अनुसार युद्ध दुर्दम यवन मध्य देश में नहीं ठहरेंगे। उनमें परस्पर युद्ध प्रारंभ हो जाएंगे और यह गृहयुद्ध परम दारुण एवं अत्यंत दुखप्रद होगा। *युगपुराण* में उल्लिखित 'आत्मचक्रोत्थितं घोर युद्धपरमदारुणम्' का तात्पर्य संभवतः यूक्रेटाइडिस एवं डेमेट्रियस के बीच हुए घोर युद्ध से है।[41] परिणामतः भारी संख्या में यवन सैनिकों को मध्य देश के अपने अधिकृत प्रदेशों को छोड़कर जाना पड़ा होगा। पुष्यमित्र शुंग ने बैक्ट्रिया में यूक्रेटाइडिस के विद्रोह एवं सामरिक गतिविधियों से उत्पन्न राजनीतिक अशांति का लाभ उठाकर मध्य देश में बचे हुए यवनों का डटकर सामना किया और उन्हें सिंध के पश्चिम में जाने के लिए विवश कर दिया। *दिव्यावदान*[42] में उनके साकल तक जाने का उल्लेख इस तथ्य की पुष्टि करता है।

कालिदास का नाटक *मालविकाग्निमित्रम्* सूचना देता है कि पुष्यमित्र शुंग को अपने शासन के अंतिम दिनों में भी यवनों से संघर्ष करना पड़ा था। इस ग्रंथ के अनुसार पुष्यमित्र शुंग के पौत्र वसुमित्र एवं यवनों का संघर्ष सिंधु नदी के दक्षिणी तट पर हुआ था। इस ग्रंथ में उल्लेख है कि पुष्यमित्र के अश्वमेध अश्व को यवन सैनिकों ने पकड़ लिया था परिणामस्वरूप दोनों पक्षों में युद्ध हुआ।[43] इस संघर्ष में वसुमित्र की विजय हुई। उसने यवन सैनिकों को पराजित कर अश्व को मुक्त करा लिया।[44] कालिदास के *मालविकाग्निमित्रम्*[45] के उपर्युक्त साक्ष्य की पुष्टि कौशांबी से प्राप्त उस मिट्टी की मुद्राछाप से भी होती है जिसमें मिनांडर को 'मिलिंद' कहा गया है।[46] मिलिंद नाम का उल्लेख शुंगकालीन *मिलिन्दपञ्ह* में मिलता है। बौद्ध 'थेर' में इसे नागसेन का समकालीन कहा गया है। *अवदान कल्पलता* में 'क्षेमेंद्र' शब्द का अर्थ भी मिनांडर के अर्थ में माना जाता है। यह उसके राज्य विस्तार का एक प्रमाण तो उसके समय के सिक्के भी हैं जो कि पश्चिम में काबुल तक और पूर्व में मथुरा तक पाए गए हैं। प्लूटार्क के अनुसार मिनांडर के राज्य में अनेक नगर थे। बाजार अवशेषों से स्पष्ट होता है कि उसका राज्य पश्चिम की ओर काफी विस्तृत था। प्रो. जी.आर. शर्मा के अनुसार रेह अभिलेख मिनांडर के नाम का उल्लेख करता है। रेह अभिलेख को मिनांडर

का मानने तथा मिनांडर द्वारा भारत में (अभिलेख के गंगा घाटी में प्राप्ति के स्थान) रेह तक अभियान करने के दो तर्क परस्पर समर्थन के रूप में प्रयुक्त किए जाते हैं। टी.पी. वर्मा[47] के अनुसार रेह अभिलेख लिपि के आधार पर परवर्ती काल से संबंधित प्रतीत होता है।

हाथीगुंफा अभिलेख में डेमेट्रियस नाम का उल्लेख तथा उसे मध्य देश पर आक्रमण करने वाला माना जाता है। इस संदर्भ में दिमित (त्रिमित्र) जिसका समीकरण डेमेट्रियस से किया गया है, को स्वीकार करना बहुत संदिग्ध है तथा ज्यादातर विद्वानों द्वारा अस्वीकृत है।[48]

धनदेव के अयोध्या अभिलेख में पुष्यमित्र के अश्वमेध यज्ञ के उल्लेख को *मालविकाग्निमित्रम्* की कथा से जोड़ने पर यह प्रस्ताव रखा गया है कि एक अश्वमेध यज्ञ यवनों की पराजय के पश्चात हुआ था लेकिन यज्ञ को यवन आक्रमण के परिणाम के रूप में नहीं दिखाया गया है।[49]

हेलियोडोरस का बेसनगर (विदिशा) स्तंभ अभिलेख यवनों के साथ शत्रुता का कोई संकेत नहीं देता वरन् पुष्यमित्र के उत्तराधिकारियों तथा यवनों के मध्य निकटता का संकेत देता है।[50]

उपरोक्त उल्लेखों के आधार पर कहा जा सकता है कि शुंग शासनकाल में यवन आक्रमण हुआ था। हिंद-यवनों की गंगा घाटी क्षेत्र में सक्रियता के कारण ही अनेक स्रोतों में उनका उल्लेख किया गया है। हो सकता है कि कुछ यवन भारत में बसने के लिए आ रहे हों परंतु यह केवल छोटी संख्या के लिए ही संभव है। बड़ी संख्या में पलायन तभी हो सकता था जबकि उसका उद्‌देश्य विस्तार तथा नगरों का बसना (जैसे सिकंदर ने ठोस नेतृत्व एवं ताकतवर पृष्ठभूमि के साथ किया) हो। स्ट्रेबो की जानकारी के स्रोतों में व्यापारी, दूत तथा यात्री थे।[51] यवन जहां एक ओर सैनिकों के रूप में वहीं दूसरी ओर व्यापारियों, दूतों तथा यात्रियों के रूप में भी पाटलिपुत्र तथा भारत के आंतरिक भागों तक पहुंचे। स्ट्रेबो का यह मानना है कि हिंद-यवनों ने भारत में कोई दूरगामी विजय नहीं प्राप्त की, यद्यपि उन्होंने अतिक्रमण की कोशिश अवश्य की थी। सबसे दूर तक यूनानी विजय स्ट्रेबो के काल तक सिकंदर द्वारा की गई थी। मेनांडर के रावी नदी को पार करने में स्ट्रेबो को संदेह था। मध्य देश में हिंद यवन आक्रमण को स्ट्रेबो का कथन खंडित करता है। पुष्यमित्र ने पूर्वोत्तर भारत को साम्राज्य के रूप में अपनी राजसत्ता के अधीन जोड़ने का प्रयत्न शुरू किया था। यद्यपि उसके उत्तराधिकारी अग्निमित्र के साथ ही उनके राज्य की सीमाएं सिकुड़ गईं तथा उनका

अधिकार विदिशा तक सीमित रह गया। गंगा घाटी में बहुत से स्वतंत्र राज्य अस्तित्व में आ गए। यदि कोई आक्रमण होता तो वह अभियान अनेक छोटे राज्यों से संघर्ष के पश्चात ही उन तक पहुंच सकता था। उनके समकालीन हिंद-यवनों की शक्ति से क्षीण हो रही थी। वह अपनी पूर्वोत्तर सीमा पर बढ़ते यू-ची प्रभाव के कारण कठिन समय व्यतीत कर रहे थे। हिंद-यवनों में ताकत एवं नेतृत्व का अभाव था और इसी कारण वे अपने छोटे प्रदेशों तक ही सीमित थे। यहां तक कि मिनांडर जो कि शक्तिशाली शासक था, विरोध एवं असुरक्षा महसूस कर रहा था। शुंगों के काल में हिंद-यवन आक्रमण की घटना पर जोर देना ठीक नहीं और यदि स्रोतों के आधार पर मान भी लिया जाए तब भी यह शुंगों के पतन के कुछ समय पश्चात हुए शकों और कुषाणों के आक्रमण माने जा सकते हैं।[52]

संदर्भ

1. *महाभाष्य,* 3, 2, 111 *'अरुणद् यवनः साकेतम् अरुणद् यवनो माध्यमिकाम'*।
2. *'इह पुष्यमित्र याजयामः,'* तदैव।
3. *'परीक्षे च लोके विज्ञाते प्रयोक्तु दर्शन विषय',* तदैव।
4. जायसवाल, के.पी., 'हिस्टॉरिकल डाटा इन गार्गी संहिता एंड द ब्राह्मण एंपायर', *जे.बी.ओ.,* वा.-14, 1928, पृ. 402।
5. *युगपुराण* का आलोचनात्मक पाठ, *जर्नल ऑव यूनाइटेड प्रॉविंसेस हिस्टॉरिकल सोसाइटी,* अंक 20, 1947, पृ. 32-36।
6. नारायण, ए.के. महोदय इस मत के प्रबल समर्थक हैं, *इंडो-ग्रीक्स,* पृ. 82-83 एवं 174-79।
7. देखें, जॉन मिचनर, *द युगपुराण* (कलकत्ता, 1986), मनकड़, *जे.यू.पी.एच.सी.एस.,* 1947, खंड-20, नारायण, पूर्व निर्दिष्ट, पृ. 174-79।
8. *महाभाष्य,* 3.2.111।
9. तदैव, 3.2.123।
10. रायचौधरी, हेमचंद्र, *पालिटिकल हिस्ट्री ऑव एंशियंट इंडिया,* पृ. 336।
11. घोष, एन.एन., *द जर्नल ऑव गंगा नाथ झा, रिसर्च इंस्टीट्यूट,* इलाहाबाद, खंड-4, 1946, पृ. 45-60।
12. इ.बी. कावेल एंड एफ.डब्ल्यू. टॉमस, *द हर्षचरित ऑव बाण,* पृ. 193।
13. स्मिथ, वी.ए., *द अर्ली हिस्ट्री ऑव इंडिया,* पृ. 210, जी.आर.शर्मा, *रेह इंसक्रिप्शन ऑव मेनांडर एंड द इंडो-ग्रीक इंवेजन ऑव गंगा वैली,* पृ. 9, 10, 52-103।
14. रायचौधरी, हेमचंद्र, *प्रा. भारत का राजनैतिक इतिहास,* पृ. 277।
15. रायचौधरी, हेमचंद्र, तदैव, पृ. 277।
16. रायचौधरी, हेमचंद्र, तदैव, पृ. 277-78। जायसवाल, के.पी., *जे.बी.ओ.आर.एस.,* वा. 14, पृ. 417, डी.आर. भंडारकर, *इंडियन एंटीक्वेरी,* 11, 1991, पृ. 11, नं. 5, डी.सी. सरकार

'द एकाउंट ऑव यवनाज इन द युगपुराण, *जे.आर.ए.एस.* 1963, पृ. 13, सुरेश चंद्र राय, *शुंग राजवंश और उनका काल, एक पुरातात्विक अध्ययन,* 1989, पृ. 92।

17. सिंह, अभय कुमार, *मौर्यन एंड शुंगन स्टडीज,* नई दिल्ली, 1992, पृ. 111 व आगे।
18. सिंह, ए.के., शुंग साम्राज्य और हिंद यवन आक्रमण : एक साक्ष्यीय अवलोकन, *प्रोसीडिंग्स ऑव यू.पी.हिस्ट्री कांग्रेस,* छठा अधि., पृ. 92-93।
19. शाही, डी.एन., *पी.आई.एच.सी.,* 32वां सम्मेलन, 1970, खंड-1, पृ. 161, 171 तथा मिचनर पूर्वोधृत।
20. *धर्मयीततामा वृद्धा छनं भोक्ष्यंति निर्भर्याः।*
    यवना ज्ञापयिष्यन्ति (नष्यरेन) च पर्थिवा।।
    —जॉन मिचनर, *दी युगपुराण* (कलकत्ता, 1986)।
21. जायसवाल, के. पी., हिस्टॉरिकल डाटा इन द गार्गी संहिता एंड द ब्राह्मण इंपायर, *जो.बी.ओ.आर.एस.*-2, वा.-9, पृ. 397।
22. *महाभारत,* 1.139.21-23।
23. रायचौधरी, हेमचंद्र, *पालिटिकल हिस्ट्री ऑव एंशियंट इंडिया,* पृ. 340।
24. तदैव।
25. शास्त्री, के.ए. नीलकंठ, *ए कंप्रिहेंसिव हिस्ट्री ऑव इंडिया,* वा.-2, पृ. 152।
26. *इंडियन एंटीक्वेरी,* 1884, पृ. 349-50।
27. *आर्कियोलॉजिकल सर्वे ऑव इंडिया,* एनुअल रिपोर्ट, 1914-15, पृ. 77-78।
28. भंडारकर, डी.आर., *ए.एस.आई.ए.आर.* 1914-15, पृ. 78।
29. *ए कंप्रिहेंसिव हिस्ट्री ऑव इंडिया,* वा.-2, पृ. 15।
30. तदैव।
31. तदैव।
32. बैबर, ए.डी. 'द डेथ ऑव यूक्रेटाइडिज इन मेडीवल ट्रेडिशन', *जे.आर.ए.एस.,* 1950, पृ. 7-13।
33. रायचौधरी, हेमचंद्र, *पो.हि.आ.ए.इ.,* पृ. 338, डब्ल्यू.डब्ल्यू. टार्न, *द ग्रीक्स इन बैक्ट्रिया एंड इंडिया,* पृ. 143-144।
34. टार्न, डब्ल्यू.डब्ल्यू., *द ग्रीक्स इन बैक्ट्रिया एंड इंडिया,* पृ. 141-142।
35. रैप्सन, इ.जे., *द कैंब्रिज हिस्ट्री ऑव इंडिया,* वा. 1, *एंशियंट इंडिया,* खंड-1, पृ. 460।
36. टार्न, डब्ल्यू.डब्ल्यू., तदैव, पृ. 140।
37. तदैव।
38. तदैव, पृ. 140-43।
39. पार्जिटर, डायनेस्टीज ऑव द कलि ऐज, पृ. 56-74।
40. *मध्य देशे न स्थास्यन्ति यवना युद्धदुर्मुदाः*
    तेशा चोन्य-संभाव भविष्यन्ति न संशयः
    आत्मचक्रोत्थितं घोर युद्धं परमदारुणम्।।
    —जानॅ मिचनर, *दी युगपुराण* (कलकत्ता, 1986)।
41. जायसवाल, के.पी., पूर्व निर्दिष्ट, पृ. 403।

42. कावेल एवं बील, *दिव्यावदान,* पृ. 433-34।
43. टार्न, डब्ल्यू.डब्ल्यू., तदैव, पृ. 166-67, इ.जे. रैप्सन, तदैव, पृ. 401 और 491।
44. *योऽसो राजयज्ञदीक्षितेनमया राजपुत्र शतपरि वृतंव सुमित्रं*
गोप्तारमादिश्य वत्सरोपाज्ञनियमो रिर्गलस्तुरंगो
विसृष्टः स सिंयोर्दक्षिणरोधसि, चरन्न खानीकेव
यवनेन प्रार्थितः। तत उभयोः सेनयोर्म हानासीत्संमर्दः।
—मालविकाग्निमित्रम्, अंक 5।
45. *ततः पराजित्य वसुमित्रेण धन्विना।*
प्रसह्य हियमाणो में वाजिरा जो निर्वार्तितः।।
—मालविकाग्निमत्रम्, अंक 5.15।
46. टंडन, आर.सी., "*ए कमेमोरेटिव शुंग सीलिंग फ्राम कौशंबी", द जर्नल ऑव न्यूमिसमैटिक सोसाइटी ऑव इंडिया,* वा.-33, प्लेट-1, (1971) पृ. 29-32, प्लेट-2, आकृति 1 एवं 2, एस.एल.कटारे, द शुंग सीलिंग फ्राम कौशांबी, *जे.एन.एस.आई., वा.-34, प्लेट-1,* पृ. 9-14; एम.के. धावलिकर 'आन द डेट ऑव द कौशांबी सीलिंग, *जे.एन.एस.आई., वा. 33,* प्लेट-1, 1971, पृ. 33-36।
47. वर्मा, टी.पी. का लेख, नरसिंह, मूर्ति और राव द्वारा संपा. *रंगावली,* दिल्ली, 1883, पृ. 77-80।
48. सिंह, ए.के., तदैव, पृ. 96।
49. सिंह, ए.के., तदैव, पृ. 97।
50. तदैव।
51. टार्न, डब्ल्यू.डब्ल्यू., *द ग्रीक्स इन बैक्ट्रिया एंड इंडिया,* पृ. 143-44।
52. सिंह, ए.के., तदैव।

7. कालयवन

हरिवंश' में उल्लेख है कि एक बार संपन्न मथुरा नगरी पर दोनों ओर से शत्रुओं ने आक्रमण कर दिया। पूर्व की ओर से मगध नरेश जरासंध ने अपने क्षेत्र के असभ्य किरातों और अन्य बर्बर जातियों के साथ आक्रमण किया। वह एक सौ से अधिक राजाओं की बलि देने के लिए बड़ी संख्या में राजाओं को बंदी बनाना चाहता था। ठीक दूसरी ओर से उसी समय हिंसक कालयवन की सेना ने मथुरा पर आक्रमण किया। उसकी सेना में शक, तुषार, दरद, पह्लव और बर्फीले पर्वतीय क्षेत्रों के खूंखार दस्यु सम्मिलित थे। कालयवन की सेना मथुरा के आसपास टिड्डी दल की तरह फैल गई। उनके चरणों की चपलता से उड़ने वाली धूल ने सूर्य को ढंक दिया। उनके असंख्य अश्वों के मलमूत्र के बहाव से तेज धार वाली नदी बहने लगी।

आक्रमणकारी कालयवन के माता-पिता पूर्णतया भारतीय थे किंतु उसका पालन-पोषण यवन राजा के महल में हुआ था। यवन राजा के कोई पुत्र नहीं था। अतः उसने अपनी अप्सरा पत्नी को गार्ग्य ऋषि के पास भेज दिया। ऋषि के संसर्ग से अप्सरा को कालयवन नामक पुत्र उत्पन्न हुआ। वृद्ध यवन राजा उक्त घटना से तनिक भी कुपित नहीं हुआ क्योंकि उसे ज्ञात था कि गार्ग्य ऋषि को शिव के वरदान से एक प्रतापी पुत्र प्राप्त होगा। शिशु को राजमहल में एक यवन की तरह पाला गया। कालयवन ने अपने राज्याभिषेक के समय विजेता बनने की इच्छा प्रकट की। विजय यात्रा के लिए स्थानों की खोज में उसकी दृष्टि मथुरा पर पड़ी और इस तरह उसने मथुरा पर आक्रमण कर दिया।

कालयवन मथुरा प्रमुख से स्वयं युद्ध करना चाहता था। अतः अवसर पाते ही रणक्षेत्र में वह कृष्ण के पीछे झपटा। कृष्ण ने पीछे हटते हुए मैदान छोड़कर भागना प्रारंभ कर दिया। भागकर उन्होंने एक गुफा में शरण ली। जहां उनके पीछे-पीछे

कालयवन भी पहुंच गया। इसी गुफा में मुचकुंद ऋषि एक दैवीय वरदान के कारण चिरनिद्रा में थे। उन्हें शाप मिला था कि जब भी उन्हें कोई उठाएगा तो वह नष्ट हो जाएगा। क्रोधित कालयवन ने सोए हुए ऋषि को जैसे ही लात मारकर उठाया वैसे ही मुचकुंद ऋषि की दृष्टि कालयवन पर पड़ी और वह भस्म हो गया। इस प्रकार कालयवन के अंत की कथा का प्रामाणिक वर्णन *हरिवंश* में मिलता है। आलोचनात्मक संस्करण के संपादक के अनुसार इस घटना का समय ठीक गुप्तकाल से पूर्व 300 ई. के लगभग है।[2]

उक्त कथा मथुरा पर किसी ऐतिहासिक आक्रमण की घटना प्रतीत नहीं होती है। यवनों के साथ मथुरा का संबंध सर्वविदित है। यवनों और मगध के शासकों ने कम से कम एक बार मथुरा पर आक्रमण जरूर किया था और उसे जीता भी था। परंतु जरासंध और कालयवन के बीच कोई संधि हुई होगी ऐसा असंभव प्रतीत होता है। पुराण जरासंध को मगध राजवंश के इतिहास में सबसे प्रारंभ में रखते हैं, वहीं यवनराज को ठीक नंदवंश और मौर्यवंश के पश्चात[3]। *महाभारत* में जरासंध के आक्रमण की मौलिक कथा का जब वर्णन किया गया तब उसमें कालयवन के सहयोग का उल्लेख नहीं मिलता[4]। अतः माना जाता है कि कालयवन और जरासंध का गठबंधन पूर्णतया काल्पनिक व निराधार है तथा *हरिवंश* के लेखक के मस्तिष्क की उपज है।

हरिवंश के लेखक का मथुरा नगरी से गहरा लगाव था। यद्यपि उसके विषय में हमें कुछ भी ज्ञात नहीं होता है लेकिन उसके द्वारा रचित श्लोकों से पता चलता है कि वह मथुरा व उसकी परंपराओं का प्रेमी था। *हरिवंश* की प्रारंभिक पंक्तियों में वह लिखता है कि *महाभारत* की कथा को जारी रखते हुए वह वृष्णि वंश व हरि की कहानी का वर्णन करेगा। अध्याय 45.75 में वह कृष्ण द्वारा मथुरा के आसपास किए गए उन कार्यों का वर्णन करता है जिनका हरिवंश के पूर्व के साहित्य में कहीं उल्लेख नहीं किया गया था। वह मथुरा और आसपास के क्षेत्र के महत्व और उसकी धार्मिक विशिष्टता से अभिभूत था। वह वृंदावन (अध्याय 53) और गोवर्धन (49:15:30) की सुंदरता और मनोहरता का भी वर्णन करता है। मथुरा की प्रशंसा में वह लिखता कि यह मध्य देश का मुकुट, लक्ष्मी का निवास-स्थल, पृथ्वी का उत्कृष्ट स्थान, अन्न और धन-धान्य से भरपूर है, धनाढ्य और सभ्यजनों का यहां आधिक्य है तथा सभी प्रकार की विशिष्टताओं से भरपूर उत्कृष्ट नगर है।

हरिवंश के लेखक ने कालयवन का वृत्तांत और घटनाक्रम कहानियों से नहीं लिया है। वह कालयवन की अश्वशाला की प्रशंसा में कहता है कि उसके अश्व सामने से

वृषभ की भांति प्रतीत होते हैं। रणक्षेत्र में वह उन्हीं पर सवारी करेगा। उक्त वर्णन में *हरिवंश* का रचयिता कालयवन की जातीय विशेषताओं को ध्यान में रखता है। *महाभारत* में यवनों की अश्वारोही कार्यकुशलता और उनके अश्वों की उत्कृष्टता का सबसे अधिक उल्लेख मिलता है। बाख्त्री-यवनों और हिंद-यवनों के सिक्कों पर भी सुदृढ़ मांसपेशियों से युक्त अश्वों का अंकन दृष्टव्य है। यूक्रेटाइडिस के सिक्कों के पृष्ठ भाग पर भी सुदृढ़ अश्व और अश्वारोही हाथ में लंबा भाला धारण किए हुए अंकित है।[5] उत्कृष्ट अश्वारोही सेना यवनों की विशिष्टता थी।

हरिवंश के रचयिता ने इसी प्रकार की लोकोक्तियों से प्रभावित होकर कालयवन चरित्र की रचना की होगी। ऋषि को लात मारने का कृत्य। अप्सरा से पुत्र की प्राप्ति और युद्ध के प्रति लालायित होने जैसे भारतीय विषयों को भी इसमें सम्मिलित किया गया है। अश्वों के मलमूत्र की दुर्गंध से जुड़ा कालयवन एक जातीय व्यंग्य चित्र है। यवनों की विशेषताओं से युक्त एक प्रतिनिधि की रचना मथुरा के लोगों में अंदर तक यवनों के प्रति व्याप्त भय को व्यक्त करने के लिए की गई होगी।

हरिवंश के रचना काल में या उससे पूर्व मथुरा पर किसी कालयवन का आक्रमण असंभव प्रतीत होता है क्योंकि 300 ई. तक भारतीय राजनीति में यूनानियों की प्रभावशाली भूमिका का पटाक्षेप हो चुका था। यहां तक कि ई.पू. प्रथम शताब्दी में ही शकों ने यूनानी शासन के अंतिम अवशेष को भी समाप्त कर दिया था। *महाभारत* की रचना के समय लगभग दूसरी शती ई.पू. में यवनों की अंतिम उपस्थिति के साक्ष्य कौरवों के पक्ष में युद्ध करने के मिलते हैं। महाकाव्य के इस उत्तरांश के लेखक ने न तो किसी यूनानी नेता का नाम बताया और न ही उसके किसी अतीत का वर्णन किया है। वह यह भी नहीं बताता कि वे भारतीय क्षेत्र में कब प्रविष्ट हुए? भारतीय सिक्कों पर यूनानी अभिलेखों की निरंतर गिरती हुई गुणवत्ता से पता लगाया जा सकता है कि कनिष्क के समय तक भारत में यूनानी भाषा लगभग समाप्ति की ओर पहुंच चुकी थी। हुविष्क के शासन के बाद हमें कोई यूनानी नाम ज्ञात नहीं होता है।[6] सुर्ख कोटल अभिलेख से जरूर कुछ पेलेमेडीज नाम मिलते हैं जो कि अपनी शृंखला में अंतिम हैं।[7] यदि 300 ई. के आसपास कुछ यूनानी परिवार शेष रह गए थे तो उनकी यूनानी पहचान को साधारण ही कहा जा सकता है क्योंकि तब तक यूनान और उसकी संस्कृति से उनका कोई संबंध नहीं रह गया होगा। इसलिए कालयवन को तीसरी शती ई. के किसी हिंद यवन आक्रमण का प्रतिनिधि नहीं माना जा सकता।

तीसरी शती ई. के प्रारंभिक दशकों में कुषाण क्षत्रपों से मथुरा के शासन की बागडोर

क्षेत्रीय राजवंशों के हाथों में चली गई। *वायु पुराण*[8] में उल्लेख है कि सात नाग राजा मनोहर मथुरा नगरी का उपभोग करेंगे। इन राजाओं के शासनकाल में मथुरा की ख्याति सर्वोच्च स्थान पर थी। यहां के कारीगर एवं व्यापारी समृद्ध थे। कालयवन के मिथक की व्याख्या के लिए उसके दुष्ट सहयागियों की विवेचना करना भी समीचीन है। जरासंध मगध का अत्याचारी शासक था। वहीं मगध के नंद, मौर्य एवं मुरुंड वंश के शासकों को अशिष्ट एवं निरंकुश बताया गया है क्योंकि उनमें से अधिकतर ब्राह्मण एवं क्षत्रिय विरोधी थे।[9] *महाभारत* (8.30.73) में जहां एक ओर मत्स्य व शूरसेन की प्रशंसा की गई है। वहीं प्राच्य देश के लोगों को अनार्य कहा गया है। मथुरा के लोग उसी प्राच्य देश से गुप्त वंश का पश्चिम की ओर बढ़ता प्रभाव देख रहे थे। मथुरा के लोग मगध के अतीत से तो परिचित थे किंतु वहां के शासकों के कालक्रम के विषय में अनभिज्ञ थे। उन्हें यह भी ज्ञात नहीं था कि दुष्ट जरासंध के मगध के तत्कालीन शासक अब तक परम भागवत होकर मथुरा के प्रिय धर्म को प्रचारित करने में लगे हुए थे। *हरिवंश* में पूर्वी शक्ति के रूप में जरासंध का मथुरा पर नियंत्रण ब्राह्मण धर्म के विरुद्ध मान लिया गया।

मथुरा पर उत्तर-पश्चिम की ओर से आक्रमण करने वाले हिंद यवनों से संबंधित रहे होंगे। ऐसा कदापि प्रमाणित नहीं होता। भारत शताब्दियों से विभिन्न संस्कृतियों एवं जातियों के मिलन का केंद्र रहा है और विशेषकर उत्तर-पश्चिम का क्षेत्र जहां विभिन्न जातियां आईं और सदा के लिए भारत में विलुप्त हो गईं। भूमध्यसागरीय क्षेत्र से भारत तक आते-आते यूनानियों ने विभिन्न संस्कृतियों से अनेकों नए तत्व ग्रहण किए। यूनानियों का हेलेनिस्टिकीकरण पूर्णतया पूर्वी संस्करण था जिसने सिकंदर के समय से ही विशेष प्रवृत्तियों को ग्रहण करना प्रारंभ कर दिया था। सिकंदर महान ने एक विश्व संस्कृति की कल्पना करते हुए अंतर्राष्ट्रीय विवाहों को प्रोत्साहन दिया और पारसीक अधिकारियों को अपने प्रशासनिक ढांचे में नियुक्त किया। हिंद-यवनों ने मध्य एशिया की युद्ध प्रणाली को अपनाया और जिस भूभाग से भी वह निकले वहां की प्रौद्योगिकी को अपनाते चले गए। उन्होंने पारसीक क्षत्रप प्रणाली को अपने प्रशासन का अंग बना लिया। बाख्त्री-यवनों ने पारसीकों के साथ अच्छे संबंध स्थापित किए और जब वे अफगानिस्तान पहुंचे तो उन्होंने सदियों से निर्वासित यूनानियों को भी अपनाया। भारत में पहुंचकर उन्होंने भारतीय भाषाओं को व्यवहार में लाना प्रारंभ कर दिया और सरलता से भारतीय धर्मों से जुड़ गए। जब शक और कुषाणों ने उन्हें राज्याच्युत किया तो वे आसानी से भारतीय जनसाधारण के साथ घुल-मिल गए। हिंद

यवनों और उनके बाद के शासकों के साथ सकारात्मक संबंध का एक और उदाहरण है कि कुषाणों ने अपनी शक भाषा के लेखन में यूनानी वर्णमाला को कम प्रयुक्त करने के लिए यूनानियों से ही सहायता ली होगी। शिक्षा और भू-राजस्व में यूनानियों की कुशलता ने शक व कुषाण शासकों को उन्हें सेना और प्रशासन में भर्ती करने के लिए विवश कर दिया। शक शासकों को जहां एक पुरानी प्रांतीय शासन व्यवस्था ने यूनानियों के अनुरूप *क्षत्रप* और *मेरिदर्ख* के नाम से जारी रखा। वहीं दूसरी ओर सेल्यूसिड कैलेंडर को भी निरंतर प्रयुक्त किया। उनके सेनानी लगातार स्ट्रेटोगॉस नाम से जाने जाते रहे। इसी तरह आत्मसातीकरण से मिश्रित कुषाण संस्कृति का विकास संभव हुआ।

शक शासक एजेज[10] के एक सिक्के में यूनानी संस्कृति के प्रभाव और उसकी विशिष्टता को आसानी से देखा जा सकता है। इसके पृष्ठ भाग पर प्राकृत अभिलेख है *'इंद्रवर्मापुत्रस अस्पवर्मस स्ट्रेटगस जयतस'* अर्थात इंद्रवर्मा का पुत्र अस्पवर्मा विजयी सेनानी। सिक्का जारी करने वाला अश्ववर्मा गंधार का है।[11] उसकी उपाधि *स्ट्रेटगो यूनानी स्ट्रेटोगॉस* है। उसका पिता इंद्रवर्मा एक भारतीय है। जिस शासक के प्रति वह अपना आभार प्रकट करता है वह उसका अधिपति एजेज है जिसे सामने की ओर यूनानी में संबोधित किया गया है *'बैसीलियस बैसीलियोन मेगालोय अजोय'* ये यूनानी शब्द शक शासकों की ओर से यूनानियों के प्रति सम्मान के द्योतक हैं।

भारतीय दृष्टि से उत्तर-पश्चिम के राज्यों द्वारा सीमित यूनानी पहचान को धारण करना महत्वपूर्ण था। जिन शासकों ने यूनानियों की जातीय विशेषताओं को आत्मसात किया, यूनानी परंपरा, वर्णमाला तथा यूनानी मुद्रा प्रकार को अपनाया उन्हें एक प्रकार से यूनानी माना जाने लगा। उत्तर-पश्चिम से आने वाली सभी बाहरी जातियां लड़ाकू प्रवृत्ति की थीं और उन सभी को निरंतर युद्धरत रहने वाली सेना के रूप में वर्गीकृत किया जा सकता है। ब्राह्मणों द्वारा उत्तर-पश्चिम के सीमित हेलेनाइज्ड लोगों के लिए भी विस्तृत संदर्भ में यवन शब्द प्रयुक्त किया जाने लगा।[12]

यवन शब्द के अर्थ में परिवर्तन और विस्तार क्रमशः धीरे-धीरे हुआ। तृतीय शती ई.पू. में अशोक ने अपने अभिलेखों में योन और योनराज शब्दों को हाल ही में संपर्क में आए भूमध्यसागरीय क्षेत्र के यूनानियों के लिए प्रयुक्त किया। वह यवनों की भाषा, गृहराज्य तथा उनके शासकों से भलीभांति परिचित था। अगली शताब्दी में हिंद-यवनों की पूर्व में उपस्थिति ने यवनों की पहचान को पहले की तरह प्रखर नहीं रहने दिया। विवाह संबंधों तथा उत्तर-पश्चिम के विदेशी एवं स्थानीय लोगों के साथ घुलने-मिलने

के कारण लोगों को उन्हें पहचानने में कठिनाई होने लगी। *महाभारत* में यवनों को सीमावर्ती जातियों के साथ एक सांचे में ढाल दिया गया। उनकी व्यक्तिगत विशिष्टताओं की पहचान और उनका महत्व कम हो गया। *हरिवंश* (10:38) में बताया गया है कि किस तरह सगर ने उत्पाती हैययों का विनाश किया और फिर उत्तर-पश्चिम की ओर उन अव्यवस्थित शक, यवन, कंबोज, पारद और पह्लव को ठीक करने के लिए निकल गए।

महाभारत (2.4.10) में दृष्टव्य है कि शक और यवन की पहचान का घालमेल काफी पहले से होना प्रारंभ हो गया था। *रामायण* में शक और यवन का एक सैन्य समूह के रूप में उल्लेख मिलता है जिसमें शक यवनों के साथ सम्मिलित थे। सामाजिक कार्यों में उक्त दोनों के मिलन से कितना विभेद उत्पन्न हो रहा था इससे भारतीय दृष्टाओं का कोई सरोकार नहीं था।[13]

उत्तर-पश्चिम से आए विदेशियों के लिए यवन शब्द का व्यवहार एकाएक नहीं किया जाने लगा। *महाभारत* के विभिन्न श्लोकों में सीमावर्ती जातियों की काल्पनिक उत्पत्ति बताई गई है। *महाभारत* (7:87.36) में, तेज गति से आने वाली लड़ाकू जातियों को *गौयोनज* तथा लगभग आधा दर्जन बर्बर जनजातियों को *गौयोनिप्रभाव* अर्थात गाय की योनि से उत्पन्न बताया गया है। *महाभारत* (7:68:41) की इस घटना के नेपथ्य में वसिष्ठ की इच्छापूर्ति करने वाली गाय को विश्वामित्र द्वारा खींचकर ले जाने का प्रयास करने की कथा है। जिसमें नंदिनी अपनी रक्षा के निमित्त अपने अंगों से बर्बर योद्धाओं को उत्पन्न करती है। इसमें गाय की पूंछ से पह्लव, गोबर से शक तथा योनि से यवन प्रकट हुए। *महाभारत* (1:65.35) में ही यवनों की उत्पत्ति गौमूत्र से भी बताई गई है। नार्विन हाइन का मानना है कि संभवतः एक जैसी उत्पत्ति के कारण ही यवनों के साथ उल्लिखित अन्य बर्बर जातियों को भी यवन समझ लिया गया।

विष्णुपुराण (2:3.8) में उल्लेख है कि भारत के पूर्व में किरात, पश्चिम में यवन तथा मध्य में अपने कर्तव्यों के अनुरूप ब्राह्मण, क्षत्रिय, वैश्य एवं शूद्र निवास करते हैं।[14] उक्त उदाहरण से स्पष्ट है कि पश्चिमोत्तर भारत की सीमा पर रहने वाली बर्बर एवं लड़ाकू विदेशी जातियों को प्रायः यवन कहा जाता था। सातवीं शताब्दी में रचित दंडी के *दशकुमारचरित*[15] में अफ्रीकी लोगों को भी कालयवन द्वीप का बताया गया है। कालिदास के *रघुवंश* (4:60,64) में वर्णित है कि किस प्रकार रघु ने अपनी सेना के साथ पारसीकों पर आक्रमण किया। वहां की स्त्रियों की व्याकुलता का वर्णन करते हुए वह उन्हें यवनी[16] शब्द से संबोधित करते हैं। *रघुवंश* के उक्त उल्लेख को

उत्तर-पश्चिम के विदेशियों के लिए भारत में यवन शब्द के प्रयोग का प्रारंभ माना जा सकता है। नार्विन हाइन[17] का मत है कि *हरिवंश* में वर्णित कालयवन का अतीतकालिक हिंद यवनों से कोई संबंध नहीं था। परंतु आंशिक *हेलेनिस्टिक* शासकों का उन लोगों पर अभी तक दबाब बना हुआ था जो कि तीसरी श. ई. में भारतीय भूभाग में पूरी शक्ति के साथ विद्रोह की भूमिका में थे। यद्यपि तीसरी श. ई. भारतीय इतिहास के संपूर्ण कालक्रम में सबसे कम मुखर थी। इस समय संस्कृत भाषा और ब्राह्मणों को पर्याप्त महत्व मिल रहा था। इसी समय चुनिंदा कर्मकांडों का फिर से प्रचलन प्रारंभ हुआ। उक्त विदेशी शासकों ने वैदिक उत्साह के इस झंझावात को सुगमता से पार कर लिया। संभवतः ये पश्चिम एशिया से आए विदेशियों के प्रति बने भारतीय दृष्टिकोण का ब्राह्मणवाद से टकराव था। वास्तव में यह एक ऐसा दृष्टिकोण था जो बहुत कुछ क्षेत्रों में भारतीय परंपराओं से भिन्न था। वैदिक विचारधारा के पुनः सक्रिय होने से यह समाप्त हो गया। उक्त दृष्टिकोण को नार्विन[18] हाइन ने यवनवाद का नाम दिया है। तीसरी श. ई. में ब्राह्मणवाद और यवनवाद के निर्णायक संघर्ष ने भारतीय संस्कृति के स्वरूप को अगले एक हजार वर्षों तक के लिए निर्धारित कर दिया था।

साहित्य और अभिलेखों में यवन योद्धाओं की प्रशंसा के साथ उनकी निंदा भी मिलती है। *महाकाव्यों* में कहा गया है कि वे भयहीन और कुशल योद्धा हैं किंतु वे सभ्य लोगों की तरह युद्ध नहीं करते हैं। *महाभारत* (8:51.18.9) में वर्णन है यवन, खष और तुषार भयंकर और नृशंस कृत्य करने वाले हैं तथा युद्ध करने के उनके तरीके बिलकुल भिन्न हैं और वे युद्ध संहिता का पालन भी नहीं करते हैं। यवनों के शासन की निंदा करते हुए *महाभारत* (3:186.29) में कहा गया है कि भविष्य में ऐसे शासक होंगे जो गलत ढंग से लोगों को दंडित करेंगे तथा जानबूझकर झूठ बोलेंगे। आंध्र, शक, पुलिंद, यवन, कंबोज, आरुणिक, शूद्र और आभीर में से कोई भी ब्राह्मणों की तरह जीवन-यापन नहीं करेगा। संभवतः धर्मशास्त्रों की बढ़ती महत्वपूर्ण भूमिका को उक्त बर्बर राज्यों ने न तो कोई महत्व ही दिया और न ही मध्य भारत में प्रचलित चतुर्वर्ण व्यवस्था को लागू किया। परिणामतः विदेशियों से ब्राह्मणवाद का टकराव बढ़ता रहा।

धर्म के विषय में उक्त विदेशियों ने किसी बाहरी धर्म को जनता पर नहीं थोपा। प्राप्त सूचनाओं के आधार पर कहा जा सकता है कि उनमें से कुछ बौद्ध हो गए किंतु कुषाणों के सिक्कों पर शिव का अंकन प्रमुख से किया गया है। पश्चिमी क्षत्रपों के लिए भी शिव महत्वपूर्ण देवता थे। उनकी व्यक्तिगत उपाधियों में शिव शब्द के प्रयोग

को अत्यधिक महत्व दिया जाता था। इसके बावजूद इन विदेशी शासकों के मन में ब्राह्मणों के लिए उच्च स्थान नहीं था।[19]

भारतीय जनसंख्या में यवनों की पहचान को शारीरिक लक्षणों में नहीं बांधा जा सकता है। नार्विन[20] हाइन के अनुसार हिंद यवनों के उत्तराधिकारियों की तीसरी शताब्दी तक पश्चिमोत्तर के विदेशियों से अलग पहचान के साक्ष्यों की कमी है। यद्यपि कालयवन शब्द को रचने वाला लेखक इस तथ्य को जानता था कि यवन काले नहीं हैं और न ही उन्हें किसी समूह विशेष से संबद्ध कर सीमित किया जा सकता है। पश्चिमी तट पर मिलने वाले बौद्ध दान अभिलेखों में दानकर्ताओं ने स्वयं को यवन संबोधित किया है। नासिक अभिलेख में इंद्र अग्निदत्त[21], जुन्नार[22] में यवन चंद, कार्ले[23] में यवन सिहदय, धम्मधाय, चुलख्य और यसवधन। धेनुकाकट में स्वयं को केवल धेनुकाकट[24] धम्मयवन घोषित करने वाला व्यक्ति। उपरोक्त सभी स्थानीय भारतीय थे और किसी परिस्थिति विशेष के कारण उन्होंने अपने आपको यवन घोषित करने के साथ ही बौद्ध धर्म को भी ग्रहण कर लिया था।[25]

भारत में ही किसी अन्य यवन समूह की पहचान के लिए *मत्स्यपुराण* (273:24) में वर्णित किलकिल यवन का उल्लेख किया जा सकता है। ठीक इसी तरह किलकिल यवन का उल्लेख *विष्णुपुराण* में भी मिलता है। किलकिल वशांवली के राजाओं ने कुषाणों और गुप्तों के मध्य नर्मदा के किनारे के क्षेत्र में शासन किया। हाइन का मत है कि पुराण का लेखक हिंद यवन शासकों के विषय में भलीभांति परिचित था इसीलिए उसने किलकिल यवनों का वर्णन सही कालानुक्रम में किया। उन्हें तुषारों और कुषाणों के बाद अगला शासक बताते हुए वह कहता है कि समय के साथ ये समाप्त हो जाएंगे तब वहां किलकिल राजा होंगे। वे इस संसार में अपने सामाजिक नियमों, उद्देश्यों और नीतियों में यवनों के समान होंगे।[26] *विष्णुपुराण* भी ठीक उसी तरह किलकिल यवनों का उल्लेख करता है। वह इनकी वंशावली में गैर यूनानी नामों का उल्लेख करता है–विंध्यशक्ति, पुरंजय, रामचंद्र, धर्म, वरांग, कृतनंद, शसिनंदि, नंदियशस, सिसुक और प्रवीर। उक्त राजा शैव थे ऐसा उनके नामों से परिलक्षित होता है। ये सभी शासक भाषा और पारिवारिक जीवन से भारतीय थे। *विष्णुपुराण* का रचयिता जानता था कि इन्हें बचपन से यवन नहीं बनाया गया था वरन वे स्वयं अपनी इच्छा और अपने कार्यों से यवन बन गए थे। इन राजाओं धर्म, उद्देश्यों और उनकी नीतियों ने उन्हें यवन पहचान प्रदान की। इस प्रकार उपरोक्त के आधार पर कहा जा सकता है कि *हरिवंश* के लेखक ने इन्हें तथ्यों से प्रेरित होकर कालयवन के चरित्र की रचना की।

संदर्भ

1. *हरिवंश,* 25:8.27 एवं 80:1 से 85:52 पी.एल. वैद्य द्वारा संपादित, पूना, 1969, *भंडारकर ओरियंटल रिसर्च इस्टीट्यूट।*
2. वैद्य इन *हरिवंश,* वा. 1, इंट्रोडक्शन, पृ. 37-39।
3. पार्जिटर, एफ.ई., *द पुरान टेक्स्ट ऑव द.डायेनेस्टीज ऑव द कलि ऐज,* वाराणसी, द्वितीय संस्करण, 1962, पृ. 14, 45, 67-72।
4. *द महाभारत,* वा. II, पूना, 1944, *बी.ओ.आर.आई.,* 2:13.34-43.12:326.88 इसमें पहली बार कालयवन का उल्लेख जरासंध के साथ नहीं किया गया है। ध्यातव्य है कि *महाभारत* से उद्धृत सभी श्लोक आलोचनात्मक संस्करण से लिए गए हैं।
5. राउल कुरियल एवं गेर्राड फुस्समैन, *ले ट्रेसॉर मॉनेटेर डे कुंडुज,* पेरिस, 1965, प्लेट्स 9-21।
6. डब्ल्यू.डब्ल्यू. टार्न, *द ग्रीक्स इन बैक्ट्रिया एंड इंडिया,* द्वितीय संस्करण, कैंब्रिज, 1951, 1956, पृ. 355, 389 एफ।
7. राउल कुरियल, 'इंसक्रिप्शंस दे सुर्ख कोटल', *जर्नल एशियाटिक, 242* (1954) पृ. 194
8. पार्जिटर, *पुराण टेक्स्ट,* पृ. 53।
9. पर्जिटर, *पुराण टेक्स्ट,* पृ. 25; राय चौधरी, *एंडवास्ड हिस्ट्री ऑव इंडिया,* लंदन, 1963, पृ. 58।
10. आर.बी. व्हाइटहेड, *केटेलाग ऑव कोआइंस इन द पंजाब म्यूजियम,* लाहौर, द्वितीय संस्करण, वाराणसी, 1971, पृ. 13, स. 310।
11. जी फुस्समैन, 'नोवेल्स इंसक्रिप्शंस शका', *बुलेटिन दे ल' इकोले फ्रैंकेस, द एक्स्ट्रीम ओरियंट,* वा. 67(1980), पृ. और नोट 95।
12. तुलना की जा सकती है कि किस प्रकार मुस्लिम भाषाओं में भी सभी यूरोपियनों के लिए प्रायः फ्रैंक कहा गया है और इसी तरह सेंट पॉल ने (उदाहरण रोमंस 1:16 एवं 10:12) में साइने डोके द्वारा सभी को यूनानी कहा गया है।
13. एफ. कीलहार्न (संपा.) *द व्याकरण महाभाष्य ऑव पंतजलि,* वा. I, बांबे, 1880, पृ. 475, जी.एच. भट्ट (संपा.) *द बाल्मीकि रामायण,* वा. I, बड़ौदा, 1960, 1:53.20 एफ।
14. एच.एच. विल्सन, अनुवादित, तृतीय संस्करण, कलकत्ता, 1972, पृ. 142, *विष्णुपुराण,* विकाससागर, कलकत्ता 1882, पृ. 231, *गरुड़पुराण* 55:5 (वाराणसी 1964) और *मार्कंडेय पुराण,* 47:8 पार्जिटर द्वारा अनुवादित तुलनात्मक संस्करण।
15. जार्ज ब्यूहलर (संपा.) *द दशकुमारचरित ऑव दंडी,* बांबे, बांबे संस्कृत सीरीज स. 10, 1887, पृ. 8, पंक्तियां 23 एवं 24 यहां पर प्रायद्वीप को कालयवन द्वीप कहा गया है जिसमे व्यापारी कालगुप्त निवास करता है।
16. मोरेश्वर रामचंद्र काले, (संपा.) *द रघुवंश ऑव कालिदास,* बांबे, तृतीय संशोधित संस्करण 1922, पृ. 90, डी.सी. सरकार, यवना एंड पारसीक, *जर्नल ऑव इंडियन हिस्ट्री,* वा. 14 (1935), पृ. 31।
17. नार्विन हाईन, "कालयवन टू मथुराज कल्चरल सेल्फ परसेप्शन", *मथुरा द कल्चरल हेरिटेज,* डी.एम. श्रीनिवासन (संपा.) 1989, नई दिल्ली, पृ. 230।

18. तदैव, पृ. 230-231।
19. तदैव, पृ. 231।
20. तदैव, पृ. 231।
21. एच. ल्यूडर्स, लिस्ट ऑव ब्राह्मी इसंक्रिप्शंस, *एपीग्राफिया इंडिका,* वा. 10 (1909-10), पृ. 128, सं. 1140।
22. ल्यूडर्स, लिस्ट, पृ. 131, सं. 1156।
23. ई. सेनार्ट, "द इंसक्रिप्शंस इन द केव्स ऐट कार्ले (कान्क्ल्यूडेड),' *एपीग्राफिया इंडिका,* वा. 7 (1902), पृ. 53 एंव 64, सं. 7, 'एम.एस. वत्स, अनपब्लिश्ड वोटिव इंसक्रिप्शंस इन द चैत्य हाल ऐट कार्ले, '*एपीग्राफिया इंडिका,* वा. 18 (1926), पृ. 326-328, सं. 4, 6 और 10।
24. सेनार्ट, इंसक्रिप्शंस, पृ. 55, सं. 10।
25. लाल, एस.बी, "यवन शब्दार्थ परिवर्तन-अभिलेखों के आलोक में", *परस्पेक्टिव्स इन इंडियन हिस्ट्री,* ए.के. सिन्हा (संपा.) 2004, पृ. 217-222।
26. *मत्स्यपुराण,* पूना, 1907, पृ. 505, विद्यासागर (संपा.) *विष्णुपुराण,* कलकत्ता, 1882, 4:24. 14।

8. यवनिका

'यवनिका' अथवा 'जवनिका' शब्द को संस्कृत साहित्य में एक दीर्घ अवधि से प्रायः प्रयुक्त किया जाता रहा है। सर्वप्रथम 'जवनिका' शब्द का उल्लेख *हरिवंश*[1] में ड्रापसीन परदे के लिए किया गया है। भरत के *नाट्यशास्त्र*[2] में यवनिका शब्द तीन बार प्रयुक्त किया गया है। वहीं पर परदे के लिए 'पट' शब्द की भी चर्चा की गई है।[3] *अमरकोश*[4] में परदे के लिए 'जवनिका', 'प्रतिसरा' और 'तिरस्कारिणी' शब्दों का उल्लेख मिलता है। क्षीरस्वामी[5] ने *अमरकोश* पर अपनी टीका में जवनिका शब्द की व्याख्या 'जवंति अस्यां जवनिका' की है। *अमरकोश* के ही एक अन्य टीकाकार लिङयासूरी ने 'जवनिका' शब्द की व्युत्पत्ति 'जन' से बताई है जिसका तात्पर्य गति से है।[6]

मल्लिनाथ ने *अमरपदपारिजात*[7] पर अपनी टीका में यवनिका, अपटि और कंदपट शब्दों को एक दूसरे का समानार्थी बताया है और इसी संदर्भ में उन्होंने एक स्थानीय देशज शब्द 'तेरचिर' का भी उल्लेख किया है। *अमरकोश* के ही एक अन्य टीकाकार रघुनाथ चक्रवर्ती ने यवनिका शब्द का व्यवधायक पट के अभिप्राय में वर्णन किया है।[8] वे यमनिका शब्द का भी उल्लेख करते हैं और उसे 'यमुदने' शब्द से निकला हुआ मानते हैं। *अमरकोश* पर *भाव प्रकाशम पदचंद्रिका*[9] टीका में जवनिया शब्द को 'जू' से निकला हुआ तथा गति के अर्थ में प्रयुक्त होने वाला बताया गया है।

जॉयण ने यवनिका शब्द की व्याख्या की है और इसके विभिन्न प्रकारों का भी उल्लेख *भरतकोश*[10] में किया है। भर्तृहरि के *वैराग्य शतक*[11] में भी 'जवनिका' शब्द उल्लिखित है। *शिशुपाल वध*[12] में भी 'यवनिका' का उल्लेख किया गया है। *नाट्यसर्वस्वदीपिका,*[13] *भागवतपुराण*[14] में भी परदे के लिए यवनिका शब्द प्रयुक्त किया गया है। शारदायतन ने में यवनिका यंत्र शब्द का प्रयोग किया है।[15]

'यवनिका' अर्थात ड्रापसीन परदा भारतीय नाट्य परंपरा से उद्‌भूत है अथवा यूनानी

थियेटर से लिया गया है, आज तक यह एक विवादास्पद प्रश्न है। भारतीय नाट्य-कला पर किसी भी यूनानी प्रभाव को न मानने वाले विद्वानों में कीथ ने अपने ग्रंथ *संस्कृत ड्रामा* में अनेक विद्वत्जनों के विचारों को उद्धृत किया है। उनके अनुसार यवनिका शब्द प्रारंभ में उन आयोनियन, यूनानियों का विशेषण है जिनका सर्वप्रथम भारतीयों से संपर्क हुआ किंतु इसे यूनानी शब्द के मूलरूप में स्वीकार नहीं किया जा सकता। इसे यूनानीकरण से प्रभावित होने वाले पारसीक साम्राज्य, मिस्र, सीरिया, बैक्ट्रिया से भी संबंधित माना जा सकता है।

जहां तक परदे का संबंध है, यवनिका एक विशेषण है और विदेशी परदे से संबंधित है। लेवी के अनुसार पारसीक टेपेस्ट्री को व्यापारियों द्वारा यूनानी जहाजों से भारत लाया जाता था। यवनिका शब्द का थियेटर के परदे से कोई विशेष संबंध नहीं है। यूनान में थियेटर के लिए किसी परदे का प्रयोग नहीं किया जाता था। इसलिए भारतीय थियेटर में प्रयुक्त होने वाला यवनिका का यूनान से लिए जाने का कोई प्रश्न नहीं है। यवनिका को यूनान से लिए जाने के पीछे सिर्फ एक कारण हो सकता है कि भारतीय थियेटर में ड्रापसीन परदे का प्रयोग उसी प्रकार किया गया जैसे कि यूनानी थियेटर के पृष्ठ भाग में चित्रित दृश्यों का किया जाता था।[16] आचार्य बल्देव उपाध्याय तथा हेमेंद्र नाथ दास गुप्ता के अनुसार भी भारतीय ड्रापसीन परदा यूनानी थियेटर से नहीं लिया गया है।[17] मनकड ने एस.के. डे के विचार का समर्थन किया है कि यवनिका के स्थान पर 'यमनिका' ज्यादा उपयुक्त शब्द है जिसका तात्पर्य है परदे से ढंकना।[18] उक्त सभी विद्वानों का मानना है कि यवनिका शब्द यूनानी ड्रामा से भारतीय ड्रामा में नहीं ग्रहण किया गया है। मोनियर विलियम ने जवनिका और यवनिका शब्दों को परदे के अर्थ में अनुवादित किया है। साथ ही उन्होंने यह भी माना है कि उक्त शब्द को यूनान से लिया गया है।[19] यद्यपि इसके लिए उन्होंने कोई आधार प्रस्तुत नहीं किया है। बेवर ने भी भारतीय नाट्यविधा पर यूनानी प्रभाव स्वीकार किया है। वे यवनिका का अभिप्राय यूनानी कपड़ा मानते हैं।

यूनानी और रोमन थियेटर में परदों के प्रयोग के ठोस प्रमाण प्राप्त है। रोमन थियेटर यूनानी थियेटर से भिन्न नहीं है। रोमन स्टेज पर परदे का प्रयोग किया जाता था जिसे *औलेयम* (Aulaeum)[20] कहते थे। नाटक प्रारंभ होने पर इसे ऊपर/नीचे खींचने के बजाय गिराया जाता था और फिर नाटक के अंत तक इसे ऊपर नहीं उठाया जाता था।[21] इसके अतिरिक्त एक अन्य परदे *स्पैरियम* (Sparium) का भी ड्रापसीन परदे के लिए प्रयोग किया जाता था।

लैटिन शब्दकोश में *औलेयम* (Aulaeum) शब्द को यूनानी शब्द *औले* (Aulaea) के समान बताया गया है। उसी शब्दकोश में *औलेयम* की व्याख्या एक कढ़े हुए कपड़े 'एक परदे' के रूप में की गई है। पुनः लैटिन शब्दकोश में ही *सिपेरियम* (Siparium) की परदे के अभिप्राय में व्याख्या की गई है जो निर्णायकों को सूर्य किरणों से बचाने के लिए स्क्रीन थी।[22]

लैटिन शब्द *औलेयम* को यूनानी भाषा से लिया गया है। यूनानी ड्रामा में स्वर्ग में रथ पर सवार देवी-देवताओं के प्रतिनिधित्व के वर्ण मिलते हैं। स्टेज पर इस देव मंडल को प्रदर्शित करने के लिए दोनों ओर से दीवाल के पीछे परदे लगाए जाते थे।[23] एश्यूलियस ने स्वयं उसका प्रबंध किया था। ग्रीक में परदे को *औले* (Aulaea) ही कहा जाता है। *ग्रीक-इंग्लिश लेक्सिकोन औले* का तात्पर्य विशेष रूप से थियेटर में प्रयुक्त होने वाला परदा बताती है।[24]

ग्रीक थियेटर प्रॉडक्शन में एक अन्य शब्द *पैरापतस्मा* 'Parapetasma'[25] का परदे के लिए प्रयोग किया गया है। उक्त साक्ष्यों के सामने यह मानना कि यवनिका शब्द को ग्रीक प्रभाव से नहीं लिया गया है शायद तर्कसंगत नहीं होगा। ग्रीक और रोमन दोनों थियेटरों में परदे के प्रयोग के साक्ष्य उपलब्ध हैं।

औलेय शब्द संस्कृत के अवलंब शब्द के समान प्रतीत होता है। अवलंब का अभिप्राय टांगने से है और परदे को टांगा जाता है। कालिदास ने टांगने के लिए लंबमान शब्द का प्रयोग किया है। संस्कृत का *प्रतिसरा* शब्द ग्रीक शब्द 'Parapetasma' *पैरापतस्मा* का समानांतर है क्योंकि प्रति प्रीफिक्स हैं और 'सरति' क्रिया है। ठीक उसी तरह परा भी प्रीफिक्स है।

यवनिका (परदा) के रंग एवं प्रकार

अमरकोश के टीकाकार रघुनाथ चक्रवर्ती ने अपनी टीका *त्रिकांडचिंतामणि* से परदे के प्रकार पर प्रकाश डालते हुए शिवस्वामी के महाकाव्य *कप्फिणाभ्युदय*[26] के एक छंद का उल्लेख किया है जिसमें बताया गया है कि परदे के लिए विभिन्न रंगों का कपड़ा प्रयुक्त किया जाता था। सामान्यतः उक्त कपड़ा काला अथवा नीला और उस पर सुनहरी धारियां होनी चाहिए थीं। मोर पंख मेघ और आकाशीय विद्युत की चमक परदों के रंगों की ओर संकेत करते हैं।

श्री बल्लभदेव ने *शिशुपाल वध* पर अपनी टीका[27] में परदों के रंगों के विषय में अपना मत प्रस्तुत किया है कि परदों का रंग सामान्यतः श्वेत होता था। जी.एच.

तरेलकर[28] ने एस.एम. टैगोर के विचारों से सहमत होते हुए बताया है कि परदों का रंग भावनाओं की अभिव्यक्ति पर निर्भर करता था।[29] भवभूति ने अपने ग्रंथ *मालतीमाधव* में[30] 'चित्रवनिका' शब्द प्रयुक्त किया है। उक्त शब्द से भी स्पष्ट होता है कि परदे विभिन्न रंगों से बने होते थे। कीथ ने *संस्कृत ड्रामा*[31] में कहा है कि कुछ विद्वानों के अनुसार परदे का रंग नाटक की भावनाओं के अनुरूप होना आवश्यक था परंतु दूसरे विद्वानों ने सभी अवसरों के लिए लाल रंग का प्रावधान किया है। रायगोविंद चंद्र ने *जैन रायपसेणिय सूत्र*[32] में उपलब्ध नाट्य विवरण का उल्लेख किया है। जिसमें मंच पर रंगीन परदों को प्रयुक्त किया गया है। उक्त परदों के निचले किनारे पर छोटी-छोटी घंटियां लगाई जाती थीं जोकि परदों के खींचे जाने पर टन-टन की आवाजें करती थीं।

भरतकोश[33] में परदों का माप वर्णित है। इसके अनुसार परदे की लंबाई 8 हस्त और चौड़ाई 5 से 6 हस्त होनी चाहिए थी। इसके अतिरिक्त अन्यत्र कहीं भी परदे की माप का वर्णन प्राप्त नहीं होता है।

निष्कर्ष : भारत में नाटक के प्रमुख रस के अनुरूप परदे का रंग भी बदलता था। किसी गंभीर घटना के लिए काला, प्रहसन के लिए हरा, शृंगार के लिए श्वेत, युद्ध और साहस तथा वीर रस की घटना के लिए लाल रंग को प्रयोग में लाया जाता था। प्राचीन अंग्रेजी रंगमच में भी काला परदा दुखांत नाटक के लिए तथा लाल परदा सुखांत नाटक में प्रयुक्त किया जाता था।

मंच पर परदे की स्थिति

भरत के *नाट्यशास्त्र*[34] के पांचवें अध्याय में नृत्यों और संवादों के लिए परदे को उठाने का भी संकेत मिलता है। अभिनवगुप्त[35] ने रंगपीठ और रंगशिरस के मध्य परदे का स्थान बताया है। परदे के इस स्थान की पुष्टि भरत के *नाट्यशास्त्र*[36] से भी होती है जिसमें भरत ने गायकों और वादकों को रंगशिरस पर बैठने का प्रावधान किया है। कीथ[37] ने भी परदे की उक्त स्थिति का समर्थन किया है। उक्त मतों के आधार पर कहा जा सकता है कि रंगमंच में परदे का स्थान रंगशिरस और रंगपीठ के मध्य होता था।

कालिदास के *अभिज्ञान शाकुंतलम्*[38] गीत के पांचवें अंक में राजा और विदूषक दोनों को हंसपादिका को सुनते हुए साथ-साथ बैठे दिखाया गया है। यहां पर मंच निर्देशन में उक्त गीत को 'आकाश गीयते' कहा गया है। इससे स्पष्ट होता है कि

गीत गाने वाला व्यक्ति मंच पर नहीं होता था। गायकों एवं संगीतकारों के बैठने के लिए भरत द्वारा स्थान नियुक्त किया गया है। साथ ही उन्होंने यह भी स्पष्ट किया है कि गीत को परदे के पार्श्व से ही गाया जाएगा। इससे हमें कोई संदेह नहीं रहता कि यवनिका रंगशिरस और रंगपीठ के मध्य स्थित होता था। *मालविकाग्निमित्रम्* में भी कपड़े बदलने के स्थान से अर्थात परदे के पीछे से तेज आवाजें आती थीं। *नाट्यशास्त्र*[39] के बारहवें अध्याय में भरत ने ध्रुवगान के लिए मंच पर पात्रों के प्रवेश के समय परदा खींचने का संकेत किया है।

कीथ[40] के अनुसार परदे के पीछे पात्रों के लिए विश्राम स्थान अथवा वस्त्र परिवर्तन के लिए स्थान होता है। जहां से दहाड़ अथवा भ्रमित करने वाली आवाजें निकाली जाती हैं जोकि मंच पर निकालनी संभव नहीं होतीं। कहीं से ईश्वर व देवताओं की वाणियों को भी बोला जाता था क्योंकि मंच पर उन्हें प्रस्तुत किया जाना उचित नहीं होता। शूद्रक के *मृच्छकटिकम्*[41] में संवाहक शीघ्रता में परदे को खींचने से पहले ही मंच पर प्रवेश कर जाता है। इसी कृति[42] में एक अन्य स्थान पर कर्णपूरक मंच पर बिना परदे को गिराए ही प्रवेश कर जाता है।

भरत के *नाट्यशास्त्र*[43] की आलोचना में अभिनव ने संकेत किया है कि ग्रीन रूम अर्थात वस्त्र परिवर्तन करने के कक्ष में दो दरवाजे होते थे जिन पर दो परदे लगे होते थे। डॉ. राय गोविंद चंद्र[44] ने भी उल्लेख किया है कि ग्रीन रूम के दोनों दरवाजों पर परदे लगाए जाते थे। इन उल्लेखों में बताया गया है कि ग्रीन रूम से मंच पर पात्रों के आने के समय दो-दो युवतियां परदे उठाती थीं। डॉ. राघवन[45] ने अपने लेख में '*संगीतचूड़ामणि*' से मंच पर परदे के विषय में उद्धृत किया है। इसके अनुसार मंच पर तीन परदे प्रयुक्त किए जाते थे। हालांकि परदों की संख्या के विषय में अभी तक स्थिति स्पष्ट नहीं है। *भरतकोश*[46] में 3 अथवा अधिक परदों की संख्या के बारे में संकेत किया गया है।

एक नाट्य दृश्य में राजा मालविका को देखने के लिए व्यग्र है। परदे को उठाने में विलंब होने के कारण मालविका परदे के पीछे खड़ी है और दर्शकों की व्यग्र आंखें परदा उठने की प्रतीक्षा में उत्सुक हैं।[47] यहां पर राजा एक दर्शक और मालविका एक नृत्यांगना है। इस वर्णन से स्पष्ट है कि नाट्य मंच पर आज की तरह परदा प्रयुक्त किया जाता था।

यूनानी थियेटर की तरह भारतीय नाट्य मंच पर परदे का स्थान अभिनव गुप्त द्वारा निर्धारित किया गया है। यूनानी थियेटर में परदे को 'लोजियोन' (Logeion)

और 'प्रॉसीनेयम' के मध्य और भारतीय नाटकों में अभिनवगुप्त के अनुसार परदे का स्थान रंगपीठ और रंगशिरस के मध्य होता था। भारतीय नाट्य मंच पर परदा दर्शकों के सामने होता है जो पात्रों के प्रवेश के समय उठाया जाता है जबकि यूनानी थियेटर में परदा पार्श्व दृश्य के रूप में प्रयुक्त किया जाता है।

उपरोक्त उल्लेखों के आधार पर कहा जा सकता है कि यूनानी थियेटर में परदे का प्रयोग किसी न किसी रूप में किया जाता था किंतु निश्चित रूप से यह कहना तर्कसंगत नहीं होगा कि भारतीय रंगमंच का यवनिका यूनानी प्रभाव का परिणाम है। अरोरा के अनुसार सीमावर्ती पश्चिमोत्तर क्षेत्र तथा ग्रेको-रोमन संसार से बढ़ते व्यापार के कारण दक्षिण भारत का भी यूनानी नाटकों से परियच होना संभव हो सकता है किंतु संस्कृत नाटकों पर यूनानी प्रभाव मानना उचित नहीं लगता। यद्यपि जीवन के क्रियाकलापों की जीवंत नकल के रूप में अरस्तू और भरत की कृतियों में क्रमशः 'मिमैसिस़' और 'अनुकरण' का उल्लेख समानार्थी लगते हैं, किंतु जब इन अवधारणाओं की विस्तृत व्याख्या की जाए तो हम दोनों को एक-दूसरे से अलग पाते हैं।[48]

संदर्भ

1. तानि रत्नोध क्लृप्तानि रसानु प्रग्रहाणि च।
   रेजुर्जवनिका क्षैपैः सपक्षा इव खे नगाः।।
   —*हरिवंश,* 74.10।
2. एतानि तु बहिर्गीतान्यन्तर्यवनिका गतैः
   विघाट्य वै यवनिकां नृत्तपाठ्यकृतानि तु।।
   —*नाट्यशास्त्र* 5. 11. 12(बड़ौदा संस्करण)।
3. तदैव XIII. 3, (बड़ौदा संस्करण)।
4. *अमरकोश पर टीका,* 2, 6, 1201।
5. *अमरकोश,* तदैव।
6. जवते प्रतिसरति=जवनिका=जुङतौ
   —*अमरकोश,* भाग-1, पृ. 400, अड्यार संस्करण।
7. *अमरकोश* पर *अमरपदपारिजात टीका,* (अड्यार संकरण)
8. 'यवनिकां'—यमुअदने—यमनिकेतिकेचित्।
   —*अमरकोश* पर *त्रिकंडचिंतामणि,* पृ. 381, कलकत्ता संस्करणै
9. "जु सौत्रो धातुः" जवन्त्यत्र इति जवनिका-अंत-स्थादिःपर्वगपंचममध्या च। यमयति उपरमयति इति यमनिका। "दुष्टेरूपरतिरनया" वा 'यवनिका'
   —*अमरकोश पर पदचंद्रिका सर्वनंद की टीका,* पृ. 466।

10. अष्टरंनिकृता यामास्तदनेन तु विस्तृताः।
    पुरो यवनिकाश्रित्रा सूची विज्ञानभंगि भिः।
    तिस्रस्ततोऽधिक वा स्युर्यथावाधं यथारुचि।।
    —*भरतकोश,* पृ. 514।
11. 3-114, पृ. 53।
12. *शिशुपाल वध,* IV-54।
13. ततो यवनिका तत्र कर्तव्या शास्त्रनिश्चिता।
    नाट्यसर्वास्वदीपिका, पृ. 24। *स्टडीज इन द नाट्यशास्त्र* में जी.एच. तरलेकर द्वारा उद्धृत
14. *भागवत्पुराण,* 1, 8, 19।
15. *भावप्रकाश्य,* पृ. 224, (बड़ौदा संस्करण)।
16. ए.बी. कीथ, *द संस्कृत ड्रामा,* पृ. 60-61।
17. आशा सक्सेना, *एंशियंट ग्रीक एंड इंडियन थियेटर,* परिमल प्रकाशन, नई दिल्ली, 1997, पृ. 77।
18. डी.आर. मनकड, *एंशियंट इंडियन थियेटर,* पृ. 21, चार्टर बुक स्टाल, आनंद (डब्ल्यू. आर.) द्वितीय संस्करण, 1960।
19. मोनियर विलियम, *ए संस्कृत-इंग्लिश डिक्शनरी,* पृ. 416, मोती लाल बनारसी दास, बंग्ला रोड, जवाहर नगर, नई दिल्ली-7, प्रथम संस्करण ऑक्सफोर्ड यूनिवर्सिटी प्रेस से प्रकाशित, 1899।
20. आस्कर सेफर्ट, *डिक्शनरी ऑव द क्लासिकल एन्टीक्वेरीज,* पृ. 33, मेरीडियन लाइब्रेरी, मेरीडियन बुक्स द्वारा प्रकाशित, न्यूयार्क, द्वितीय संस्करण, 1957।
21. तदैव, पृ. 33।
22. लेविस चार्ल्टन टी एंड शार्ट चार्ल्स, *ए लैटिन डिक्शनरी, फ्रेंड्स लैटिन डिक्शनरी,* पृ. 47, ऑक्सफोर्ड यूनिवर्सिटी प्रेस, ऐली हाउस, लंदन डब्ल्यू. 1.1966, पृ. 1710।
23. डोनाल्डसन जॉन विलियम, *थियेटर ऑव द ग्रीक,* गिल्बर एंड रिविंग्टिन प्रिंटर्स, सेंट जॉन स्क्वायर, पांचवां संस्करण, *MD CCCXLIV।*
24. *ग्रीक-इंग्लिश लेक्सकोन,* पृ. 276।
25. टी.बी. एल., बेवस्टर, *ग्रीक थियेटर प्रोडक्शन,* मेथ्यून एंड कंपनी लि., लंदन WC-2, प्रथम संस्करण 1956 में प्रकाशित।
26. *भाव प्रकाशम,* पृ. 244 (बड़ौदा संस्करण)।
27. बहति कोकंनटे रुचिरं चिरं।
    ललितचंद्रकतांडवभंडनम।
    स्फुटमिवाम्बुमचा रूरूचे तडिज्जवनिकांतिकदा तदा।।
28. जवनिका अपि प्रायेण धवला भवन्ति
    —*शिशुपाल वध* पर संदेहविशोषधि टीका।
29. कार्या यवनिका तत्र नीरंध्रा सूक्ष्मवाससौ
    धारा सुरूपनारीभ्यां तत्ततपात्रप्रवेशने।
    शुभ्रवर्णा व श्रृंगारे पीता वीरा प्रशस्यते

धूमवर्णा च करुणे कर्तव्या कोपनादूते।
हास्ये विचित्रा कर्तव्या नीलवर्णा भयानके
वीभत्स के धूमला स्याद्रौद्रे रक्ता प्रशस्यते।
अद्भुते कृष्ण वर्णा स्यादेत्प्राचीनसंमतम्',
अरुणापि सा सर्वत्र कार्या यवनिकाबुधैः।।
—*स्टडीज इन नाट्यशास्त्र* के पृ. 204 पर जी.एच. तरेलकर द्वारा उद्धृत।

30. एम.एम. 106, निर्णय सागर प्रेस।
31. ए. बेरीडेल कीथ, *द संस्कृत ड्रामा इन इट्स ओरिजिन डेवेलपमेंट थ्योरी एंड प्रेक्टिस,* पृ. 359।
32. डॉ. राय गोविंद चंद्र, *भरत नाट्यशास्त्र में नाट्यशालाओं के रूप,* पृ. 41।
33. *भरतकोश,* पृ. 796।
34. *नाट्यशास्त्र,* अध्याय 5-11.12 (बड़ौदा संस्करण)।
35. तत्रयवनिका रंगपीठतच्छिरसोर्मध्ये
—*अभिनव-भारती,* पृ. 506, (काशी संस्करण)।
36. *नाट्यशास्त्र,* अध्याय 5, 34, पृ. 449।
37. ए. बेरीडेल कीथ, *द संस्कृत ड्रामा,* पृ. 359।
38. *अभिज्ञान शाकुंतलम्,* पांचवां अंक, पृ. 72
—*कालिदास ग्रंथावली,* चौखंबा संस्करण।
39. ध्रुवायां संप्रयुक्तायां पटे चैवापकर्षिते।
—*नाट्यशास्त्र,* 12.3, (बड़ौदा संस्करण)।
40. ए.बी. कीथ, *द संस्कृत ड्रामा,* पृ. 387।
41. प्रविश्य अपटीक्षेपेण संभ्रांतः संवाहकः
—*मृच्छकटिकम्,* द्वितीय अध्याय, पृ. 154, (बरेली संस्करण)।
42. ततः प्रविशति अपटीक्षेपेण प्रहृष्टो विकटोज्जलवेषः कर्णपूरकः,
—तदैव, पृ. 180।
43. नेपथ्यगृहद्वारयोर्मध्ये।
—*अभिनव-भारती टीका,* पृ. 449 (बड़ौदा संस्करण)।
44. डॉ. राय गोविंद चंद्र, *भरत नाट्यशास्त्र में नाट्यशालाओं के रूप,* पृ. 20।
45. डॉ.वी. राघवन, *थियेटर आर्किटेक्चर इन एंशियंट इंडिया,* पृ. 161।
46. *भरतकोश,* पृ. 514।
47. नेपथ्यपरिगतायाश्चक्षुर्दर्शनसमुत्सकं तस्याः।
संहर्तुमधीरतया व्यावसितमित में तिरस्करणीम्।।
—*मृच्छकटिकम,* अंक द्वितीय, पृ. 258।
48. उदय प्रकाश अरोरा, *प्राचीन यूनान : इतिहास एवं संस्कृति,* पृ. 446।

परिशिष्ट

यवन विषयक मूल अभिलेख एवं अनुवाद

अशोक का द्वितीय शिलालेख : गिरनार संस्करण

एपीग्राफिया इंडिका, खंड-2 पृ. 449; हुल्श, *कार्प्स इंसक्रिप्शंस,* प्रथम पृष्ठ 2

भाषा : प्राकृत (पालि)
लिपि : ब्राह्मी

1. सर्वत विजितम्हि देवानंर्पि (प्रि) यस पियदसिनो राञो
2. एवमपि पं (प्र) चंतेसु यथा चोडा पाडा सतियपुतो केतलपुतो आ तंब–
3. पंणी अंतिय (ो) को योन-राजा ये वा पि तस अंतिय (ो) कस सामीप [ा]
4. राजानो सर्वर्त (त्र) देवानंर्पि (प्रि) यस र्पि (प्रि) यदसिनो राञो द्वे चिकीछ(ा) कता
5. मनुस-चिकोछा च पशु-चिकीछा च (।) ओसुढ़ानि च यानि मनुसोपगानि च
6. पसो [प] गानि च यत यत नास्ति सर्वर्त (त्र) हारापितानि च रोपापितानि च (।)
7. मूलानि च फलानि च यत यत्र नास्ति हारापितानि च रोपापितानि च (।)
8. पंथेसु कूपा च खानापिता र्व (व्र) छा च रोपापित [ा] परिभोगाय पसु-मनुसानं (॥)

अनुवाद

देवानांप्रिय प्रियदर्शी राजा के राज्य में सर्वत्र (और) इसी प्रकार प्रत्यंत (राज्यों) में यथा चोलों (और) पांड्यों (के प्रदेश में) (एवं) सत्यपुत्र, केरलपुत्र (तथा) ताम्रपर्णी तक, यवन राजा अंतियोक (के राज्य) में अथवा उन राजाओं के (राज्यों में) भी जो अंतियोक (के राज्य) के निकट है, सर्वत्र देवानांप्रिय की दो चिकित्साएं व्यवस्थित हैं—मानव चिकित्सा

और पशु चिकित्सा। और औषधियां जो मानवोपयोगी और पशुपयोगी (हैं) जहां-जहां नहीं हैं सर्वत्र लाई गई है और रोपी गई हैं। और मूल तथा फल जो जहां-जहां नहीं हैं सर्वत्र लाए गए हैं और रोपे गए हैं। पशुओं और मनुष्यों के उपभोग हेतु मार्गों में कुएं खोदे गए हैं और वृक्ष लगाए गए हैं।

पंचम शिलालेख : मानसेहरा संस्करण

प्राप्ति स्थल—मानसेहरा, हजारा जिला, पश्चिमी पाकिस्तान, ब्यूह्लर, *एपीग्राफिया इंडिका,* II, पृ. 454; हुल्श, *कार्प्स इंसक्रिप्शंस इंडिकेरम,* I, पृष्ठ 74

भाषा : प्राकृत
लिपि : खरोष्ठी

1. दे [वनं] प्रियेन प्रियद्रशि रज एव [˙] अह (।) कलण [˙] दुकर [˙] (।) ये अदिकरे कयणस से दुकंर करोति (।) तं मय बहु [क] यणे [क] टे (।) [त] म [अ] पुत्र [च]
2. नत [रे] च पर च [ते] न ये अपतिये मे [अ] व-कपं तथ अनुवटशति से सुकट क [ष] ति (।) ये [चु] अत्र देश पि हपेशति से दुकट कषति (।)
3. पपे हि नम सुपदरवे (।) [से] अतिक्रत [˙] अ [˙] तर [˙] न भुतप्रुव ध्रम [म] ह-यत्र नम (।) से त्रेडस-व [ष] भि सितेन मय ध्रम-महयत्र कट (।) ते सव्र-प [ष] डेष
4. वपुट ध्रमधिथ [न] ये च ध्रम-वध्रिय हिद-सुखये च [ध्र] मयुतस योन-कंबोज-गधरन र [ठि] क-पितिनिकन ये व पि अञे अपरत (।) भ [ट] मये—
5. षु ब्रमणिभ्येषु अनथेषु वुध्रेषु हिद-सु [ख ये] ध्रमयुत-अपलिबोधये विय [पु] ट ते (।) वधन-बध [स] पटिवि [धनये] अपलिबोधये मोक्ष [ये] [च] [इयं]
6. अनुबध [प्र] ज [व] [ति] व कटभिकर ति व महलके ति व वियप्रट ते (।) हिद बहिरेषु च नगरे [षु] सव्रेषु [ओ] रोधनेषु भतन च स्प [सु] न [च]
7. ये व पि अञे ञतिके सव्रत्र वियपट (।) [ए] इयं ध्रम-निशितो तो व

धम्रधिथने ति व दन-संयुते ति व सव्रत्र विजितसि मअ ध्रम-युतसि वपुट [ते]

8. ध्रग-गहगत्र (।) एतये अथये अयि ध्रग दिपि लिखित चिर ठितिक होतु तथ च मे प्रज अनुवटतु (॥)

अनुवाद

देवो का प्रिय प्रियदर्शी राजा कहता है, कल्याण दुष्कर है। जो कल्याण का आरंभक है वह दुष्कर कर्म करता है। मेरे द्वारा बहुत से कल्याण (कार्य) किए गए हैं। जो मेरे पुत्र और पौत्र और उनके बाद जो मेरे वंशज होंगे वे कल्पांत तक वैसा ही अनुसरण करेंगे (अर्थात कल्याण करते रहेंगे) तो सुकृत (पुण्य) करेंगे। किंतु जो (कर्तव्य को) अंशमात्र भी भंग करेगा व दुष्कृत (पाप) करेगा। पाप (एक) सुप्रवेश्य (घर) है। भूतकाल में बहुत समय से धर्म महामात्र नाम के पदाधिकारी नहीं होते थे। तेरह वर्ष से अभिषिक्त मेरे द्वारा धर्ममहामात्र नियुक्त किए गए। वे धर्म की स्थापना के लिए और धर्म की वृद्धि के लिए और धर्मात्माओं के हित और सुख के लिए सब संप्रदायों में तथा यवनों, कंबोजों, गंधारों एवं अन्य अपरांतों में नियुक्त हैं। वे भृत्यों (संभवतः शूद्रों) वैश्यों, ब्राह्मणों व इभ्यों (राजाओं-क्षत्रियों) में अनाथों में, वृद्धों में, उनके हित व सुख के लिए और धर्मात्माओं की बाधाएं दूर करने के लिए नियुक्त हैं।

वे बंदियों को (मुक्ति हेतु) द्रव्यादि से सहायता देने के लिए उनकी कठिनाइयों को दूर करने के लिए तथा उनकी मुक्ति के लिए प्रयासरत हैं। विशेषतः अगर वे (बंदी लोग) संतान (के भार) से बंधे हुए (दबे हुए) हैं, अथवा उन्होंने पहले सेवा की है (अर्थात वे सेवा करके मुक्त होने के अधिकारी हो गए हैं) अथवा बहुत वृद्ध हो गए हैं। वे यहां (पाटलिपुत्र) और बाहरी नगरों में (मेरे) सब अंतःपुरों में तथा मेरे भाइयों, बहनों तथा यहां तक कि अन्य संबंधियों के (अंतःपुरों में) भी, वे सभी स्थानों पर लगे हुए हैं। वह (कोई) चाहे धर्मान्मुख है, चाहे दान संयुक्त है (अर्थात दान देने वाला है) और चाहे धर्मनिष्ठ है, वे धर्म महामात्र मेरे राज्य में सर्वत्र नियुक्त हैं। इसलिए यह धर्मलिपि लिखी गई है कि यह चिरस्थायी हो और मेरी प्रजा इसके अनुसार आचरण करे।

त्रयोदश शिलालेख : शहबाजगढ़ी संस्करण

प्राप्ति स्थल—शहबाजगढ़ी शिला पर पश्चिमी दिशा में। व्यूहलर, एपीग्राफिया इंडिका II, पृ. 463, हुल्श, कार्पस इसंक्रिप्शंस इंडिकेरम, I पृ. 66

भाषा : प्राकृत
लिपि : खरोष्ठी

1. [अठ]-वष-अ [भिसि] त [स] [देवन] प्रि [अ] स प्रि [अ] द्रशिस र [ञो] क [लिग] वि [ज] त (।) दिअढ़- म [त्रे] प्रण-शत-[सठ] स्रे [ये] ततो अपवुढ़े शत सहस्र मत्रे तत्र हते बहु-तवत [के] [व] मुटे (।)
2. ततो [प] च अ [धु] न ल [धे] षु [कलिगेषु] [तिव्रे] [ध्रम-शिलन] ध्र [म-क] मत ध्रमनुशस्ति च देवनंप्रियस (।) सो [अ] स्ति अनुसोचन देवन [प्रिअ] स विजिनिति कलिग [नि] (।)
3. अविजितं [हि] [वि] जिनमनो यो त [त्र] वध व मरणं व अपवहो व जनस तं वढ़ [वे] दनि [य] म [तं] गुरु-मत [ं] च देवनं प्रियम (।) इदं पि चु [ततो] गुरुमततरं [देवनं] प्रियस ये तत्र
4. वसति ब्रमण व श्रम [ण] व अ [ं] ञे व प्रषंड ग्र [ह] थ व येसु विहित एष अग्र भुटि-सुश्रुष मत-पितुषु सुश्रुष मित्र-संस्तुत सहय—
5. ञतिकेषु दस-भकटनं सम्म-प्रतिप [ति] द्रिढ़-भतित तेष तत्र भोति [अ] प [ग्र] थो व वधो व अभिरतन व निक्रमणं (।) येष व पि सुविहितनं [सि] (ने) हो अविप्रहिनो [ए] [ते] ष मित्र संस्तुत-सहय-भतिक वसन
6. प्रपुणति [त] त्र तं पि तेष वो अपग्रथो भोति (।) प्रतिभगं च स्व [ए] तं सव्र-मनुशनं गुरुमतं च देवनंप्रिय [स] (।) नस्ति च एकतरे पि प्रषडस्पि न नम प्रस दो (।) सो यमत्रो [ज] नो तद कलिगे [ह] तो च मु [टो] च अप [वुढ़] च ततो
7. शत-भगे व सहस्र-भगं व [अ] ज गुरु मतं [वो] देवनंप्रियस (।) यो पि च अपकरेयति क्षमितविय-मते व देवनं [प्रि] यस यं शको क्षमनये (।) य पि च अटवि देवनंप्रिय विजिते भोति त पि अनुनेति अपुनिजपेति (।) अनुतपे पि च प्रभवे
8. देवनंप्रिय वुचति तेष किति अवत्रपेयु न च [ह] श्रेयसु (।) इछति हि [देव]

ने प्रियो सव्र-भुतन अक्षति स [ं] यमं सम [च] रियं र भसिये (।) अयि च मुख-मुत विजये देवनंप्रिय [स] यो ध्रम-विजयो (।) सो च पुन लधो देवनंप्रियस इह च सवेषु च अंतेषु

9. [अ] षषु पि योजन-श [ते] षु यत्र अंतियोको नम [यो] न-रज परं च तेन अ [ं] तियो [के] न चतुरे ४ रजनि तुरमये नम अंतकिनि नम मक नम अलिकसुदरो नम निच चोड-पंड अव त [ं] बपं [णि] य (।) [ए] वमेव [हि] द रज-विषवस्पि योन-क [ं] बोयेषु नभक-नभितिन

10. भोज-पितिनिकेषु अंध्र-पलिदेषु सवत्र देवनंप्रियस ध्रमनुशस्ति अनुवटंति (।) यत्र पि देवनंप्रियस दुत न व्रचंति ते पि श्रुतु देवनंप्रियस ध्रमवुंट विधनं ध्रमनुशस्ति ध्रमं [अ] नुविधियंति अनुविधिवशं [ति] च (।) यो [स] लधे एतकेन भो [ति] सवत्र विजयो सव [त्र] पु [न]

11. विजये प्रिति-रसो सो (।) लध [भोति] प्रिति ध्रम-विजयस्पि (।) लहुक तु खो स प्रिति (।) परत्रि [क] मेव यह-फल मेत्रति देवन [ं] प्रियो (।) एतये च अठये अयि ध्रम-दिप निपि [स्त] (।) किति पुत्र पपोत्र मे असु नवं विजयं मः विजेत [वि] अव मत्रिषु (।) रूप [कस्पि] यो विज [ये] [क्ष] ति च लहु-द [ं] ढ़त च रोचेतु (।) तं च यो विज (सं) मत्र [तु]

12. यो ध्रम-विजयो (।) सो हिदलोकिको परलोकिको (।) सव चतिरति भोतु य [ध्र] म-रति (।) स हि हिदलोकिक परलोकिक (।।)

अनुवाद

आठ वर्ष से अभिषिक्त देवानांप्रिय प्रियदर्शी राजा द्वारा कलिंगों (अर्थात कलिंग देश) को जीता गया। डेढ़ लाख मनुष्य वहां से अपहृत हुए, एक लाख वहां हताहत हुए और उतनी ही संख्या में मृत हुए। उसके बाद हाल में जीते गए कलिंग में देवानांप्रिय का धर्म व्यवहार, धर्म प्रेम और धर्मोपदेश तीव्र हुआ। कलिंग को जीतकर देवानांप्रिय को अनुताप है। जब कोई अविजित जीता जाता है, वहां लोगों का वध, मरण और अपहरण होता है, यह देवानांप्रिय के लिए अत्यंत वेदना देने वाली और गंभीर बात है। इससे भी अधिक गंभीर बात देवानांप्रिय के लिए यह है। वहां जो ब्राह्मण, श्रमण और अन्य संप्रदायों के लिए गृहस्थ अनुयायी रहते हैं—जिनमें उच्चपदस्थ जनों की सुश्रुषा, माता-पिता की सुश्रुषा, गुरुओं की सुश्रुषा एवं मित्रों, परिचितों, सहायकों, जाति वालों, दास-भृतकों के प्रति सम्यक्-व्यवहार और दृढ़

भक्ति पाई जाती है उनमें भी आघात, वध और प्रियजनों का निष्कासन पाया जाता है। उन लोगों के भी, जो सुस्थित हैं और जिनका स्नेह कम नहीं हुआ है, मित्र, परिचित और जाति वाले व्यसन को प्राप्त होते हैं और तब वहां उन पर भी आघात होता है। यह सब मनुष्यों का भाग्य है और देवानांप्रिय के लिए गंभीर बात है। एक भी संप्रदाय ऐसा नहीं है जिसमें लोगों का अनुराग न हो। इसलिए जितने भी लोग उस समय कलिंग में हत, मृत और अपहृत हुए उनका शत भाग या सहस्र भाग भी आज देवानांप्रिय के लिए गंभीर बात है।

यदि कोई उपकार भी करता है, देवानांप्रिय के लिए क्षम्तव्य है जहां तक क्षमा करना शक्य है। जो भी अटवी जन देवानांप्रिय के राज्य में है उन पर भी वह अनुग्रह करता है और उनको कर्तव्य का बोध कराता है। देवानांप्रिय का अनुताप और प्रभाव उनको बताया जाना चाहिए। क्यों? जिससे वे गुरुतर राजोपकार करने को बचे और मारे न जाएं। देवानांप्रिय सब प्राणियों के कल्याण, संयम, समाचर्या और सौजन्य की इच्छा करते हैं। देवानांप्रिय के अनुसार वही प्रधान विजय है जो धर्मविजय है और वह देवानांप्रिय द्वारा पुनः प्राप्त हुई है यहां और सभी प्रत्यंत राज्यों में छह सौ योजन तक जहां अंतियोक नाम का यवनराज और उस अंतियोक से परे चार राजा तुरमय नामक अंतकिनि नामक मक नामक अलिक सुंदर नामक (शासन करते हैं तथा) नीचे (अर्थात दक्षिण की ओर) चोड़ों (चोलों), पंडों (पांड्यों), तबपणिकों (ताम्रपर्णीवासियों) तक। इसी प्रकार यहां राज विषयों में (तथा) योन-कंबोयों (यवनकंबोजों), नभक-नभितिनो (नामक-नामपंक्यिों) भोज पितिनिको (भोज-पैत्रयणिकों) अधंपलिंदों (अंध्रपुलिंदों) में सर्वत्र देवानांप्रिय की धर्मानुशस्ति का पालन किया जाता है। वहां भी जहां देवानांप्रिय के दूत नहीं पहुंचते, देवानांप्रिय की धर्मोक्ति, विधान और धर्मानुशस्ति को सुनकर धर्म का आचरण करते हैं और करते रहेंगे। इस प्रकार सर्वत्र जो विजय उपलब्ध होती है, वह सर्वत्र पुनः प्रेम रस युक्त विजय होती है। धर्म विजय में प्रीति प्राप्त होती है। परंतु वह प्रीति बहुत छोटी होती है। देवानांप्रिय महाफल पारलौकिक ही मानते हैं। इस प्रयोजन के लिए यह धर्मलिपि लिखवाई गई। क्यों? (इसलिए कि) मेरे पुत्र (और) पौत्र जो हों वे शांति और लघुदंडता में रुचि रखें और उसी को विजय मानना चाहिए जो धर्म विजय है। वह इहलौकिक और पारलौकिक है जो धर्मरति है वह पूर्णतः अति रति है। वही इहलौकिकी और पारलौकिकी है।

खारवेल का हाथीगुंफा अभिलेख

पुरी जिले में भुवनेश्वर के निकट उदयगिरि पर्वत पर। जेम्स प्रिंसेप, *जे.ए.एस.बी.*, 6, पृ. 1075-91; *कार्प्स इंसक्रिप्शंस इंडिकेरम*, I, पृ. 27; 98-101; 132; आर.एल.मित्रा, *एंटीक्वीटीज ऑव उड़ीसा*, I, पृ. 16; बी.एम. बरुआ, *ओल्ड ब्राह्मी इंसक्रिप्शंस*, स. 1; *इंडियन हिस्टारिकल क्वार्टरली*, 14, पृ. 261

भाषा : पालि से मिलती प्राकृत

लिपि : ब्राह्मी

1. नमो अरहंतानं [।] नमो सव सिधानं [।।] ऐरेण महाराजेन महामेघवाहनेन चेति राज व [] स वधनेन पसथ सुभ लखनेन चतुरंत लुठ [ण] गुण-उपितेन कलिंगाधिपतिना सिरि-खारवेलेन
2. [पं] दरस-वसानि सीरि [कडार]-सरीर-वता कीडिता कुमार कीडिका [।।] ततो लेख-रूप गणना-ववहार-विधि विसारदेन सव विजावदातेन नव वसानि योवरज [प] सासिंत [।।] संपुंण चतुवीसति-वसो तदानि वधमान सेसयो-वेनाभिविजयो ततिये
3. कलिंग राज वसे (स) पुरिस-युगे महाराजाभिसेचनं पापुनाति [।।] अभिसितमतो च पधमे वसे वात-विहत-गोपुर-पाकार निवेसनं पटिसंखारयति कलिंगनगरि खिबी [रं] [।] सितल-तडाग-पाडियो च बंधापयति सवूयान प [टि] संथपनं च
4. कारयति पनसि [ति] साहि सत-सहसेहि पकतियो च रंजयति [।।] दुतिये च वसे अचितयिता सातकंनिं पछिम-दिसं हय-गज-नर-रध-बहुलं दंडं पठापयति [।] कन्ह बेंणां गताय च सेनाय वितासिति असिकनगरं [।।] ततिये पुन वसे
5. गंधव-वेद-बुधो दप-नत गीत-वादित-संदसनाहि-उसव-समाज-कारापनाहि च कीडापयति नगरिं [।।] तथा चवुथे वसे विजाधराधिवासं अहतपुवं कलिंग (?) पुव राज [निवेसितं]........वितध म [कु] ट........च निखित छ (?)
6. भिंगारे [हि] त-तरन सपतेये सव रठिक भेजके पादे बंदापयति [।।] पंचमें च दानी वसे नंदराज-तिवससत ओ [घा] टितं तनसुलिय-वाटा पणाडिं नगरं पवेस [य] ति सो........[।] [अ] भिसितो च [छठे वसे] राजसेयं संदंसयंतो

सवकर वण

7. अनुगह-अनेकानि सत-सहसानि विसजति पोर-जानपंद [।।] सतमं च वसं [पसा] सतो वजिरधर.......स मतुक पद.......[कु] म........[।।] अठमे च वसे महता सेन [।] गोरधगिरिं
8. घातापयिता राजगहं उपपीडपयति [।] एतिन [।] च कंमपदान स [ं] नादेन........सेन वाहने विपमुचितुं मधुरं अपयातो यवनरा [ज] [डिमित दियुमेत)] [नवमे च वसे]........यछति........पलव
9. कपरुखे हय-गज-रथ-सह यति सव-घरावास........सव गहणं च कारयितुं ब्रहाणानं ज [य] परिहारं ददाति [।] अरहत
10. ....महाविजय पासादं कारयति अठतिसाय सतसहसेहि [।।] दसमे च वसे दंड-संधी-सा [ममयो] भरधवस पठानं मह [ि] जयनं .... कारापयति [ं] प [।] यातानं च म [नि] रतनानि उपलभते........[एकादशमे च वसे]
11. ....पुवं राजनिवेसितं पीथुंडं कदभनंगलेन कासयति [।] जन [प] द भवनं च तेरस वस सत कतं भि [ं] दति त्रमिर दह संघातं [।] वारसमे च वसे ....[सह] . सेहि वितासयति उतरापध राजानो....
12. म [।] गधानं च विपुलं भयं जनेतो हथसं गंगाय पाययति [।] म [ग] ध [ं] च राजानं बहसतिमित पादे वंदापयति [।] नंदराज नीतं च का [लि] ंग-जिनं संनिवेस........अंग मगध वसुं च नयति [।।]
13. ....[क] तू [ं] जठर [लखिल] [गोपु] राणि सिहराणि निवेस-यति सत विसिकन ं[प] रि हारेहि अभुतमछरियं हथी निवा [स] पहिर........हय हथि रतन [मानिकं] पंडराजा........[मु] त मनि रतनानि आहरापयति इध सत [सहसानि]
14. ....सिनो वसीकरोति [।] तेरसमे च वसे सुपवत विजय चके कुमारीपवते अरहते [हि] पखिन सं [सि] तेहि कायनिसीदियाय यापूजावकेहि राज भितिनि चिन वतानि वास [।] तानि पूजानुरत उवा [सग खा] रवेल सिरिना जीवदेह [सयि] का परिखाता [।।]
15. ....सकत समण सुविहितानं च सव दिसानंञ [नि] नं तपसि इ [सि] नप संघियनं अरहतनिसीदिया-समीपे पाभारे वराकार समुथा-पिताहि अनेकयोकनाहिताहि........सिलाहि........

16. ....चतरे च वेडुरिय-गम थंमे पतिठापयति पानतरी [˙] य सत सहसेहि [।] मु [खि] य-कल-वोछिनं च चोय [ठि] अंग संतिक तुरीय उपादयति [।] खेम-राजा स वढ राजा स भिखु राजा धम राजा पसं [तो] सुनं [तो] अनुभव [तो] कलानानि

17. ....गुण विसेस कुसलो सव पासंड पूजको सव दे [वाय] तन सकार कारको अपतिहत चक वाहनबलो चकधरो गुत-चको पवत-चको राजसिवसू कुल विनिश्रिततो महाविजयो राजा खारवेलसिरि [।।]

अनुवाद

अर्हतों को नमस्कार। समस्त सिद्धों को नमस्कार। आर्य, महाराज, महामेघ-वाहन, चेदिराज वंशवर्द्धन, प्रशस्त और शुभ लक्षण वाले, चतुरंत तक पहुंच रखने वाले, गुणों वाले, कलिंगाधिपाति श्री खारवेल द्वारा पंद्रह वर्ष तक श्री कडार अर्थात गौर वर्ण वाले शरीर से कुमार क्रीड़ाएं की गईं (अर्थात राजकुमारों के योग्य खेल खेले गए)।

इसके बाद लेख, रूप, गणना, कानून तथा व्यवहार में विशारद, सब विद्याओं में परिशुद्ध उसके द्वारा युवराज पद पर नौ वर्ष तक शासन किया। चौबीस वर्ष पूरे हो जाने पर जो बचपन से ही वर्द्धमान और अभिविजय में वेन के पुत्र के समान था, कलिंग के राजवंश के तीसरे पुरुष युग में महाराज-अभिषेक को प्राप्त हुआ।

अभिषिक्त होने पर प्रथम वर्ष में कलिंग नगरी खिबीर में वायु से ध्वस्त गोपुरों, प्राचीरों व मकानों की मरम्मत कराई। शीतल ताल, तड़ाग व बांध बंधवाए, सब उद्यानों की मरम्मत कराई और पैंतीस लाख प्रजा की भलाई कराई।

और दूसरे वर्ष शातकर्णि का विचार किए बिना पश्चिम दिशा में बहुत सी अश्व, गज, पदाति तथा रथ सेना भेज दी। कण्णवेणां नदी पार कर उसकी सेना ने मुसिक नगर को भयभीत कर दिया।

तीसरे वर्ष संगीत-विद्या-विशारद ने मल्ल युद्धों, नृत्यों, गीतों और बाजों के तमाशों से उत्सव और समाज कराते हुए नगर का मनोरंजन कराया। चतुर्थ वर्ष में उसने कलिंग के पूर्वगामी राजाओं द्वारा बसाए गए विद्याधराधिवास को, जिस पर इसके पूर्व कभी आक्रमण नहीं किया गया था........अर्थहीन मुकुट........सब राष्ट्रिकों और भोजकों से, जो अपने रत्नों और संपत्ति से वंचित कर दिए गए, जिनके क्षत्रों और सुवर्ण झारियों को गिरा दिया गया और अपने चरणों की वंदना कराई।

पांचवें वर्ष में उसने नंदराज द्वारा तीन सौ वर्ष पूर्व उद्घाटित नहर को तनसुलिये मार्ग से नगर में ले आया।

छठे वर्ष में उसने राजैश्वर्य दिखाते हुए ग्रामों व नगरों के निवासियों पर अनेकशः अनुग्रह करते हुए सब प्रकार के लाखों कर छोड़ दिए। सातवें वर्ष राज्य करते हुए और आठवें वर्ष में खारवेल ने एक विशाल सेना की सहायता से गोरथगिरि को जीतकर राजगृह पर भारी दबाव डाला। उसके इन दुष्कर कर्मों के संपादन के शंखनाद से यवनराज भयभीत होकर सेना और वाहन त्याग कर मथुरा की ओर भाग गया।

दसवें वर्ष उस दंड संधि और सात नीतिमय ने पृथ्वी विजय के लिए भारतवर्ष को.....प्रस्थान किया। अर्थात भारतवर्ष पर आक्रमण किया.......पलायित शत्रुओं के मणिरत्न प्राप्त किए।

ग्यारहवें वर्ष में खारवेल ने एक पूर्व राजा द्वारा स्थापित पीथुंड नगर को गधों के हल से जुतवा दिया। और जनपद के कल्याण के लिए तेरह सौ वर्ष पुराने काले झीलों के समूह को तोड़ दिया। अथवा तमिल देशों के संघ को छिन्न-भिन्न कर दिया।

बारहवें वर्ष में खारवेल ने सहस्रों........के द्वारा........उत्तरापथ के राजाओं को त्रस्त किया........और मगध निवासियों में विपुल भय उत्पन्न करके हाथियों और घोड़ों को गंगा में पानी पिलाया और मगधों के राजा बहसतिमित से अपने दोनों चरणों की वंदना करवाई, नंदराज द्वारा ले जाई गई कलिंग, जिन मूर्तियों........और अंग तथा मगध की संपदा ले गया, शतविंशक मुद्राएं खर्च करके दृढ़ और सुंदर गोपुर अर्थात नगर द्वारा और शिखर बनवाए, अद्भुत और आश्चर्यजनक हस्तिवस्त्रसज्जा हाथी, घोड़े, रत्न और माणिक्य उपलब्ध किए, पांड्य राजा से........यहां लाखों मुक्तामणि और रत्न प्राप्त किए........निवासियों को वश में किया।

तेरहवें वर्ष अपने सुप्रतिष्ठित विजयशील समृद्ध शासन में, उनकी पूजा में अनुरक्त, जो राजकीय सहायता पर निर्भर रहते हैं अपने व्रतों को पूर्ण करते हैं और वर्षा में आश्रय पाने के इच्छुक हैं। श्री खारवेल के द्वारा कुकारी पर्वत पर क्षीण आश्रय वाले और वर्षावास के व्रत याप के उद्यापन में लगे हुए अर्हतों के लिए सुखकर विश्राम स्थल के रूप प्रयोग करने के हेतु जीवदेहाश्रयिकाएं खुदवाई गईं।

सुकर्म करके श्रमण अर्थात खारवेल ने सब दिशाओं से आने वाले सुविहित ज्ञानियों, तपस्वियों, ऋषियों और संघियों का अर्हतों के विश्रामालय के पास पर्वत की ढलान पर अच्छी खानों से निकाली गई अनेक योजना से लाई गई........शिलाओं द्वारा

........और पचहत्तर लाख मुद्राओं द्वारा चौकोर कक्ष में वैदूर्य जड़ा स्तंभ स्थापित किया। मुख्य कलाओं से युक्त चौंसठ प्रकार के वाद्यों से समन्वित शांतिपूर्ण वाद्य ध्वनि उत्पन्न कराई ।

राजर्षि वसुकुल में उत्पन्न महाविजय राजा श्री खारवेल क्षेमराज, वृद्धराज, भिक्षुराज, धर्मराज, कल्याणों को देखते, सुनते और अनुभव करते हुए .... विशेष गुणों में कुशल, समस्त संप्रदायों का पूजक, सब देव मंदिरों को सुधरवाने वाला, अपराजित राज्य और सेना के कारण बलवान, सुप्रतिष्ठित राजचक्र वाला, राजमंडल द्वारा सुरक्षित और अनुलंघित शासन वाला अर्थात उसके आदेशों का कभी उल्लंघन नहीं होता था।

कार्ले गुफा अभिलेख

स.-7, फलक-1, (का - 07)
चैत्य गुहा। बाईं पंक्ति, तीसरे स्तंभ के ऊपर

एपीग्राफिया इंडिका
खंड-7, पृ. 54-55

मूलपाठ

धेनुककट यवनस सिहधयन थम्बों दानम्

अनुवाद

धेनुककट के यवनस विहधय ने इस स्तंभ का दान किया।

संख्या 10, फलक-1 (का-10)

चैत्य गुहा। बाईं पंक्ति, चौथे स्तंभ पर

एपीग्राफिया इंडिका
खंड-7, पृ. 55-56

मूलपाठ

1. धेनुककट
2. धम्म यवनस

अनुवाद

धेनुककट से आया धम्म यवन

कार्ले चैत्य गुहा में अप्रकाशित दान अभिलेख
सं.-1, पांचवां स्तंभ, दाईं पंक्ति

एपीग्राफिया इंडिका, खंड-1.8

पृ. 325-26

मूलपाठ

1. उम्हेनाकटा यवनस
2. विटस [म] गतानम दानम् थभो।
3.

अनुवाद

उम्हेनाकट के यवन विटसमगत ने [यह] स्तंभ दान किया।

संख्या 4, तेरहवां स्तंभ, दाईं पंक्ति

एपीग्राफिया इंडिका, खंड-18

पृ. 326

मूलपाठ

1. धेनुकाकटा य [व] नस धमध
2. यानम् थभो दानम्

अनुवाद

धेनुकाकट के यवन धमधय ने [यह] स्तंभ दान किया।

सख्या 6, पंद्रहवां स्तंभ, दाईं पंक्ति

मूलपाठ

1. धेनुकाकट चुलयरवन [।म]
2. [य] वनस तभो दान

एपीग्राफिया इंडिका, खंड-18, पृ. 327

सं.-7, चौथा स्तंभ, बाईं पंक्ति

अनुवाद

धेनुकाकट के चुलयख यवन ने स्तंभ दान किया।

मूलपाठ

एपीग्राफिया इंडिका, खंड-18

पृ. 327

1. धेनुकाकटा यवनस
2. हिधयान [म] थम्भो दानम्

अनुवाद

धेनुकाकट के यवन सिहधय ने [यह] स्तंभ दान किया।

संख्या 10, नवां स्तंभ, बाईं पंक्ति

एपीग्राफिया इंडिका, खंड-18

पृ. 328

मूलपाठ

1. धेनुकाकट यवनस
2. यसवधनान [म]
3. थभो दान [म]

अनुवाद

धेनुकाकट के यवन यसवधन ने [यह] स्तंभ दान किया।

हेलियोडोरस का गरुड़ बेसनगर स्तंभ लेख

बेसनगर, अलसा, म.प्र. फोगेल, *ए.एस.आई;* ए.आर., 1908-09, 126 डी. आर. भंडारकर, *जे.बी.बी.आर.ए.एस.*, XXIII, पृ. 104; ए.के. नारायन, *इंडो ग्रीक* 1957;118

भाषा : संस्कृत से प्रभावित प्राकृत
लिपि : द्वितीय श.ई. पू. की ब्राह्मी

भाग 1

1. [दे] व देवस वा [सुदे] वस गरुड़ध्वजे अयं
2. कारिते इ [अ] हेलिओदोरेण भाग
3. वतेन दियस पुत्रेण तख्खसिलाकेन
4. योन-दूतेन [आ] गतेन महाराजस
5. अंतलिकितस उप [ं] ता सकास रो
6. [का] सी पु [त्र] स [भ] ागभद्रस त्रातारस
7. वसेन च [तु] दसेन राजेन वधमानस

भाग 2

1. त्रिनि अमुत पदानि [इअ] [सु] अनुठितानि
2. नेयंति [स्वगं] दम चाग अप्रमाद [।।]

अनुवाद

देवदेव वासुदेव का यह गरुड़ध्वज यहां भागवत हेलिओदोर द्वारा स्थापित किया गया जो दिय का पुत्र, तक्षशिला का निवासी, महाराज अंतलिकित के पास से राजा काशीपुत्र भागभद्र त्राता वर्धमान के पास उसके राज्य के चौदहवें वर्ष में आया हुआ यवन दूत था। ये तीन स्वनुष्ठित अर्थात भली-भांति आचरण किए हुए अमृत पद स्वर्ग ले जाते हैं—दम, त्याग और अप्रमाद।

रुद्रदामन का जूनागढ़ अभिलेख

जूनागढ़ के निकट गिरनार पर्वत, *जेम्स प्रिंसेप, जे.ए.एस.बी.*, पृ. 338; *एसेज ऑन इंडियन एंटीक्विटीज*, 2, पृ. 57; भगवान लाल इंद्र जी एवं ब्यूह्लर, *इंडियन एंटीक्वेरी*, 7, पृ. 257; कीलहार्न, *एपीग्राफिया इंडिका*, 13, पृ. 43; *ल्यूडर्स लिस्ट* स. 965

भाषा : संस्कृत

लिपि : ब्राह्मी

मूलपाठ

1. सिद्धं [।] इदं तडाकं सुदर्शनं गिरिनगराद [पि] ** .... [मृ] [त्ति] कोपल-विस्तारायामोच्छ्रय-निःसंधि-बद्ध-दढ-सर्व्व-पाळीकत्वात्प-र्व्वत-पा-
2. द-त्प्रतिस्पर्द्धि-सुश्लि [ष्ट] - [बंधं] .... [व] जातेनाकृत्रिमेण सेतुबंधे-नोपपन्नं सुप्प्रतिविहित-प्प्रनाली-परीवाह-
3. मीढविधानं च त्रिस्क [न्ध] .... नादिभिरनुग्र [है] र्महत्युपचये वर्त्तते [।] तदिदं राज्ञो महाक्षत्रपस्य सुगृही
4. त नाम्नः स्वामि चष्टनस्य पौत्र [स्य] [राज्ञः क्षत्रपस्य सुगृहीतनाम्नः स्वामी जयदाम्नः] पुत्रस्य राज्ञो महाक्षत्रपस्य गुरुभिरभ्यस्त-नाम्नो रू [द्र] दाम्नो वर्षे द्विसप्ततित [में] 70 [+] 2
5. मार्ग्गशीर्ष बहुल प्र [ति] [पदि] .... * :मृष्टवृष्टिना पर्ज्जन्येन एका-र्णवभूतायामिव पृथिव्यां कृतायां गिरेरूर्जयतः सुवर्णसिकता-
6. पलाशिनी-प्रभृतीनां नदीनां अतिमात्रोद्‌वृत्तैर्व्वेगैः सेतुम .... [यमा] णानुरूप-प्रतिकारमपि गिरिशिखर-तरु-तटाट्टालकोपत [ल्प] - द्वार-शरणोच्छ्रय- विध्वंसिना-युगनिधन-सद
7. श-परम-घोर-वोगेन वायुना प्रमथि [त] -सलिल-विक्षिप्त-जर्ज्जरीकृताव [दी] [र्ण] .... [क्षि] प्ताश्म-वृक्ष-गुल्म-लताप्रतानं आ-नदी [त] लादित्युद्घाटितमासीत् [।] चत्वारि हस्त-शतानि वीशदुत्तराण्यायतेन एतावंत्येव [वि] स्ती [र्णे] न
8. पंचसप्तति हस्तानवगाढेन भेदेन निस्सृत-सर्व्व-तीयं मरू-धन्व-कल्पम-तिभृशं दु [र्द] .... [।] .... [स्य] ार्थे मौर्यस्य राज्ञः चंद्र [गु] [प्त] [स्य] राष्ट्रियेण [वै] श्येन पुष्यगुप्तेन कारितं अषोकस्य मौर्यस्य [कृ] ते यवनराजेन तुश [ा]

स्फेनाधिश्ठाय

9. प्रण [ा] ळीभिरल [] कृत [] [त] त्कारित [या] च राजानुरूप-कृत-विधानया तस्मिन् [भे] दे दृष्ट्या प्रनाड्या वि [स्तृ] त से [तु] णा आ-गर्भात्प्रभृत्यवि [ह] त-समुदि [त-रा] ज-लक्ष्मी-धारणा-गुणतस्सर्व्व वर्णेरभिगम्य रक्षणार्थ पतित्वे वृतेन [आ] प्राणोच्छवासात्पुरुषवधनिवृत्ति-कृत-

10. सत्यप्रतिज्ञेन अन्य [त्र] संग्रामेष्वभिमुखागत-सदश-शत्रुप्रहरण-वितरण-त्वाविगुण रि [पु] .... त कारुण्येन स्वयमभिगतजन-पदप्रणिपति [ता] [यु] श-शरणदेन दस्यु-व्याल-मृग-रोगादिभिरनुपसृष्टपूर्व्व- नगर- निगम-

11. जनपदानां स्ववीर्य्यार्जितत्तानामनुरक्त-सर्व्व-प्रकृतीनां-पूर्व्वापराकरावन्त्य-नूपनीवृदानर्त्त-सुराष्ट्र-श्रव [भ्र-मरू-कच्छ-सिंधु-सौवी] र कुकुरापरांत- निशादादीनां समग्राणं तत् प्रभावावाद्य [थावत्प्राप्तधर्मार्थ] काम-विषयाणां विषयाणां पतिना सर्व्वक्षत्राविष्कृत-

12. वीर-शब्द-जा [तो] त्सेकाविधेयानां यौधेयानां प्रसहौत्सादकेन दक्षि-णापथ-पते स्सातकर्णेर्द्विरपि नीर्व्याजमवजीत्यावजीत्य संबंधा [वि] दूर [त] या अनुत्तसादनात्प्राप्त-यषसा [वाद] .... [प्रा] [प्त] विजेन भ्रश्टराज-प्रतिष्ठापकेन यर्थार्त्थ-हस्तो

13. च्छ्रयार्जितोर्जित-धर्मानुरागेन शब्दार्त्थ-गांधर्व्व-न्यायाद्यानां विद्यानां महीतीनां पारण-धारण-विज्ञान-प्रयोगावाप्त- विपुल-कीत्तिना तुरग-गज-रथ-चर्य्यासि-चर्म-नियुद्धाद्या........ति-परबल-लाघव- सौष्ठव-क्रियेण अहरहद्दर्दान-मानान-

14. वनान-षीलेन स्थूललक्षेण यथावत्प्राप्तैर्बलि-शुल्क-भागैः कनक-रजत-वज्त्र-वैडूर्य-रत्नोपचय-विष्यन्दमान-कोशेन स्फुट-लघु-मधुर-चित्र-कांत शब्द-समयोदारालंकृत-गद्य-पद्य-[काव्य-विधान-प्रवीणे] न प्रमाण मानोन्मान-स्वर-गति-वर्ण्ण-सारसत्वादिभिः

15. परम-लक्षण-व्यंजनैरुपेत-कांत-मूर्त्तिना स्वयमधिगत-महाक्षत्रप-नाम्ना नरेंद्र-क [न्या] स्वयंवरानेक-माल्य-प्राप्त-दाम्न [ा] महाक्षत्रपेण-रुद्र-दाम्ना वर्षसहस्राय गो-ब्रा [ह्म] [ण]........[र्त्थ] धर्म्मकीर्तिवृद्ध्यर्थ च अपीडयि [त्व] ा कर-विष्टि-

16. प्रणयक्रियाभिः पौरजानपदं जनं स्वस्मात्कोशात्महता धनौघेन अनतिमहता च कालेन त्रिगुण-दृढतर-विस्तारायामं सेतुं विधा [य स] र्व्वत [टे].........[सु] दर्शनतरं कारितमिति [।] [अस्मि] न्नर्त्थे

17- [च] महा [क्ष] त्रप [स्य] मतिसचिव-कर्मसचिवैरमात्य-गुण समुद्युत्तैरप्यति-महत्वाद्भेदस्यानुत्साह-विमुख-मतिभि [:] प्रत्याख्यातारंभं

18. पुनः सेतुबंध-नैराश्याद् हाहाभूतासु प्रजासु इहाधिष्ठाने पौरजानपदजनानु -ग्रहार्थं पार्थिवेन कृत्स्नानामानर्त्त-सुराष्ट्रानां पालनार्त्थंनियुक्तेन

19. पह्वेन कुलैप-पुत्रेणामात्येन सुविशाखेन यथावदर्थ-धर्म-व्यवहार-दर्शनै-रनुरागमभिवर्द्धयता शक्तेन दांतेनाचपलेनाविस्मितेनार्य्येणाहार्य्येण

20. स्वधितिष्ठता धर्म-कीर्त्ति-यशांसि भर्तुरभिवर्द्धयतानुष्ठित [मि] । [ति]

अनुवाद

सिद्धि हो। यह सुदर्शन तड़ाक, गिरि नगर से भी----मिट्‌टी और पाषाण से चौड़ाई, लंबाई और ऊंचाई में छिद्र रहित जोड़ों से बंधी हुई (अर्थात ऐसी जुड़ाई द्वारा बंधी हुई जो दिखाई नहीं देती) मजबूत बंध-पंक्तियों के कारण सुश्लिष्टबंध (और इसलिए) शैलबाहु से प्रतिस्पर्धा करने वाला----द्वारा निर्मित नैसर्गिक बांध से युक्त तथा जल प्रणालियों, नालों और मेढ़-व्यवस्था से भली-भांति सज्जित, तीन भागों में विभक्त-----अनुग्रह के साथ बहुत अच्छी अवस्था में विद्यमान है। यही (तड़ाक) राजा महाक्षत्रप सुगृहीतनामा स्वामी चष्टन के पौत्र, राज क्षत्रप सुगृहीतनामा स्वामी जयदामा के पुत्र, राजा महाक्षत्रप, श्रेष्ठजनों द्वारा बार-बार लिए जाने वाले रुद्रदामा के 72वें वर्ष में (अर्थात उसके द्वारा प्रयुक्त संवत् के 72वें वर्ष में) अग्रहरण माह के कृष्ण पक्ष की प्रतिपदा को---जब बादलों से (अथवा इंद्र द्वारा) घनघोर वर्षा द्वारा पृथ्वी मानो एक समुद्र के समान प्रतीत होने लगी, उर्जयत पर्वत की सुवर्णसिकता और पलाशिनी आदि नदियों के, सीमा तोड़कर बहने वाले अत्यधिक वेग (अर्थात भयंकर बाढ़) से बांध------अनुकूल उपायों के बावजूद गिरि शिखरों, वृक्षों (अर्थात गिरि-शिखर जैसे वृक्षों) तटों, अट्‌टालिकाओं (अथवा तटवर्ती अट्‌टालिकाओं) उपरली मंजिलों द्वारा उच्च शरणस्थलों का विध्वंस करने वाले और प्रलयकालीन प्रभंजन के समान प्रचंड गति वाले पवन द्वारा विलोड़ित जल के विक्षेप से जर्जरीभूत और-----इधर-उधर फेंके पत्थरों, वृक्षों, झाड़ियों, लताओं तथा शाखाओं वाला (यह बांध) नदी की तलहटी तक उखाड़ दिया गया।

चार सौ बीस हाथ लंबी, इतनी ही चौड़ी तथा पचहत्तर हाथ गहरी दरार द्वारा सब जल निकल जाने के कारण (यह तड़ाक) लगभग एक रेगिस्तान के समान अत्यंत दुर्दर्शन हो गया। यह तड़ाक (इसी जनपद) के लिए मौर्य नरेश चंद्रगुप्त के गवर्नर

वैश्य पुष्य गुप्त द्वारा बनवाया गया। अशोक मौर्य के लिए यवन राज तुषास्फ द्वारा शासन भार संभालने के बाद प्रणालियों (नहरों) से सुशोभित किया गया।

राजोचित ढंग से बनवाई गई और उसके (अर्थात तुषाष्फ) द्वारा निर्मित प्रणाली द्वारा, उसकी दरार में देखकर, विशाल बांध-----वाले मग्न तड़ाक को रुद्रदामा द्वारा और अधिक सुंदर करवा दिया। जिसे गर्भ से ही अबाध और समुदित लक्ष्मी को धारण करने के गुणों के कारण सभी वर्णों के लोगों ने, उसके पास पहुंचकर, अपनी रक्षा के लिए अपना स्वामी बनाया था; जिसने संग्रामों के अतिरिक्त अन्यत्र आजीवन मानववध से निवृत्त रहने की सत्य प्रतिज्ञा की है; जो करुणा दिखाता है लेकिन सामने आए शत्रुओं पर प्रहार करने में संकोच नहीं करता है; जो उन लोगों को जो स्वयं उसके पास आते हैं और चरणों में अवनत होते हैं, आयु भर के लिए शरण देता है।

जो पूर्वी और पश्चिमी मालवा, अनूप देश (अथवा अनूप, नीवृत) आनर्त्त, सुराष्ट्र, श्वभ्र, मरू, कच्छ, सिंधु, सौवीर, कुकुर, अपरांत निषाद आदि समस्त विषयों का स्वामी है जिनके नगर, कस्बे तथा ग्राम्य-क्षेत्र डाकुओं, सर्पों, पशुओं और रोगादि से सर्वदा उत्पीड़ित रहते हैं, उसके अपने शौर्य से अर्जित है। जिनकी समस्त प्रजा उसके प्रति निष्ठावान हैं जहां उसके प्रभाव से धर्म, अर्थ और काम के लक्ष्य यथावत प्राप्त किए जाते हैं, जिसके उन यौद्धेयों को सब क्षत्रियों में अपनी 'वीर' उपाधि को प्रकट करने से उत्पन्न अभिमान के कारण किसी के अधीन नहीं रहते थे। बलात् उखाड़ फेंका, जिसने दक्षिणापथपति शातकर्णि को दो बार खुले युद्ध में जीत लेने पर भी संबंध की निकटता के कारण उन्मूलित न करने देने के यश को प्राप्त किया।

जो विजय प्राप्त करने वाला है, जो राज्यच्युत राजाओं को पुनः प्रतिष्ठित करने वाला है, जिसने समुचित रूप से हाथ उठाकर धर्म के प्रति दृढ़ अनुराग को उपार्जित किया है, जिसने व्याकरण, अर्थशास्त्र, संगीत विद्या तथा व्यवहार से विपुल कीर्ति प्राप्त की है, जो अश्व-गज और रथ के संचालन तथा तलवार और ढाल वाहु युद्ध आदि----शत्रुओं की सेना पर सुंदरता के साथ अपनी फुर्ती दिखाने वाला है, जो दिन-रात दान, मान तथा आदर देने वाला है, जो बहुव्ययी है, जो समुचित रूप से प्राप्त मालगुजारी, चुंगी तथा भाग के कारण सुवर्ण, रजत वैदूर्य तथा रत्नों के संग्रह से भरपूर राजकोष वाला है।

जो अर्थ व्यक्ति गुण युक्त प्रसाद गुण समन्वित, मधुर ओजमय, सुंदर, समयोचित शब्दों और मुहावरों के कारण प्रशस्त और अलंकारों से सज्जित गद्य और पद्य है, जो यथोचित लंबाई और चौड़ाई वाले आकार, स्वर, गति, वर्ण, बल और शक्ति आदि

श्रेष्ठ लक्षणों और चिह्नों से युक्त सुंदर शरीर वाला है, जिसने महाक्षत्रप उपाधि स्वयं धारण की है, जिसने राजकुमारियों के स्वयंवरों में अनेक मालाओं को प्राप्त किया है।

महाक्षत्रप रुद्रदामा ने एक हजार वर्ष के लिए गो एवं ब्राह्मण के लिए धर्म और यज्ञ की अभिवृद्धि हेतु पुरों और ग्राम्य क्षेत्रों के निवासियों को कर, बेगार तथा प्रव्यय से पीड़ित किए बिना अपने निजी कोष की विशाल धनराशि से थोड़े ही समय में लंबाई, चौड़ाई में तीन गुना अधिक मजबूत बांध बंधवाकर सब तटों को और अधिक सुंदर करवा दिया।

और इस विषय में दरार की विशालता के कारण महाक्षत्रप (रुद्रदामा) के प्रति सचिवों व कर्मचारियों द्वारा जो अमात्यों के गुणों से भलीभांति युक्त होने के बावजूद हतोत्साह और विमुखमति हो गए थे, आरंभ में विरोध किए गए इस कार्य को, जिसके कारण प्रजा पुनः बांध-बंध जाने की आशा टूट जाने से 'हाय-हाय' करने लगी थी, नगर और ग्रामवासियों पर अनुग्रह करने हेतु समस्त आनर्त्त और सुराष्ट्र के पालन के लिए इस शासन में राजा द्वारा नियुक्त पह्लव जातीय, कुलैप के पुत्र अमात्य सुविशाख द्वारा जो धर्म और अर्थ के समुचित व्यवहार और निरीक्षण से अनुराग को बढ़ाने वाला शक्तिशाली, संयमी, स्थिर निराभिमानी, आर्योचित गुणों से संपन्न और कभी न डिगने वाला है, अपने शासन में स्वामी के धर्म, रीति और यश की अभिवृद्धि के लिए पूर्ण कराया गया।

वशिष्ठीपुत्र पुलमावी का नासिक गुहा अभिलेख (वर्ष 149 ई. लगभग)

प्राप्ति स्थल—नासिक जिला, *तत्कालीन बांबे राज्य से। गुहा* स. 3 के बरामदे के पिछली दीवार पर, प्रवेश द्वार के ऊपर, भगवान लाल, इंद्र जी, *बांबे गजेटियर,* 16, पृ. 550, स. 2; ब्यूह्लर, *आर्कियोलाजिकल सर्वे ऑव वेस्ट इंडिया,* 4, पृ. 180, स. 18; सेनार्ट, *एपीग्राफिया इंडिका,* 8, पृ. 60-65, स. 2, ल्यूडर्स लिस्ट 1123

भाषा : प्राकृत

लिपि : ब्राह्मी

1. सिद्धं [।।*] रजो वासिठीपुतस सिरिपुळमायिस सवछरे एकुनवीसे 10 [।*] 9 गीम्हाणं पखे बितीये 2 दिवसे तेरसे 10 [।*] 3 राजरजो गोतमीपुतस हिमव मेरु

2. मंदर-पवत-सम-सा असिक-असक मुळक-सुरठ-कुकुरापरंत-अनुप-विदभ-आकारा-वंति-राजस विझछवत-परिचात-सह [सह्य] कण्हगिरि-मच-सिरिटन-मलय-महिद-
3. सेटगिरि-चकोर-पवत'पतिस सवराज [लोक-म] डल-पतिगहीत-सासनस दिवसकर [क] र-विबोधित-कमलविमल-सदिस-वदनस तिसमुद-तोय-पीत-वाहनस पटिपू [ं] ण-चद-मउल-ससिरीक-
4. पियदसनस वर-वारण-विकम-चारु-विकमस भुजगपति-भोग-पीन-वाट-विपुल-दीघ-सुद [र*] भुजस अभयोदकदान-किलिन-निभय-करस अविपन-मातु-सुसूसाकस सुविभत-तिवग-देस-कालस
5. पोरजन-निविसेस-सम-सुख-दुखस खतिय-दप-मान-मदनस सक-यवन-पह्लव-निसूद-नस धमोपजित-कर-विनियोग करस कितापराधे पि सतुजने अ-पाणहिसा-'रुचिस दिजावर-कुटूब-विवध-
6. नस खखरात वस निरवसेस-करस सातवाहनकुल-यस-पतिथापनकरस सव-मंडलाभिवादित-च [र*] णस विनिवतित-चातूवण-संकरस अनेक-समरावजित-सतु-सघस अपराजित-विजयपताक-सतुजन-दुपधसनीय
7. पुरवरस कुल-पुरिस-परपरागत-विपुल-राज-सदस आगमान [नि] लयस सपुरिसानं असयस सिरी [ये] अधिठानस उपचारान पभवस एककुसस एक धुधरस एक सूरस एक बह्मणस राम-
8. केसवाजुन-भीमसेन-तुल-परकमस छण-धनुसव-समाज-कारकस नाभाग-नहुस-जनमेजय-सकर-य [या] ति-रामाबरीस-सम-तेजस अपरिमित-मखयमचितमभुत पवन-गरुळसिध-यख-राखस-विजाधर-भूत गधव-चारण-
9. चद-दिवाकर-नखत-गह-विचिण-समरसिरसि जित-रिपु-सघस नागवर खधा गगनतलमभिविगाढस कुल-विपु [लसि] रि-करस सिरि सातकणिस मातुय महादेवीय गोतमीय बलसिरीय सचवचन-दान- खमा-हिसा-निरताय तप-दम-निय
10. मोपवास-तपराय राजरिसिवधु सदमखिलमनुविधीयमानाय कारित देयधम [केलासपवत] सिखर-सदिसे- [ति] रण्हु-पवत-सिखरे विम [ान*] वर-निविसेस-महिढीकं लेण [।*] एत च लेण महादेवी महाराज-माता महाराज-[पि] तामही ददाति निकायस भदावनीयान भिखु-सघस [।*]
11. एतस च लेण [स] चितण-निमित महादेवीय अयकाय सेवकामो पियकामो

च ण [ता] सिरि-पुलु मावि [दखिणा*] पथेसरो पितु-पतियो [पितिये] धमसेतुस [ददा] ति गामं तिरण्हु पवतस अपर-दखिण-पसे-पिसाजिपदक-सवजात-भोग-निरठि [।।]

अनुवाद

सिद्ध हो। राजा वासिष्ठीपुत्र श्री पुलुमावि के उन्नीसवें वर्ष में ग्रीष्म ऋतु के द्वितीय पक्ष में तेरहवें दिन राजाओं के राजा गौतमीपुत्र की जो हिमवत् मेरू, मंदर पर्वतों के समान बलवान था जो ऋषिक, अश्मक, मूलक, सुराष्ट्र, कुकुर, अपरांत, अनूप, विदर्भ आकर अवंति का राजा था, जो विंध्य, ऋक्षवत्, पारियात्र, साह्य, कृष्णगिरि, मत्स्य, श्रीस्तन, मलय, महेंद्र, श्रेष्ठगिरि चकोर पर्वतों का स्वामी था, जिसके शासन को लोक-मंडल में सब राजा स्वीकृत करते थे, जिसका मुख सूर्य की किरणों द्वारा खिले हुए विमल कमल के सदृश था, जिसके हाथियों ने तीनों समुद्रों का जल पिया था।

जो पूर्ण चंद्रमंडल के समान सुंदर और प्रियदर्शन था, जिसकी चाल श्रेष्ठ हाथियों की चाल की तरह सुंदर थीं, जिसकी भुजाएं नागराज की कुंडली के समान मांसल, सुड़ौल, दीर्घ और सुंदर थे, जिसके निर्भय हाथ अभय दान के जल से भीगे रहते थे, जो माता का असीम आज्ञाकारी था, जिसने त्रिवर्ग के लिए स्थान और काल का सुविभाजन कर रखा था। जो पौरजनों के सुख-दुःख में समान रूप से भाग लेता था।

जो क्षत्रियों के दर्प और मान को मर्दित करने वाला था, जो शकों, यवनों और पह्लवों का विनाश करने वाला था। जो धर्मशास्त्रों द्वारा अनुमोदित कर लगाने वाला था, जो अपराधी शत्रु की भी प्राणहिंसा में रुचि नहीं रखता था जो द्विजों और अद्विजों के कुटुंबों को बढ़ाने वाला था, जो क्षहरात वंश का समूल नाश करने वाला था जो सातवाहन कुल के यश का प्रतिष्ठापन करने वाला था, जिसके चरण सब प्रांतों द्वारा अभिवादित थे।

जो चातुर्वर्ण्य संकरता को रोकने वाला था, जो अनेक समरों में शत्रुवृंदों को जीतने वाला था, जिसका श्रेष्ठ पुर अपराजित विजय पताका वाला और शत्रुजनों के लिए अनाक्रम्य था, जिसके कुलपुरुषों में विपुल राजा उपाधि परंपरागत रूप से चली आई थी, जो वेदादि शास्त्रों का आधार था, जो सत्पुरुषों का आश्रय था, जो लक्ष्मी का शरणस्थल था, जो सदाचारों का उत्पत्ति स्थल था, जो अप्रतिम शासक था, जो अप्रतिम शूर था, जो अप्रतिम धनुर्धर था, जो अप्रतिम ब्राह्मण था, जो राम, कृष्ण, अर्जुन, भीमसेन के तुल्य पराक्रम वाला था।

जो शुभ दिनों में महोत्सवों और समाजों का आयोजन करने वाला था, जो नाभाग, नहुष, जनमेजय, सगर, ययाति, राम तथा अंबरीष के समाज तेजस्वी था, जो पवन, गरुड़, सिद्ध, यक्ष, राक्षस, विद्यारधर, भूत, गंधर्व, किन्नर, चंद्र, सूर्य, नक्षत्र, ग्रह द्वारा ईक्षित अपरिमित अक्षय, अचिंत्य और अद्भुत युद्धों में सबसे आगे रहता था। रिपुओं के संघ को जीतने वाला था, जो श्रेष्ठ हस्ती की पीठ से गगन तल में प्रवेश करता था। हाथी की पीठ पर बैठने पर आकाश की ऊंचाई को छूता प्रतीत होता था, जो कुल की लक्ष्मी को विपुल करने वाला था।

श्री शातकर्णि की माता महादेवी गौतमी बलसिरि द्वारा जो सत्य वचन, दान, क्षमा और अहिंसा में सुख लाभ करती है, तप, दम, संयम, नियम और उपवास में तत्पर रहती हैं, राजर्षिवधू उपाधि को पूर्णतः धारण करती हैं। राजर्षिवधू के सब गुणों से युक्त है। कैलाश पर्वत के शिखर के सदृश त्रिरश्मि पर्वत शिखर पर श्रेष्ठ विमान के समान समृद्धि युक्त यह गुफा देयधर्म रूप में बनवाई गई। और उस गुफा को महादेवी गौतमी बलश्री, जो महाराजा-माता और महाराज-पितामही है, भद्रयानीय भिक्षुसंघ के संप्रदाय को देती है।

और उस गुहा के चित्रण के लिए महादेवी आर्यका का सम्मान और प्रिय करने का इच्छुक उसका पौत्र दक्षिणापथेश्वर श्रीपुलुमावि पिता को प्रसन्न करने के लिए भूलोक और स्वर्ग के बीच गुहारूपी इस धर्मसेतु के लिए तिरण्हु पर्वत के दक्षिण-पश्चिमी पार्श्व में स्थित पिसाजिपदक गांव को सब प्रकार के भोग से मुक्त करके दान देता है।

वीर पुरुषदत्त का नागार्जुनीकोंडा अभिलेख–वर्ष 14

प्राप्ति स्थल–नागार्जुनीकोंडा (आंध्र प्रदेश)

भाषा : प्राकृत

लिपि : तृतीय शती की दक्षिण भारतीय ब्राह्मी

एपीग्राफिया इंडिका, 20, पृ. 22; डी.सी. सरकार, *सेलेक्ट इंसक्रिप्सन्स* दिल्ली, 1986 (तृतीय संस्करण) पृ. 233।

1. सिंध नमो भगवतो इखकु राजपवररिसि-सव-पभव-वंस-संभवस देव-मनुस-सव-सत-हित-सुख-मग-देसिकस जित-काम-क्रोध-भय-हरिस-तरिस-मोह-दोसस दपित-मार-बल-दन' मान-पसमन-करस

दसबल-महबलस अठ-मग-धमचक-पवतकस चक-लखण-सुकुमार-सुजात-चरणस तरुण-दिवसकर-पभस सरद-ससि सोम-दरिसनस सव-लोक-चित-गहितस बुधस रंत्रो गा {ढ} रि-पु {त} {स} {संवकूकरं} चोदं 10 (+) 4 हेमंत-पखं छठं 6 दिवसं तेरं 10 (+) 3 {+}
{अ} {च} त-जाचरीयानं कस्मीर-गंधार-चीन-चिलात-तोसलि-अवरंत-वंग-वनवासी-{यवन}-{दमिल} {प} लूर-तंबपंरिणादोप-पसदकानं थंरिचनं तंबपु-णकानं सुपरिगहे।

2. सिरिपवते यिपुरीय पुव-दिसा-भागे विहारे चुल-धमगिरीयं चेतियं-घरं सपट-संधरं-स-चेतीयं सव-नियुतं कारितं उवासिकाय वोधिसिरिय अपनो भतुनो वुधि {*} नकस पितुनो च से गोवगाम-वथवा- रेवत-गहपतिस मातुय च स बुधंनिकाय भातुनं चसे चंदमुखनस करूबंधिनस हघंनस भगिनीय च रेवतिंनिकाय भातु-पुतानं च महाहचंदमुख-चुलंदमुखान भगिनेयानं च महामूल-चुलमूलानं अपनो च अयकस मूलवानियस अयिकाय बुधवानिकि {नाय} मातुलक.......कोठ {।}- कारिकस भदस बोधिंमस चंदस बोधिक {स} महामातुकाय भदि {ल} य (।) बोधिय च अपनो {पितनो} बुधि {वा} नियस मा {तुय}.......

3. भतुनो मूलस भगिनीनं बुधंनिकाय मूलंनिकाय नागबोधिनिकाय धूतुय वीरंनिकाय पुतानं नागंनस वीरंनस च सुन्हानं च भदसिरि-मिसीनं {।} एवमेव कुलह-विहरि चेतिय-घरं सोहळ-विहारे बोधि-रुख-पासादो महाधंमगिरीयं ओपरको 1 महावि (ह) रे मंडव-खंभो {1?} देवगिरियं पधान-साला पुवसेले तळाकं {"} अळ {"} दा-मडवो च कंटकसोले महाचेतियस पुव-दारे सेल-मंडवो हिरुमुठुवे ओवरकां तिंणि इपपिलांय ओवरका सत 7 पुफगिरीय {"} सेल-मंडवो घं .... विहारे सेल-मंडवो {1?} (।) एतं च सवं उपरि-वंणि {तं}.......{सा} धु-वगस अचत-हित-सुखाय थवितं सव {स} च लोकस (।) इमं नवकंमं तिंहि नवक {"} मिकेहि कारितं चंदमुख-थेरेन च।

4. धमंनंदि-थेरेन च नाग-थेरेन च (।)सेल-वढाकिस विविधकस कंसं ति (।।)

अनुवाद

सैकड़ों ऋषियों और अद्वितीय राजाओं को उत्पन्न करने वाले इक्ष्वाकु कुल में जन्मे

आराध्य भगवान बुद्ध की जय हो, जिन्होंने देवताओं, मानवों तथा प्राणियों को कल्याण और प्रसन्नता का मार्ग बताया, जिन्होंने अहंकारी एवं आक्रामक उस मार पर विजय प्राप्त की जो काम, क्रोध, भय, तृष्णा, प्यास, भ्रम और घृणा का प्रतीक था। जिसने महान शक्ति मार्ग के रूप में धर्मचक्र को गति प्रदान की। जिसके सम्मानित चरणों पर चक्र प्रतीक निर्मित है और जो प्रातःकालीन के सूरज की तरह है तथा जो वसंत ऋतु के चंद्रमा की तरह प्रिय है जोकि विश्व के विचारों से ओत-प्रोत है।

राजा मातृपुत्र ने अपने शासन के 14वें वर्ष शरद् ऋतु के छठे पक्ष में 13वें दिन स्वामियों के लाभ के लिए तथा तंबपर्णी के भिक्षुओं के साथ भाईचारा बढ़ाने के लिए उसने कश्मीर, चिलात (किरात), तोसलि, अवरांत (अपरांत), बंग, वनवासी, यवन?, दमिल?, पलुर और श्रीलंका को बौद्ध धर्म में परिवर्तित किया। बौद्ध संघ की एक मात्र नारी सदस्य बोधश्री ने अपने पतिबुधिमनक और उसके पिता रेवत के स्वामी जो गोवगम में निवास करते थे और उसकी मां बुधमनिका और उसके भाइयों चंडमुखन, करुमबुधिना, कृगमन और उसकी बहन रेवतिमनिका और उसके भाइयों के पुत्रों महाचंदमुख तथा चुल चंदमुख और उसकी बहनों के पुत्र महामूल और चूल-मूल और अपने स्वयं के पितामह मूलवजिय और अपनी पितामही बुद्धवानिकिना और अपने मामाओं कोषाध्यक्ष भद (भद्र), बोधिमम्म (बोधि श्रमण), चंद, बोधिक और अपनी नानी. ..बोधि अपने स्वयं के पिता बुविवानिय और अपनी माता...? और अपने भाई मूल और अपनी बहनों बुधमनिका, मूलमनिका और नागबोधिनिका, और अपनी पुत्री वीरमनिका और अपने पुत्रों नागमन और वीरमन और अपनी पुत्र वधुओं भदसिरी और मिसी (मिसरी) की स्मृति में श्रीपर्वत पर विजयपुरी के पूर्व की ओर हीनयान धम्मगिरी मठ के चैत्य हाल में फर्श डलवाया तथा चैत्य के साथ ही वहां सभी जरूरी सुविधाएं भी उपलब्ध करवाईं और इसी तरह एक चैत्यहाल कुलह विहार में, सिंहल विहार में बोधि वृक्ष के लिए स्तूप। महायान धम्मगिरी में एक कोठरी, महाविहार में, एक मंडप स्तंभ, देवगिरि में धर्म के उपयोग के लिए एक हाल, पुवासेला में एक तालाब, बरामदा तथा मंडप, कंटकसेला में महायान चैत्य के पूर्वी द्वार पर एक प्रस्तर मंडप, हिरुमुठुव में 3 कोठरियां, पपिता में 7 कोठरियां, पुफागिरि में एक प्रस्तर मंडप.......विहार में एक प्रस्तर मंडप, और ऊपर वर्णित सभी निर्माण कार्य भिक्षुओं के संघ तथा संपूर्ण विश्व के अनंत कल्याण और प्रसन्नता के लिए समर्पित किए गए। उपरोक्त कार्यों की 3 विभागाध्यक्षों—थेर चंडमुख, थेर धमनंदी और थेर नाग द्वारा पूरा कराया गया। उपरोक्त कार्य प्रस्तर राज विधिका का है।

विदुगदलगिय–पेरूमल का पोलुर के निकट तिरुमलाई पर स्थित अभिलेख

एपीग्राफिया इंडिका खंड VI-, पृ. 332।

1. स्वास्ति श्री [।।] श्रेर-वण्शत्तु अदिगऽम [न] इलिनी श्रेयदा ध [र] म्मा-
2. यक्ष [र] अयम अक्षीयारयम इलण्ड=अ [रु] लुक्ति इरीमणियम ई
3. त्तु=कडडाप्पेयी-क्का [लु] न=गण्डु कुदत्त [अ] न।। श्रीमत-केरल- भूभरी-
4. तयवनिका-नाम्ना सु-धा [र] म्म-आत्मना तुंडीर-अघ्वय-मंडल-आ [र] हा-सु
5. गिरऊ मक्षेश्वरो-कल्पितो [।] पश्चायत-तत-कुल-भूषण-अधिक-
6. नृप-श्री-राजराज-आत्मज-व्यमुक्तश्रवणो [ज] ज्वाले [न तकटा-ना] थेन जिर्न-ओ-
7. [द] धृतीओ।। वन्ज [ा] यर कुल-प [ति] या= [इ] लिन [ा] वागुत्तव=ईयक्कर=ईयक्क [ा] यरो-
8. दि=जियाव=अलिवु तिरुत्तीय=अव-इंगुनूवीराई-तिरु-मलाई वैत [त] ान=रु-
9. न्जी तन [वा] ली [वा] रुमवन वली-मुडाली कलि अदिगनवगन नूल व [ा] ण्जयर
10. [त] लय पुण्य तगदयार कवलन विदुगदलगिया-[प] ऐरुमलय [।।]

अनुवाद

श्री प्रणाम [।।] चेर वंश के अदिगइमन इलिनी द्वारा पुण्य दान के लिए निर्मित एक यक्ष और एक यक्षिणी की प्रतिमाओं को विदुगदलगिय-पेरूमल द्वारा पुनः स्थापित कराया गया। उसने एक घंटा भेंट किया और कड़ापेरी जलाशय तक/से एक नहर बनवाकर भी दान की।

यक्षों के स्वामियों की दो प्रतिमाओं को, जिन्हें यशस्वी और पवित्र मन वाले केरल के राजा यवनिका ने तुंडीर प्रांत के पवित्र अर्हत पर्वत पर स्थापित किया था, बाद में तकल के स्वामी, राजराज के पुत्र और यवनिका के वंश का कुल आभूषण अदिग राजकुमार व्यमुक्तश्रवनज्जलवाला द्वारा नष्ट होने से बचाया गया।

एक यक्ष और एक यक्षी की संयुक्त प्रतिमाओं के बचे हुए अवशेष, जिन्हें वंजियार क्षेत्र में शासन करने वाले परिवार की मुखिया इलिनी द्वारा स्थापित किया गया था, का जीर्णोद्धार और आठ गुणों का धारण करने वाले ईश्वर के पवित्र पर्वत पर स्थापित

करने का कार्य विदु गदलगिय-पेरूमल द्वारा कराया गया जोकि तगड़ैयार का संरक्षक विज्ञानों को जानने वाले विद्वानों का मुखिया और वीर अदिगन बगन का पुत्र सत्य का अनुसरण करने वाला, जोकि इलिनी की मृत्यु के पश्चात अपने परिवार से आया था।

धर्मपाल का खालिमपुर ताम्र अभिलेख (ताम्र प्लेट अभिलेख)

बटब्याल, *जे.ए.एस.बी.*; 63, 1, पृ. 39 कीलहार्न, *एपीग्राफिया इंडिका* IV, पृ. 243, ए.के. मैत्रेय, *गॉडलस माला*, पृः 1

1. सिद्धम् स्वस्ति (।।*) सर्व्वज्ञतां श्रियमिव स्थिरमास्थितस्य वज्रास-
2. नस्य व (ब) हु-मार-कुलोपलंभाः। देव्या महाकरुणया परिपा-
3. लितानि रक्षंतु वो दशव (ब) लानि दिशो जयन्ति।। श्रिय इव सुभगा-
4. याः संभवो वारिराशि-श्शशधर इव भासो विश्वमाह्लादयन्त्याः। प्रकृतिरवनिपानां संततेरुत्तमाया अ-
5. जनि दयितविष्णुः सर्व्व-विद्यावदातः।। आसीदा सागरादुर्व्वीं गुर्व्वीभिः कीर्त्तिभिः कृती। मंडयन्
6. खंडितारातिः श्लाघ्यः श्री-वप्यटस्ततः।। मात्स्य-न्यायमपोहितुं प्रकृतिभिर्लक्ष्म्याः करङग्राहितः श्री-गोपा-
7. ल इति क्षितीश-शिरसां चूडामणिस्तत्सुतः। यस्यानुक्रियते सनातन-यशोराशिर्दिशामाशए श्वेतिम्ना य-
8. थद पौर्ण्णमास-रजनी ज्योत्स्नातिभार-श्रिया।। शीतांशोरिव रोहिणी हुतभुजः स्वाहेव तेजोनिधेः शर्वाणी-
9. व शिवस्य गुह्यकपतेर्भद्रेव भद्रात्मजा। पौलोमीव पुरंदरस्य दयिता श्री-देद्ठ ट्ठेवी तस्य विनोः
10. छ-भूर्मूर-रिपोर्लक्ष्मीरिव क्ष्मापतेः।। ताभ्यां श्री-धर्म्मपालः समजनि सुजन-स्तूयमानावदानः स्वामी भूमी-
11. पतीनामखिलवसुमती-मंडलं शासदेकः (।*) चत्वारस्तीर-मज्जत्करि-मण-चरण-न्यस्त-मुद्राः समुद्रा यात्रां य-
12. स्य क्षमंते न भुवन-परिखा विश्वगाशा-जिगीषोः।। यस्मिन्नद्दाम-लीला-चलित-व (ब) ल-भरे दिग्जयाय प्रवृत्ते यान्त्या-

13. [म्वि] श्वम्भरायां चलित-गिरि-तिरश्चीनतां तद्वशेन। भाराभुग्नावमज्जन्मणि-विधुर-शिरश्चक्र-साहायकार्थ शेषे-
14. णोदस्त-दोष्णा त्वरिततरमधो (ऽ*) धस्तगेवानुयातं (तम्)।। यत्प्रस्थाने प्रचलित-व (ब) लास्फालनादुल्ललङ्घि-धूं ली-पूरैःपिहि-
15. त-सकल-व्योमभिर्भूतधाडत्त्याः। संप्राप्तायाः परमतनुतां चक्रवालं फलानां मग्नोन्मीलन्मणि-फणिपतेर्ला-
16. घवादुल्ललास।। विरुद्ध-विषय-क्षोभादस्य कोपाग्निरौर्ववत्। अनिर्वुति प्रगजज्वाल चतुरंभोधि-वारितः।।
17. ये (ऽ*) भूवन् पृथु-राम-राघव-नल-प्राया धरित्रीभुज-स्तानेकत्र दिदृक्षुणेव निचितान् सर्वान् समम्वेधसा। ध्व-
18. स्ताशेश-नरेंद्र-मान-महिमा श्री-धर्म्मपालःकलौ लोल-श्रीकरिणी-निव (ब) न्धन-महास्तंभः समुत्तम्भितः।। यासां
19. नसीर-धूली-धवल-दश-दिशां द्रागपश्यन्नियत्तां धत्ते मान्धातृ-सैन्य-व्यतिकर-चकितो ध्यानंद्रीम्महेंद्रः।
20. तासामप्याहवेच्छा-पुलकित-वपुषाम्वाहिनीनाम्विधातुं साहायं यस्य वा (बा) होर्निखिल-रिपुकुल-ध्वंसिनोर्ना-
21. वकाशः।। भोजैर्मत्स्यैः स-मद्रैः कुरु-यदु-यवनावन्ति-गन्धार'कीरै-भूंपैर्व्यालोल-मौलि-प्रणति-परिणतैः
22. साधु सड़ीर्यमाणः। हृष्यत्पंचाल-वृद्धोद्धृत-कनकमय- स्वाभिषेकोदकुंभो दत्तः श्री-कन्यकुब्ज (ब्ज) स्स-ललित-च-
23. लित-भ्रूलता-लक्ष्य येन।। गोपैः सीम्नि वनेचरैर्वनभुति ग्रामोपकंठे जनैः क्रीड़ि (:*) प्रतिचत्वरं शिशुगणैः
24. प्रत्यापण [म्म] ानपैः। लीला-वेश्मनि पंजरोदर-शुकैरुद्गीतमात्मस्तवं यस्याकर्ण्णयतस्त्रपा-विवलितानम्रं स-
25. दैवाननं (नम्) ।। स खलु भागीरथी-पथ-प्रवर्त्तमान-नानाविध-नौवाटक-संपादित-सेतुव-(ब) न्ध-निहित-शैल-शि-
26. खर-श्रेणि-विभ्रमात् निरतिशय-घन-घनाघन-घटा-श्यामायमानवासर-लक्ष्मी-समारव्ध (ब्ध)-संतत-जलद-स-
27. मय-संदेहात् उदीचोनानेक-परपति-प्राभृतीकृताप्रमेय-हयवाहिनी- खरखुरोत्खात-धूली-धूसरित-दि-

28. गन्तरालात् परमेश्वर-सेवा-समायात-समस्त-जम्बूद्वीप-भूपालानंत- पादात-भर-नवदवनेः पाटलिपु-
29. त्र-समावासित-श्रीमज्जयस्कंधावारात् परमसौगतो महाराजाधिराज-श्री-गोपालदेव-पादानुध्यातः प-
30. श्रमेश्वरः परमभट्टारको महाराजाधिराजः श्रीमान् धर्म्मपालदेवः कुशली।। श्री-पुण्ड्रवर्द्धन-भू-
31. वत्यन्तःपाति-व्याघ्रतटी-मंडल-सम्व(म्ब) द्ध-महंताप्रकाश-विशये क्रौंचश्वभ्र-नाम-ग्रामोस्य च सीमा पश्चि-
32. मेन गड़िनिका। उत्तरेण कादम्व (म्ब) री-देवकुलिका खर्ज्जूर-वृक्षश्च। पूर्व्वोत्तरेण राजपुत्त-देवट-कृतालिः। वी-
33. जपूरकड़त्वा प्रविष्टा। पूर्व्वेण विटकालिः खातकयानिका [] गत्वा प्रविष्टा। जम्वू (म्बू) यानिकामाक्रम्य जम्वू (म्बू) यानक []
34. गता। ततो नि (:*) सृत्य पुण्याराम-विलार्द्ध-श्रोतिका। ततो (ऽ*) पि नि (:*) सृत्य न-
35. लचर्म्मटोत्तरांतं गता नलचर्म्मटात् दक्षिणेन नामुंडिकापि [हे] -
36. [सदूम्मि?] कायां। खंडमुंडमखं खंडमुख (द्*) वेदसविल्विका वेद (स*) विल्विकातो रोहितवाटिः पिंडारविटि-जोटिका सीमा।
37. उ [त्त] ार-जोटस्य दक्षिणांत ग्रामविल्वस्य च दक्षिणांतं । देविका-सीमा विटि-धर्म्मायो-जोटिका। एवम्माढाशाम्मली-ना।
38. म-ग्रामः (।*) अस्य चोत्तरेण गड़िनिका सीमा ततः पूर्व्वेणार्द्ध-श्रो (स्रो)-तिकया आम्रयानकोलर्द्धयानिकड़तः त।
39. तो (ऽ*) पि दक्षिणेन कालिकाश्वभ्रः। अतो (ऽ*) पि नि (:*) सृत्य श्रीफल [भिषु] कं यावत्पश्चिमेन ततो (ऽ*) पि विल्वड़ोर्द्ध-श्रो (स्रो) ति-
40. कया गड़िनिकां प्रविष्टा (ष्टः)। पालितके सीमा दक्षिणेन कांणा-द्वीपिका। पूर्व्वेण कोण्ठिया स्रोतः (।*) उत्तरेण
41. गड़िनिका। पश्चिमेन जेनंदायिका। एतद्ग्राम-संपारीण-परकर्म्मकृ-द्वीपः। स्थालीक्क्ट-विषय-
42. संव (म्ब) द्वाभ्रषंडिका-मंडलांतःपाति-गोपिप्पलीग्रामस्य सीमाः। पूर्व्वेण उद्रग्राम-मंडल-पश्चिम-सीमा। दक्षि-
43. णेन जोलकः (।*) पश्रिमेन वेसानिकाख्या खाटिका। उत्तरेणोद्रग्राम-

मंडल-सीमा-व्यवस्थितो गोमार्गः। एशु च-

44. तुरुषु ग्रामेषु समुपगतान् सर्व्वानेव राज-राजनक-राजपुत्र-राजामात्य-सेनापति-विशयपति-भोगपति-षष्ठाधि-

45. कृत-दंडशक्ति-दांडपाशिक-चौरोद्धरणिक-दौस्साधसाधनिक- दूत-खोल-गमागमिकाभित्वरमाण-हस्त्यश्वगोमहिष्यजा-

46. विकाध्यक्ष- [नौ] (व) काध्यक्ष-व (ऽ*) लाध्यक्ष-तरिक-शौल्किक-गोल्मिक-तदायुक्तकादि-राजपादोपजीविना (ऽ*) न्यांश्चाकीर्त्ति-

47. तान् चाट-भट-जातीयान् यथाकालाध्यासिनो ज्येष्ठकायस्थ- महामहत्तर-महत्तर-दाशग्रामिकादि-विषय-व्यवहारिणः

48. स-करणान् प्रतिवासिनः क्षेत्रकरांश्च व्रा (ब्रा) ह्मण-माननन-पूर्व्वकं यथार्हम्मानयति वो (बो) धयति समाज्ञापयति च। मतमस्तु

49. भवतां (ताम्) (।*) महासामंताधिपति-श्री-नारायणवर्म्मणा दूतक- युवराज-श्री-त्रिभुवनपाल-मुखेन वयमेवम्वि ज्ञापिताः। यथाऽस्मा-

50. भिर्म्मातापित्रोरात्मनश्च पुण्याभिवृव्ये शुभस्थल्यान् देवकुलड़ारित-त्तत्र प्रतिष्ठापित-भगवन्नन्न-लरीरसएर-भारकाय तत्र-

51. तिपालक-लाटद्विज'देवार्च्चकादि-पादमूल-समेताय पूजोपस्थानादि- कर्म्मणे चतुरो ग्रामान् अत्रत्य-हट्ठिका-तलपाटक-

52. समेतांददातु देव इति। ततोऽस्माभिस्तदीय-विज्ञप्त्याएते उपरिलिखितकाश्चत्वारो ग्रामास्तलपाटक-हट्ठिका-समेताः स्व-

53. सीमा-पर्यन्ताः सोद्देशाः सदशापचाराः अकिंचत्प्रग्राह्याः परिहृत-सर्व्वपीडाः भूमिच्छद्र-न्यायेन चंद्रार्क-क्षिति-समकालं

54. तथैव प्रतिष्ठापिताः। यतो भवड़िस्सर्व्वैरेव भूमेर्द्दान-फल- गौरवादपहरणे च महानरक-पातादि-भयाद्दानमिदमनुमो-

55. द्य परिपालनीयं (यम्)। प्रतिवासिभिः क्षेत्रकरैश्चाज्ञा-श्रवण- विधेयैर्भूत्वा समुचित-कर-पिंडकादि-सर्व्व-प्रत्यायोपनयः कार्य

56. इति।। व (ब) हुभिार्व्वसुधा दत्ता राजभिस्सगरादिभिः (।*) यस्य यस्य यदा भूमिस्तस्य तस्य तदा फलं (लम्) । (।*) षष्टिम्वर्ष सहस्राणि स्वर्गे मो-

57. दति भूमिदः (।*) आक्षेप्ता चानुमंता च तान्येव नरके वसेत्।। स्वदत्ताम्परदत्ताम्वा यो हरेत वसुंधराम् (।*) स विष्ठायाड़ मिर्भूत्वा पितृ-

58. भिस्सह पच्यते।। इति कमलदलाम्वु (म्बु)-विंदु-लोलां श्रियमनुचिंत्य

मनुष्य-जीवितन्च (।*) सकलमिदमुदाहृतंच वु (बु) [द] ध्वा न हि पुरु-

59. शैः पर-कीत्तयो विलोप्या (:) ।। तडित्तुल्य लक्ष्मी तनुरपि च दीपालन-समा। भवो दुःखैकांतः परकृतिमकीर्त्ति (:*) क्षपयताम् (।*) यशा-

60. न्स्याचंद्रार्क्क (*) नियतमवतामत्र च नृपाः करिष्यन्ते वु (बु)द्ध्वा यदाभिरुचितं किंप्रवचनैः।। भिवर्द्धमान-विजयराज्ये

61. संवत् 32 मार्ग-दिनानि 12।।

62. श्री-भोगटस्य पौत्रेण श्रीमत्सुभट-सूनुना। श्रीमता तातटेनेदं उत्कीर्ण्णं गुणशालिना।

अनुवाद

1. ओम् कल्याण हो। वे दशबल (बुद्ध) आपकी रक्षा करे जो वज्रासन (की मुद्रा में आसीन) हैं, कामदेव के विभिन्न प्रलोभनों के विजेता हैं, श्री के समान सर्वज्ञता को प्राप्त, महाकरुणा देवी से परिपालित और समस्त दिशाओं के विजेता हैं।

4. का उत्स समुद्र है, जगत को आनंदित करने वाली ज्योत्स्ना का उद्भव स्थान चंद्रमा है, उसी प्रकार नृपों की उत्तम संतति का मूल,

5. सारी विद्याओं में निष्णात, दयितविष्णु उत्पन्न हुआ। तब सागर तक फैली पृथ्वी को अपनी महती कीर्ति से अलंकृत करता हुआ

6. शत्रु विनाशक प्रशंसनीय श्रीवप्यट हुआ। मात्स्यन्याय (जिसकी लाठी उसकी भैंस कहावत) को हटाने के लिए प्रकृति ने लक्ष्मी से जिसका पाणिग्रहण करवा दिया।

7. वही उस श्रीवप्यट का पुत्र श्री गोपाल था जो राजाओं के सिर की चूडामणि (सिरमौर) था। आश्चर्य नहीं यदि अमि ज्योत्स्ना रूपी लक्ष्मी की शुभ्रता से (चमकती) पूर्णमा की रात,

8. उसी की सनातन कीर्ति-राशि का अनुकरण कर रही हों। जैसे चंद्रमा की रोहिणी, प्रतापराशि अग्नि की स्वाहा,

9. शिव की पार्वती, कुबेर की भद्रकन्या भद्रा, इंद्र की पौलोमी (शची), विष्णु की प्रिय पत्नी लक्ष्मी है उसी

10. प्रकार उस नृप की विनोद पुत्री श्रीदेद्‌देवी थी। उनसे श्री धर्मपाल उत्पन्न हुआ जिसके चरित एवं शौर्य की प्रशंसा की जाती है।

11. सारी पृथ्वी के राज्य का एकछत्र शासक...हुआ वह राजाधिराज था। चारों समुद्रों में स्नान करते गजयूथ की चरण के (चिह्न) मुद्रा से तट अंकित रहे।
12. सारी दिशाओं के विजयेच्छुक जिस नृप की यात्रा नहीं सह पाते। दिग्विजय में प्रवृत्त जिस नृप की लीला से सैन्य के प्रयाण पर
13. उसके वशीभूत हो पृथ्वी चल देती है और चलते पर्वत पक्षी का अनुकरण करने लगते हैं। भार से झुककर डूबते मणि विरहित शिरसमूहों (रूप चक्रायुध) की सहायता के लिए शेष
14. के साथ ही सतत, उसके साथ नीचे धंस गया। जिसके प्रस्थानकाल में चलती सेना के दबाव से उड़ती अपार धूल
15. से आवृत आकाश से युक्त भूमि के होने पर, नाग के फणसमूह क्षीण से लगते हैं और इस परिवेश में हल्के होते नागराज की मणि भी
16. बड़ी लाघवया सरलता से चमकती है। विरोधी राज्यों के क्षोभ से और्व के समान जिसका जलता क्रोधानल चारों समुद्रों के जल से भी शांत नहीं हुआ।
17. पृथु, राम, राघव, नल आदि जो भूमिपाल हुए उन लुप्त नृपों को एकत्र कलियुग में देखने के लिए ही विधाता ने
18. सारे नृपों के मान एवं महिमा के विनाशक तथा चंचल लक्ष्मी रूपी हथिनी को बांधने के लिए धर्मपाल रूपी महास्तंभ प्रस्तुत किया।
19. जिनके मानव-निर्झर की फुहार से श्वेत, विस्तृत, क्षण-क्षण में दिखने वाली, सौम्य से पूर्ण दसों दिशाओं को ध्यान लीन हो महेंद्र भी देखता ही रह गया, जो मांधाता की सेना से भी बढ़कर थी।
20. युद्ध की इच्छा से पुलकित शरीर वाले सैनिकों से युक्त ऐसी सेना की सहायता की भी सारे शत्रु समूह के विनाशक धर्मपाल की बाहुओं को उनकी सहायता की आवश्यकता नहीं थी।
21. प्रशंसा में डोलते सिरों से 'साधु साधु' कहकर भोज, मत्स्य, मद्र, कुरु, यदु, यवन, अवंति, गंधार, कीर आदि नृपों ने जिसे झुककर प्रणाम किया। हर्षित होकर पंचाल के वृद्ध ने अभिषक का जलपूर्ण स्वर्णकुंभ उठाकर गिरते जल के साथ भौंह चलाते हुए जिसने कान्यकुब्ज प्रदान कर दिया।
23. गोपालों ने सीमा पर, वनचरों ने जंगल में, गांव की चौपालों में लोगों ने, हर चौराहे पर खेलते शिशुओं ने, हर दुकान

24\. पर दुकानदारों ने, लीलागृह में पिंजरे में बैठे शुकगणों ने जिसकी स्तुति की। अपनी इस स्तुति को सुनकर उसका मुख

25\. सदा लज्जावनत रहता है। उसने गंगा-पथ पर वर्तमान अनेक प्रकार की नौका की लिए लकड़ी के तख्ते लगाकर बांध में पर्वत-शिखर तथा श्रेणी सा चमकता

26\. प्रभूत वर्षाकालीन मेघ-समूह सा अंधेरा करता, दिन लक्ष्मी में ही प्रस्तुत सतत मेघ काल

27\. के संदेह से उत्तर देश के अनेक नरपति उपहार देने लगे—अगणित अश्वों की सेना के तीखे खुरों से उड़ी धूल से सारे

28\. दिगंत व्याप्त हो गए। अपने स्वामी की सेवा के लिए आगत सारे जम्बूद्वीप के नृपों के अनंत पैदल सैनिकों के भार से भूमि दबने लगी। ऐसे पाटलिपुत्र

29\. में पड़ाव डाले श्री जयस्कंधावार (छावनी) से परम बौद्ध महाराजाधिराज गोपालदेव के चरणानुवर्ती

30\. परमेश्वर वर परमभट्टारक महाराजाधिराज श्रीमान धर्मपालदेव कुशलतापूर्वक श्री पुंड्रवर्धन भुक्ति (प्रांत)

31\. के व्याघ्रतटी मंडल (क्षेत्र) से संबद्ध महंताप्रताश विषय (जिले) में क्रौंजश्वभ्र नामक गांव, जिसकी सीमा (इस प्रकार है)—

32\. पश्चिम में गांगिनिका, उत्तर में कादंबरी देवमंदरी और खजूर का वृक्ष, पूर्वोत्तर में राजपुत्र देवट कृतालि

33\. बीजपूरक तक चली जाती है। पूर्व में विटकालि खाटकयानिका तक चली जाती है। रंबूयानिका को पार कर जम्बूयानक तक चली गई।

(अपर भाग)

34\. वहां से निकलकर पुण्याराम (पवित्र उद्यान) विल्लार्ध स्रोतिका तक और वहां से चलकर

35\. नलचर्मट के उत्तरी छोर तक चली गई, नलचर्मट से दक्षिण में हेसदुम्मिका से नामुंडिका भी।

36\. खंडमुंडमुख तक। खंडमुंडमुख से वेदसविल्विका, वेदबील्विका से रोहितवाटि, पिंडारविटिजोटिका सीमा कही गई।

37\. रजोट के दक्षिण एवं ग्राम बिल्व के दक्षिण के मध्य। देविका सीमा विटि। धर्मायोजोटिका। इस प्रकार माढाशाम्मली गांव है।

38. इसके उत्तर में गंगिनिका सीमा बनाती है और पूर्व से अर्धस्रोतिका से लगाकर आम्रयान को लर्धयानिका तक चली गई। वहां से–
39. दक्षिण में कालिका श्वभ्र तक। यहां से निकलकर श्रीफलभिषुक से पश्चिम और वहां से भी बिल्वङअर्धस्रोतिका
40. से गंगिनिका तक चली जाती है। पालितक में सीमा दक्षिण से काणद्वीपिका, पूर्व से कोंठिया झरना, उत्तर से
41. गंगिनिका तथा पश्चिम से जेनंदायिका है। यह गांव समारीण (पार का) कम्र द्वीप है। स्थालीकट विषय से
42. संबद्ध आम्रषंडिका मंडल में गिरने वाला गोपिप्पली ग्राम की सीमा इस प्रकार है–पूर्व में उद्ग्राम मंडल की सीमा पश्चिम तक है, दक्षिण में
43. जोलक, पश्चिम में वेसानिका नाम की खाटिका (अर्थी), उत्तर में उद्रग्राम पथ, इन
44. चारों ग्रामों में आए हुए सारे राजा, अधीनस्थ राज्य, राजकुमार, राजकीय मंत्री, सेनापति, विषयपति, भोगपति, षष्ठाधिकृत (छठा राजअंश उगाहने वाला अधिकारी)
45. दंडशक्ति (दंड देने वाला अधिकारी) दांडपाशिक, चौरोद्धरणिक (चौरों से रक्षा करने वाला), दौरस्साधसाधनिक (डाकू पकड़ने वाला), दूत खोल गामागामिक, दौड़ते हुए हाथी, घोड़े, गो, भैंस, बकरी
46. भेड़ सद्यः व्यायी गोदुग्ध का अधिकारी, नौकाध्यक्ष, बलाध्यक्ष, तरिक शौल्किक (नाव की चुंगी लेने वाला), गौल्मिक (सेना की टुकड़ी का सिपाही) : इन स्थानों पर नियुक्त तथा नियोक्ता आदि राजकीय पदों से जीविका चलाने वाले और भी दूसरे जिनका
47. उल्लेख नहीं हो सका ऐसे चाट (अस्थायी सैनिक), भट (स्थायी सैनिक) आदि वर्ग के लोग एवं कालाध्यासी (समय सूचक घंटा बजाने वाले), ज्येष्ठ कायस्थ, महामहत्तर (महाप्रतिहार या गांव का मुखिया), दाशग्रामिक (मछुओं के गांव का मुखिया) आदि राज्य के अधिकारी
48. अपने अनुचरों सहित और पड़ोसी खेतों के स्वामी को ब्राह्मण के सम्मान तथा मानव-जीवन समझकर, पूर्वोक्त उदाहृत बातें समझकर
49. कि महासामंताधिमति श्रीनारायणवर्मा के दूतक युवराज श्रीत्रिभुवनपाल के मुख से हमें ऐसी आज्ञा प्राप्त हुई है कि–

50. हमने माता, पिता तथा अपने पुण्य की अभिवृद्धि के लिए शुभस्थल पर मंदिर बनवाया और वहां स्थपित भगवान नारायण की पूजा-अर्चना आदि की पूर्ति के लिए नाराणभट्टारक को
51. उसके संरक्षक लाट देश के ब्राह्मणदेव के चरणों में ये चार यहां के दट्टिका तल पाटक
52. सहित देते हैं। सो हमने उस विज्ञप्ति के अनुसार ये उपर्युक्त चारों ग्राम तल पाटक हट्टिका सहित अपनी
53. सीमा पर्यंत अपने क्षेत्र सहित, उसी दशा व दोष सहित; वसूली से मुक्त, सारे कष्टों से मुक्त, सारे अधिकारों सहित, चंद्र-सूर्य-पृथ्वी की उम्र पर्यंत
54. वैसे ही बने रहें। सो आप सभी भूमिदान के महान गौरव से उसके अपहरण में महानरक में गिरने के भय से इस दान का अनुमोदन कर
55. पालन करें। पड़ोसी क्षेत्र के स्वामी भी इस आज्ञा को सुनकर यथोचित कर, पिंडक (अन्नांश) आदि सारे देय इनके पास ही ले जावे–
56. सगर आदि अनेक नृपों ने भूमिदान किया। जब-जब जिसकी भूमि रही तब-तब उसे ही फल मिला। भूमिदाता साठ हजार वर्ष तक स्वर्ग में आनंद भोगता है।
57. उस दान को छीनने अथवा अनुमोदन करने वाला इतने ही वर्ष नरक में बसता है। स्वयं अथवा अन्य के द्वारा दान में दी गई भूमि का जो अपहरण करता है वह अपने पितरों सहित मल का कीड़ा बनकर
58. परेशान होता (पचता) रहता है। इस प्रकार कमल पत्र पर स्थित जल बिंदु सी चंचल लक्ष्मी तथा मानव-जीवन समझकर, पूर्वोक्त उदाहृत बातें समझकर
59. लोगों को चाहिए कि वे परकीर्ति को लुप्त न करें। लक्ष्मी बिजली सी है और शरीर भी दीपक की अग्नि के समान। संसार में केवल दुःख है, अतः अन्यों की कृति तथा कीर्ति को विनष्ट (न) करें।
60. चंद्रमा तथा सूर्य के समान स्थिर यश की नृपगण रक्षा करें। ये लोग समझकर यथारुचि करेंगे, अधिक कहने से क्या? उन्नतिशील विजयी राज्य में
61. संवत् 32 मार्गशीर्ष के 12 दिन होने पर
62. श्रीभोगभट के पौत्र, श्रीमान सुभट के पुत्र गुणशाली श्रीमान तातट ने इस (ताम्रलेख) को उत्कीर्ण किया।

मथुरा यवन अभिलेख

पुष्पा ठुकराल *"यवना इंसक्रिप्शन फ्रॉम मथुरा"*
इंडियन म्यूजियम बुलेटिन, 1991, पृ. 23

> "यवन रज्यस्य षोडशोत्तरे वर्ष शते 100 + 10 + 6 (116)
> हेमत मासे 4 दिवस 30 एताये पूर्वाये 1
> ब्राह्मणस्य मैत्रेयस गोत्रस्य घोषदत्त पुत्रस्य सार्थवाहस्य
> वीरवलस्य मातुरे होगणिय उदपानि 2
> पुष्कारिणि सह पुत्रेन वीरवलेन वधुये भागुरेये पौत्रे
> हि च शूरदत्तेन ऋषभदेवेन वीरदत्तेन च पुण्यं वर्धतु। 3"

हेमंत ऋतु के चौथे माह में, 13वें दिन, यवन शासन के 116वें वर्ष मैत्रेय गोत्र के ब्राह्मण सार्थवाह घोषदत्त के पुत्र (व्यापारी) बैरवला ने अपनी मां तथा अपने पुत्र वीरवल पत्नी भागुरी और पौत्र सुदत्त, ऋषभदेव और वीरदत्त के नित्य कार्यों हेतु एक कुआं और पुष्करणि का निर्माण कराया। इसका पुण्य-लाभ उन्हें प्राप्त हो।

शोध पत्रिकाओं के संक्षिप्त नाम

AAHu	–	Acta Antiqua Hungarica
ABORI	–	Annals of the Bhandarkar Oriental Research Institute
AI	–	Acta Iranica
AION	–	Annali, Instituto Orientale di Napoli
AJA	–	American Journal of Archaeology
AJPH	–	American Journal of Philology
ALB	–	Adyar library Bulletin
AO	–	Acta Orientaliya
ASIAR	–	Archaeological Survey of India, Annual Report
AW	–	Ancient World
BDCRI	–	Bulletin of the Deccan College Research Institute
BSOAS	–	Bulletin of the School of Oriental and African Studies (Formerly BSOS)
BSOS	–	Bulletin of the School of Oriental Studies (Later BSOAS)
CII	–	Corpus Inscriptionum Indicarum
CQ	–	Classical Quarterly
CR	–	Classical Review
EI	–	Epigraphica Indika
E&W	–	East and West
IA	–	Indian Antiquary
IAC	–	Indo-Asian Culture
IC	–	Indian Culture
IHQ	–	Indian Historical Quarterly
IHR	–	Indian Historical Review
IIJ	–	Indo-Iranian Journal
IMB	–	Indian Museum Bulletin
JA	–	Journal Asiatic
JAIH	–	Journal of Ancient Indian History

JAOS	–	Journal of the American Oriental Society
JASB	–	Journal of the Asiatic Society Bengal
JBOARS	–	Journal of the Bihar and Orissa Research Society
JCA	–	Journal of Central Asia
JESHO	–	Journal of the Economic and Social History of the Orient
JHS	–	Journal of Hellenic Studies
JIH	–	Journal of Indian History
JNSI	–	Journal of the Numismatic Society of India
JOIB	–	Journal of the Oriental Institute, Baroda
JOR	–	Journal of Oriental Studies (Madras)
JRAS	–	Journal of the Royal Asiatic Society
SAA	–	South Asian Archaeology
SBE	–	Sacred Books of the East Series
SI	–	Studia Iranica
SO	–	Studia Orientalia
Toπoi	–	Toπoi Orient-Occident, Lyon.
VDI	–	Vestnik Drevenj Istorji
VIJ	–	Vishveshwaranand Indlogical Journal
Yavanika	–	Yavanika Journal of the Indian Society for Greek and Roman Studies

संदर्भ ग्रंथ सूची

Sanskrit Texts

Abhidhana Cintamani: of Sri Hemacandra carya, ed. Nemicandra Sastri and Sri Hargovinda Sastri with Hindi commentary and notes, Varanasi, 1964.

*Brahat Samhrita:*edt. With English translation By Ramakrishna Bhat.12, Delhi, 1981-82.

—*The Pancasiddhantika* the Astronomical Work of Varahmihir, ed. & tr. By G. Thinant and S. Dwivedi. Reprinted from Choukhamba Sanskrit Series 618, Varanasi, 196

Daskumaracharita of Dandin: Text...... by M.R. Kale, 4th ed. Delhi, 1966 (reprinted 1979).

Gargasamhita: Yugapurana, ed. & tr. In Mitchiner, 1986.

Harsacarita: The text of Banabhatta. Text of Uchchhavasas I-VIII edt. by P.V. Kane, Bombay, 1918 (reprinted Delhi, 1986)

Kalidasa: *Malvikagnimitram of Kalidasa*. edt. With a complete translation into English by R.D. Karmarkar, Poona, 1950 (original-1918).

Raghuvamsa: ed. Narayana Rama Acarya, Bombay, 1948.

Kamasutra: The textof Sri Vatsyayana Muni with the Jayamangala Sanskrit Commentary of Sri Yasodhara, ed. With Hindi Commentary by Sri Devadutta Sastri, Kashi Sanskrit Series 29, 3rd edition, Varanasi, 1982.

Kasika: Paniniyavyakaranasutravratti Kasika of Pt. Vaman and Jayaditya, ed. by Sri Narayana Mishra. 1-2, Kashi Sanskrit Series 37. 5th ed. Varanasi, 1983.

Kathasaritsagara: tr. C.H. Tawney, 2 vols. Calcutta, 1880, reprint New Delhi 1991: of Somdevabhatta, ed. Pandurang Kasinath Parab and Pandit Durga Prasad, Bombay, 1930. The ocean of story being C.H.

Tawneys translation of Somadeva's *Kathasaritsagara*, ed. With notes by N.M. Penzer, 10 vols. Delhi, 1968.

Kavyamimamsa of Rajasekhara, ed. C.D. Dalal and Pandit R.A. Sastri, Baroda,1935.

Mahabharata: Critically edited by Vishnu S. Sukthankar, S.K. Belvalkarand other scholar's 1-19, Poona, 1933-59.

Mudraraksasa: The Sanskrit drama by Visakhadatta edited with tr. into English and Bengali by Shirish Chandra Chakravarti 2nd edition. Mymensingh, Calcutta, 1919.

Natyasastra: of Bharatmuni with the commentary of Ahinavabharati by Abhinava Gupta Acarya.

Panini: The *Astadhyayi of Panini*, edited & translated into English by Late Sri sa Chandra Vasu. 1-2 Delhi 1977 (reprint original edition). Allahabad1891).Ganapatha, in appendix to Panini's Grammatik, hrsg. Von O.N. Bohtlingk. Lp. 1887.

Patnjali:TheVyakaran-*Mahabhasya of Patanjali*. Ed. by F. Kielhorn. 3rd Revised ed. by K.V. Abhyankar. 1-3 Poona, 1962-72.

Rajatarangini of Kalhna, A Chronicle of the Kings of Kasmir, Sir M.A. Stein, 2 vols. London, 1900.

Ramayana: Critical edition 1-7. Baroda, 1960-75.

The Sasanvamsa of Pannasami: ed. By C.S. Upasak, Panta, 1961.

Varahamihira: The *Brihjjatakam* of Varahmihira; ed. & translated By Swami Vijayananda of Melur Math alias Hari Prasuna Chatterjee. *The Sacred book of Hindus* 12, Allahabad, 1912 (reprinted 1974).

Smrti Texts and Translations

Apstamb Dharmasutra: Aphorisms on the *Sacred Law of the Hindus*, ed. G. Buhler, Bombay, 1932: tr. *Sacred Laws of the Aryas*, *SBE*, vols. II, XIV, Oxford, 1879.

Katyayana Smrti, ed. and tr. P.V. Kane, Bombay, 1933.

Gautama-Dharma Sutra: The Institutes of Gautama, ed. with an index of words by A.F. Stenzler, Sanskrit Text Society. London, 1876, translation G. Buhler*The sacred Law of the Aryas*, Part I, *SBE* 2, Oxford, 1879, edited with Hindi commentary by Umesh Chandra Pandey, Varanasi, 1966.

Narad Smrti: Edited by J. Jolly, *Bibliothica Indica*, Calcutta, 1885, Translation *SBE* 33, Oxford 1886-92.

Parasara Smrti: ed. CandrakantaTarakalankara, 3 vols. *Bib. Ind.*, Calcutta, 1889. Institutes of Parasara, tr. Krsana Kamal Bhattacarya, *Bib. Ind.*, Calcutta, 1887.

Brhaspati Smrti: ed. K.V. Rangaswami Aiyangar, GOS, tr. *SBE*, vol. xxxiii, Baroda, 1941.

Baudhayana Dharmasutra, ed. E. Hultzsch, Leipzig, 1884; the Vivarana Commentary by Sri Govinda Swami, ed. Pandit Cinnaswami Sastri. *KSS*, 104, Benaras, 1934.

Manu: Translation of G. Buhler, *the Laws of Manu*, *S.B.E.* 25, Oxford, 1886, (Reprint Delhi, 1975).

Vasistha Dharma Sutra: A. A.Fuehrer, *BSS* 23, *BORI*, Poona, 1930.

Buddhist Texts and translations

Angguttarnikaya: ed. R. Morris and E. Hardy, 5 vols. *PTS*, London, 1883-1900; tr., Vol. I, II and V by F.L. Woodward and vols. III and IV by E.M. Hare, *PTS*, London, 1932-36.

Aryamanjusrimulakalpa, ed. T. Ganapati Sastri, *TSS,* Trivandrum, 1920.

Das Boudhayana-Dharmasutra: translation G. Buhler: *The Sacred Laws of the Aryas*, Part II. *SBE* 14, Oxford, 1882.

Dipavamsa: An Ancient Buddhist Historical Record: ed. and translated by H. Oldenberg 1879 (reprinted New Delhi, 1982).

Jataka: with commentary, ed. V. Fausboll, 7 vols. (vol.VII Index by D. Anderson) London, 1877-97; tr. by various hands (ed. E.B. Cowell), 6 vols., New Delhi, 1990.

Khuddaka Nikaya: The Apadana, ed. M.E. Lilly, 2 vols., PTS. London, 1925-27.

Milindapanha: Ed. by Swami Dwarikadas Shastri Buddha Bharati Series 13. Varanasi, 1979.

—ed. V. Trenecker, London 1928; tr. T.W. Rhys Davids, *SBE*, vols. xxxv, xxxvi, Oxford,1890-94.

Theragatha: tr. K.R. Norman, *PTS.* London, 1969.

Divyavadana: ed. E.B. Cowell and F.R. Neil, Amsterdam, 1970.

Digha Nikaya: ed. T.W. Rhys Davids and J.E. Carpentier, 3 vols., PTS, London, 1890-1911; tr. T.W. Rhys Davids, 3 vols., *SBE* vol. XI*, PTS.*, I, II, London, 1899-1921.

Majjhima Nikaya: ed. V. Trenckner and R. Chalmers, 4 vols., PTS London, 1888-99; tr. Lord Chalmers, 2 vols., London, 1926-27.

Manorathapurani: Buddhaghosa's commentary on the Anguttara Nikaya (after the MS. of E. Hardy), ed. M. Walleser and H. Kopp, 5 vols. *TSP*, London 1924-56.

Mahavamsa: Ed. W. Geiger, *PTS*, London, 1908; tr. W. Geiger, *PTS,* London, 1912.

Lalitavistara: ed. S. Lefmann, 2 vols. Hale, 1902-8.

Vinaya Pitakam: ed. H. Oldenberg, 5 vols. London, 1879-83; tr. I.B. Horner, 5 vols. London, 1938-52; H. Oldenberg, 3 vols., *SBE,* vols., XIII, XVII, XX, Oxford 1881-85.

Samantapasadika: Buddhaghosa's commentary on the *Vinaya Pitaka*, ed. J. Takakusu and M. Nagai. Vol. I. *PTS*. London ,1924.

Sammoha-Vinodani: commentary on the Vibhanagattha katha of the *Abhidhamma Pitak*, ed. A.P. Buddhadatta Thera, *PTS*, London, 1923.

—Buddhaghosa's commentary on the *Digha Nikaya*, ed. T.W. Rhys Davids and J. Carpentier, vol. I and W. Stede, vols. II-III, 3 vols. *PTS,* London 1886, 1931-32.

Jaina Texts and translations

Acharangsutram with Sanskrit Chhaya and Hindi *padartha* Commentary by Atmaramji Maharaja, ed. Muni Samdarshi, 2 vols. Ludhiana,1963-64.

Prajnapana ascribed to Syamacarya, commentary by Malaygiri, Agmodaya Samiti, Mehesana, Bombay, 1918-19.

Prasna-Vyakaran with Abhayadevas commentary, Agamodaya Samiti, Mehesana, Bombay,1919.

Puranic Text and translations

Aitareya Brahman: "with the Bhasya of Saynacarya, ed. Kasinath Sastri Agase, *2 vol.* ASS 32, Poona 1896.

Agni Purana: Edited by Rajendra Lal Mitra, 3 volumes, *Bibliotheca Indica*, Calcutta, 1879. Edited &Translated by M.N. Datta, 2nd vol. Calcutta, 1904.

Bhagvata Purana: Edited Bombay, 1905; the Srimad Bhagvatam of Krishna Dwaipayan Vyasa, translator J.M. Sanyal, 2 volumes, New Delhi, 1973.

Braham Purana: edited by H.N. Apte, *ASS* 28, Poona, 1906.

Brahamand Purana: Published by Venketeshwar, Bombay, 1913.The Srimad Bhagavatam of Krishna Dwaipayana Vyasa, tr J.M. Sanyal, 2 vols. New Delhi.

Matsya Purana: ed. Hari Narayan Apte, ASS, 54 Poona, 1907; *Matsya Puranam*, tr. A. Taluqdar of Oudh, *SBH,* vol. XVII, Allahabad 1916-17, reprinted, New Delhi, 1980.

Markandeya Purana: ed. Rev. K.M. Banerjee, *Bibliotheca Indica,* Calcutta, 1862; tr. F.E. Pargiter, *Bib. Ind.*, Calcutta, 1904.

Yuga Purana: ed. D.R. Mankad, Vallabha Vidyanagar, 1951.

Vamana Purana: edt. A.S. Gupta, Varanasi, 1967.

Vayu Purana: ed. Rajendralal Mitra, 2 vols. *Bib. Ind.*, Calcutta, 1880; ed. Hari Narayana Apte, *ASS* 49, Poona, 1905.

Vishnu Purana: with two commentaries called the *Vinsucittaya vyakhya* and the *Atmaprakasa* by Sridharasvamin, 2 vols. Bombay, 1910, tr. H.H. Wilson, Calcutta, 1961.

Harivamsa: critically edited P.L. Vaidya, 2 vols. Poona, 1969-71; tr Simon Alexander Langlois, 3 vols. London, 1834.

Dictionaries

Apte, V.S. *Sanskrit-English Dictionary*, Bombay, 1912.

Edgerton, Franklin; *Buddhist Hybrid Sanskrit Grammar and Dictionary*. 2: Dictionary New Haven, 1953 (reprinted. Delhi, 1993).

Kent, Roland G. *Old Persian Grammar Text*, Lexicon, New Haven, 1950.

Malalasekera, G.P. *Dictionary of Pali Proper Names*. 1-2, 1937 (Reprinted New Delhi 1983).

Monier-Williams. *A Sanskrit-English Dictionary. Etymologically and philologically Arranged*. Newed., greatly enlarged and improved, Oxford 1899 (reprinted Delhi, 1984).

Petersburger Worterbuch, BOHTLINGK, O.N. *A Sanskrit-Worterbuch in Kurzerer Fassung* 1-7, St. Petersburg 1979-89 (reprinted Delhi, 1991).

Watt, George, *A Dictionary of the Economic Products of India*. 1-VI: 4, 1889-93 and index volume by Edgar Thurston, 1896 (all reprinted. Delhi, 1972).

Books and Articles

Agrawala, V.S. 1963, *India as Known to Panini*, 2nd revised and enlarged edition.

Arora, U.P. 1991 (edited) *Graeco-Indica: India's Cultural Contacts with the Greek World*. In memory of Demetrius Galanos (1761-1833),. A Greek Sanskritist of Benaras. Heritage of Ancient India, 26, New Delhi.

—2010, *Prachin Yunan-Itihas aur Sanskrit*, Anamika, New Delhi.

Ali, S.M. 1966. *The Geography of the Puranas*, Delhi.

Bagchi. P. C. 1946. "Krimsa and Demetrius," *IHQ*, 22, 81-91.

Banerjee, G.N, 1919. Hellenism in ancient India, London, reprinted New Delhi, 1981.

Barnett, Lionel David, 1915. "An Aramaic Inscription from Taxila", *JRAS* 1915, 340-342.

Basak, R.G. 1959. *Asokan Inscriptions*, Calcutta.

Basham, B.L. 1967. *The Wonder that was India*. London.

—1975, ed. *A Cultural History of India*, Oxford.

Bazin, Foucher E. 1938, Review of Four Books on Hellenism and Iran (i.e., Tarn, 1938) *JA*, 230, 501-528.

Begley, Vimala, 1983. "Arikamedu Reconsidered" *AJA* 87, 461-481. Begley Vimla & Depuma Richard Daniel (eds.) 1991, Rome *and* India. The Ancient Sea Trade, Madison.

Bern, A.R. 1995.The Pelican History of the Greece. Pelican Books.

Bhandarkar, D.R. Inscriptions of Northern India in Brahmi and its Derivatives Scripts from c.AD 200,' *EI* vols. XIX, XX, XXI, XXII, XXIII.

Bongard, Levin, 1981, "Graeco-Roman Tradition and religious-Philosophical Currents in Mauryan India"*ALB* 44-45 (Kunjunni Raja Felicitation Volume), 1980-81, 50-62 (cf. Bongard-Levin 1973).

—1986. "Ancient India and the Graeco-Roman World" *IT*, 13, 1985-86, 170-185 (Also published in the *Indian Historical Review*, 10, 1984, 21-31).

Boperachchi, Osmund 1990. "Graeco-Bactrian issues of Later Indo-Greek Kings", *NC* 150, 79-103.

—1992, "Was Sagala Menander's Capital?" C. Jarrige (ed.) *SAA* 1989, Madison WI, 327-337.

—1993 a. "On the so-called earliest representation of Ganesa", *TOPOI*, 425-453.

Boussec, M.F. & Salles, J.F. (eds.) 1995. *Athens, Aden, Arikamedu.* Essays on the interrelation between India, Arabia and the Eastern Mediterranean. New Delhi.

Casson. Lionel. 1980. "*Periplus Maris Erythrei*: three notes on the text. CON.S. 30, 495-497 1980 B. "Rome's Trade with the East: The Sea Voyage to Africa and India". TAPA 110. 21-36.1982. "Periphts Maris Erythraei 36: teak, not sandalwood". CO N.S. 32. 181-183.1989. The Periplus Maris Erythreei. Text with introduction, translation and commentary. Princeton.

Charlesworth, M.A. 1924. *Trade-routes and Commerce of the Roman Empire*, Cambridge.

—1951. "Roman trade with India: a resurvey". P.R. Coleman-Norton (ed.), *Studies in Roman Economic and Social History in Honor of Allan Chester Johnson*, Princeton NJ, 131-143

—1931. "Antiochus, King of the Yavanas". *BSOS* 6:2 (Rapson Vol.), 303-321.

Chaturvedi, Sarojini 1985. *Foreign Influx and Interaction with Indian culture*, Delhi.

Chattopadhyaya, Sudhakar 1974. *The Achaemenids and India*. Revised 2nd edition, Delhi (1950).

Chaube, Ram Kumar 1967. "India as told by the Muslims". Indian Civilization Series 13. Varanasi.

Chaudhari, K. 1983, "Dionysos of Indo-Greek Coins–A Study", *JNSI* 45, 119-133.

Cimino, Rosa Maria (edited) 1994. *Ancient Rome and India. Commercial and cultural Contacts Between the Roman World and India,* New Delhi.

Cunningham, Alexander, 1871, *The Ancient Geography of India* I. *The Buddhist Period, including the campaigns of Alexander and the travels of Hwen Thsang*. London, (reprint Varanasi-Delhi, 1979).

Dahlquist, Allan, 1962, Megasthenes and Indian Religion. Upsala (reprint Delhi 1977). DANI, Ahmad Hassan, DAR, Saifur Rahman 1984,Taxila and the Western World. Lahore.

Das Gupta, Paresh Chandra, 1960. "Graeco-Roman finds from Bengal". *IAC* 8:4, 386-392.

Davies, J.K. 1984. "Cultural, Social and Economic Features of the Hellenistic World", chapter 8 in the Hellenistic World. *Cambridge Ancient History*, 2nd ed. Volume VII Part I, Cambridge.

Divatia, N.B. 1931, "Sandrokottos. What did the initial S in the name represent?" *ABORI*, 12, 1930-31, 85-88 (with a reply by A.B. Dhruva, 89f., and a rejoinder by Divatia, 91f.).

Dobbins, K.Walton 1971. "The Commerce of Kapisene and Gandhara after the fall of Indo-Greek rule". *JESHO*, 14, 286-302.

Dogra, S.D. 1975-76. "Greek or Yavana donors in ancient India, pp.186. *Puratatva* 8, Indian Archaeological Society, New Delhi.

Edgerton, Franklin, 1938. "Rome and (?) Antiochia in the *Mahabharata*", *JAOS* 58, 262-265.

Eggermont. P. H. L. 1961. Review of Narian 1957, *Bibliotheca Orientalis* 18, 169-173.

—1970. "Alexander's Campaign in Gandhara and Ptolemy's list of Indo-Scythian towns". *OLP* 1, 63-122.

—1975. Alexander's Campaigns in Sind and Baluchistan and the Siege of the Brahmin Town of Harmatelia. *OLA* 3 Leuven.

—1984. "Ptolemy, the geographer, and the people of the Dards". *OLP* 15,191-233 (also published in *JCA* 7, 1984, 73-123).

—1988. "Hippalus and the discovery of the Monsoons", A. Theodorides, P.Naster & J. Ries (eds.), *Humour, travail et science en orient.* Leuven, 343-364.

—1991a. "the Seven 'Castes' of Megasthenes", Arora 1991a, 48-56 (revised English version of Falk 1982). *Encylopaedia Judaica*, Jerusalem, 1971.

Ferguson, D. 1904. "The Taprobane of Pliny and Ptolemy', *JRAS*,1904, 539-541.

Filliozat. Jean. 1956b. "Ayurveda and Foreign Contacts". *Journal of the History of Medicine* I, 1-10.

—1976. "The oldest sea-routes of the Tamil trade". *Bulletin of the Institute of Traditional Cultures*, Madras, 21-28.

Fleet. J.F. 1906. "Sagala, Sakala, the city of Milinda and Mihirakula", *Actes duxiveme congres international des Orientalistes*, Alger 1905I:1, 164-176.

Gardner, P. 1886. *British Museum Catalogue of the Coins of the Greeks and the Scythic Kings of Bactria and India*, London.

Gode, P.K. 1961, Studies in Indian Cultural History, 1, *Collected Studies* 4. Poona.

Gokhale, B.G. 1987. "Bharukaccha/Barygaza", *Pollet*,1, 67-79.

Gonda, J. 1949. "Tarn's hypothesis on the origin of the *Milindapanha*", *Mnemosyne*,4, 44-63 (reprint. In *Opera Minora*, IV, 496-514).

Gorelick, L. & Gwinnett. A. J. 1988. "Diamonds from India to Rome and Beyond", *AJA*, 92, 547-552.

Ghosh, Bhramar "Did not Yavana denote Persians even before the II century A.D."*Indian Culture*, vol. I (2).

Ghosh, N.N. 1946. "Do the reference to the Yavana invasion of india found in the *Yuga purana, Patanjali, Mahabharata* and *Malvikagnimitram* from the evidence of one single event"? *JGNJRI*, Allahabad.

Gupt, Bharat 2006. *Dramatic concepts, Greek and Indian* (*A Study of Poetics & Natyasastra*) New Delhi.

Gupta, Chitrarekha, 1984. "Horse trade in North India: some reflections on socio-economic life". *JAIH*,14, 1983-84, 186-206.

Gupta, Parmeswari Lal 1969, "Roman trade in India", *Dr. Satkari Mookerji Felicitation Volume*. Chowkhamba Sanskrit Series 69,Varanasi, 169-180.

—1985. "Kusana in the Yamunos-Gangetic Region, Chronology and Date", *AION* 45, 199-222.

—1989. *Prachin Bhartiya Mudrayen*, Varanasi.

Hartman, Sven S., 1965. "Dionysos and Heracles in India according to Megasthenes: a counter-argument", Temenos, 55-64 (on Dahlquist 1962).

Herzfeld. Ernst. 1931, "Sakastan", *AMI*,4, 1-116.1968. The Persian Empire Studies in Geography and Ethnography of the Ancient near East. Ed. From the posthumous papers by G. Walser. Wiesbaden.

Hien, Norvin 1989. "Kalayavana to Mathura's cultural self perception".

D.M. Srinivasan (ed.) *Mathura–the Cultural Heritage*, New Delhi.

Hinuber, Oskar von. 1996. A Handbook of Pali Literature, Indian Philology and South Asian Studies 2, Berlin & Newyork.

Holt. Frank L. 1984a. "Discovering the Lost History of Ancient Afghanistan. Hellenistic Bactria in Light of Recent Archaeological and Historical Research", *AW*, 9, 2-12.

—1987. "Hellenistic Bactria: Beyond the Mirage (Select Bibliography)". *AW* 15, 3-15

—1989. *Alexander the Great and Bactria. The formation of a Greek Frontier in Central Asia.* Leiden etc.

Hourani, George F. 1951. Arab Seafaring in the Indian Ocean in Ancient and Early Medieval Times, *Princeton Oriental Studies,* 13, Princeton.

Hultzsch, E.1925. *Inscriptions of Asoka*, CII, vol. I, Oxford.

Humbach, N.H. 1978a, "The Aramaic Asoka Inscription from Taxila", *JCA* 1:2, 87-98.

Hutton, J.H. 1951. *Caste in India,* Oxford.

Jain, J. C. *Life as depicted in the Jain canons,* pp. 433-39.

Jairajbhoy, Rafique A., 1963, *Foreign Influence in Ancient India,* London.

Jayaswal, K.P.1928. Historical Data in the Garga Smhita and the Brahmin Empire, *JBORAS*, X, pp. 397-421.

—1918. Hathigumpha Inscription of Kharvela, *JBORAS.*

Jha, D.N. edt. 1980. *Studies in Early Indian Economic History*, Delhi

Johnston, Edward Hamilton, 1939, "Demetrius in Sind?" *JRAS* 1939, 217-240.

Kadgaonkar, Shivendra B., 1993. The Peacock in Ancient Indian Art and Literature, *BDCRI*, 53, 95-115.

Kamboj, J.L.1981. *Prachin Kamboj Jana aur Janpada*, Delhi.

Kanaksabhai, Pillai V., 1904, *Tamil Eighteen Hundred Years Ago* (Reprint Madras, 1966).

Kangle, R.P. 1965, *Kautilya Arthashastra*, part-3, A Study, Bombay.

Kane, P.V. 1930-62. *History of Dharmsastras*, 5 vol. Poona.

Karttunen, Klaus, 1990, "Taxila Indian City and a Stronghold of Hellenism", *Arctos, Acta Philologica Fennica* 24, 85-96.

—1993, "Easternmost Greek Epigraphy", Adalbert J. Gail & Gerd.

J.R. Mevissen (eds.). SAA 1991, Suttgart, 493-500.

—1994, "Yonas, Yavanas, and related matter in Indian Epigraphy. A.Parpola& P. Koskikallio (eds.), SSA 1993. Annales Academiae Scientiarum Fennicae B: 271. Helsinki

—1994, 329-336.1995b, Early Roman Trade with South India", *Arctos Acta Philologica Fennica* 29, 1995, 81-91.

—1997. India and the Hellenistic World, Helsinki. Keith, A.B. 1924. *The Sanskrit Drama*. Oxford.

—1940. The Greek kingdoms and Indian literature", *D.R. Bhandarkar Volume*, Calcutta, 219-230.

Keilhorn, F. 1906. Junagarh Rock Inscription of Rudradaman, the year 72", *EI* 8, 1905-6, 59-96.

Konow, Sten, 1929. *Kharosthi Inscriptions*, *CII*, vol. 2, pt. I, Calcutta.

—1939 "A Greek term in an Indian Inscription", *JRAS* 1939, 265f.

—1940. "New traces of the Greeks in India", *New IA* **2,** 1939-40, 639- 648 (the Bajour Casket Inscription).

—1956." Note on the Bajour Inscription of Menandros", *EI* 27, 1947- 48 (1956), 52-58.

Krishnamurthy, R. 1994. Late Roman Copper Coins from South India, Karur and Madurai, Madras.

Krom, N.J. 1909. "Seleukos und Candragupta", *Hermes* 44, 154-157.

Laeuchli, Samuel Clark 1984. "Yavana Inscriptions of Western India", *Journal of the Asiatic Society of Bombay* 56-59, 1981-84, 207-221.

Law, Bimal Charan, 1969. " Sakala an Ancient Indian City", *E & W*, 19, 401-409.

—1954. Paris. *Historical geography of ancient India*. (Reprinted 1984) New Delhi.

Luder, H. Luders, List of Inscriptions, *EI*, Vol. X.

Lal, S.B. 1993. "The Yavanas in the Epics", published in the Proceedings of the U.P. History Congress, Sixth Session, edt. U.P. Arora.

—2004."Yavana Shabadartha Parivartana-Abhilekhon ke Alok mein" *Perspective in Indian History*, edt. Sinha A.K.

—2005. "A note on Yavanaraj Tushaspa" *Dialogue between Cultures India and Iran*", Editors. Sinha A.K., Singh A.K.

—2005."Yavano ke Prati Bhartiya Drstikon" *Dimensions in Indian History*, Editor Sinha, A.K.

—2006. "Yavanas in the Inscriptions" (From earliest to 12th century A.D.), *Proceedings of Indian History Congress*, 65th session.

—2006."Yavana shabda ki utpatti evam prarmbhik ullekh", *Facets of Indian History*, editor A.K.Sinha.

—2007. "Yavana-samajika aur arthik sandarbha mein" *Udayana, New Horizons in History, Classics and Inter-Cultural Studies*, Editor Sinha A.K., Singh A.K.

—2009."Sanskrit Sahitya mein Yavanika" Proceedings of U.P. History Congress, Jaunpur.

—2010. "Shakas and their contribution in language and literature",

Proceedings of U.P. History Congress, Shahjahanpur session.

—2014."Kali Yavana: Myth, Vastavikata ya Drashtikon", *Understanding the Past : India in the Mirror of History*, Editor N.R. Farooqui and S.Z.H. Jafri.

McCrindle, J.W. 1896. *The invasion of India by Alexander the Great*, Westminster.

Majumdar, N.J. 1924. "A List of Kharoshthi Inscriptions". N.S. 20, 1-39.

—1942 "The Bajaur Casket of the of the reigns of Menander". *EI* 24, 1937-38 (1942), 1-8.

Kuhrt, 1997. *A. and Sherwin-White S. eds. Hellenism in the East. London.*

Majumdar, Ramesh Chandra 1958. "The Indika of Megasthenes". *JAOS*, 78, 273-276.

Mankad, D.R. 1947. 'A critically edited text of the Yuga Purana', *JUPHS* vol. II, 1947, pp. 32-64.

—1960a. *The Classical Accounts of India*. Calcutta (reprinted 1981).

Margabandhu, C. 1965. "Trade Contacts between Western India and the Greco-Roman World in the early centuries of Christian Era. An Archaeological Restatement", *JESHO*, 8, 316-322.

1983. "Ancient Sea-Ports of South India–their Trade Relationship with the Western World during the First Century B.C to Second Century A.D.", *Sri Dinesacandrika Studies in Indology. Shri D.C. Sircar Festschrift*. New Delhi, 185-202.

Marshal, J. 1947. "Greeks and Sakas in India", *JRAS*.

Meile, P. 1941a. "Les yavanasdansl Indetamoule", *JA* 232, 1940, *Melange Asiatiques*, 1940-41, 85-123.

Miller, J. Innes, 1969, The Spice Trade of the Roman Empire, Oxford.

Mishra, K.C. 1987, *Tribes in the Mahabhar*ta, New Delhi.

Mitchiner, John, E. 1986. *The Yuga Purana*. Critically edited, with an English translation and a detailed Introduction. *Bibliotheca Indica*. Calcutta.

Mitra, Rajendralal, 1874. *On the supposed identity of the Greeks with the Yavanas of the Sanskrit Writers*, *JASB* vol. XLIII, pp. 241-279.

Mitra, Deval 1982. "Foreign Elements in Indian Population", *The Cultural Heritage of India, Part II, Itihas Purana Dharmaaur Anya Sastra*, pp. 186. The Ramakrishna Mission Institute of Goal Park, Calcutta.

Mookerji, Radha Kumud, 1951. "Foreign Invasions", *The History and Culture of the Indian people. The Age of Imperial Unity*, Bombay, chapter 3rd, 39-53 (5th edition (reprint) 1980).

Mosley, D.J. 1971."Greeks, Barbarians, Language and Contact", *Ancient Society* 2, 1-6.

Motichandra, 1953. *Trade and trade routes in ancient India,* New Delhi.

Mukerdzi, B. N. 1992. "Ob odnojnadpisiiz Mathuryi o eeznaceniidljaproblemyjavanovi Saka-Pahlavov", *VDI* 1992:1, 87-91.

Mukherjee, Bratindra Nath, 1979. "An alleged Evidence of the presence of the Indo-Greeks in the Indo-Gangetic valley", *JAIH* 12, 1978-79, 150-155.

—1984a. *Studies in Aramaic edicts of Ashoka.* Indian Museum reprint Series, Calcutta.

—1984b. "Yona-Yavana: The Earliest Connotation of the Term", *JAIH* 14, 234-37.

—1986, "The problem of Attribution of the Reh Inscription", *IASCA-IB* 11, 43-48.

Narain, Awadh Kishore 1957. *Indo-Greeks*. Oxford (reprint Delhi 1980 and again in 2003 reprinted and supplemented).

—1965. "Alexander and India", *Greece & Rome* 12, 155-164 (Reprinted in Narain, 1966, 1-12).

1987a. "On the Foundation and Chronology of Ai-Khanum : A Greek Bactrian City", Pollet 1987, 115-130.

—1987b. "On some Greek Inscriptions from Afghanistan" *AION* 47, 269-292.

Ojha, K.C. 1968. *The History of foreign rule in ancient India*, Allahabad.

Om Prakash 1966. *Food and Drinks in Ancient India*. Delhi.

Nilakanta, Shastri, K.A. (ed.) 1967. *Age of the Nandas and Mauryas*. 2nd edition.

—1976. *A History of South India* edition, Madras.

Pal, R.K. 1985. *South Pancal,* New Delhi. Pande, Jai Narain.

Parasher, Aloka, 1991. *Mlecchas in Early India*, Munshiram Manohar Lal, New Delhi.

Pillai, V. Kanaksabhai1956. *The Tamil Eighteen Hundred Years Ago*, Madras.

Pingree, David 1963. "Astronomy and Astrology in India and Iran", Isis 54, 229-246. "The Yavanajataka of Sphujidhvaja", *JOR* 31, 1961-62 (1964) 16-31.

Pisharoti, K.R. 1936. "A Note on Yavana", *Indian Culture*, 574.

Pollet,Gilbert (edited) 1987. *India and the Ancient World. Trade and, Culture before A.D. 650,* Prof. P.H.L. Eggermont Jubilee Volume. OLA 25. Leuven.

Puri, B.N., 1957. *India in the time of Patanjali*, New Delhi.

Prakash, Om, 1969. "On the Identity of Parvataka", *JIH* 47, 115-126.

Rapson, E.J. (edited) 1922, *The Cambridge History of India*, Vol. 1, Cambridge.

Rawlinson, Hugh George 1926. *Intercourse between India and the Western World.* 2nd edition Cambridge.

Ray, H.C. 1923. "Why did Alexander Cross the Beas?" *JASB* N.S. 1965-69.

Ray, Himanshu Prabha1986. *Monastery and Guild, Commerce Under the Satavahanas*. Delhi.

—1988. "The Yavanas presence in Ancient India", *JESHO* 31, 311-325.

—1993b "A resurvey of Roman contacts with the East", *TOPOI* 3, 479-491.

—1996, "Early coastal trade in the bay of Bengal", Reade, 1996, 351-364.

Roychaudhary, H.C. 1953. *Political History of Ancient India*, Calcutta.

Reade, Julian (edited) 1996, The *Indian Ocean in Antiquity*, London.

Renou, Louis & Fillozat, Jean 1947. *L'indeclassique*, 1, Paris.

Robinson, Charles Alexander, Jr. 1930. "When did Alexander reach the Hindukush?" *AJPH* 51, 22-31.

—1953. *The History of Alexander the Great*, Volume1.1-2, Providence R.I.

Ronca, Italo 1971. *Ptolemaios Geographie* 6, 9-21. Teil 1. Instituto Italiano perilMedioed Estremo Oriente. Centro studies cavi Archaeologici in Asia. Reports and Memoirs 15:1, Roma.

Rosu. Arion 1958. "The Trojan Horse in India", *JASB, Letters* 24, 19-27.

Saletore, B.A. 1935. *The Wild Tribes in Indian*, Lahore.

Sagar, K.C. 1992. *Foreign Influence on Ancient India*, Delhi.

Salles, J.F. 1993. The Periplus of the Erythraean Sea Arab-Persian Gulf", *Toπoi* 3, 493-523.

—1996. "Achaemenid and Hellenistic trade in the Indian Ocean", Reade 1996, 251-267.

Saxena, Asha 1997. *Ancient Greek and Indian Theatre*, Delhi.

Sen, Sukumar, *Old Persian Insciptions of the Achaemenian Emperors*, Calcutta, 1941.

Sastri, Ajaimitra 1995. "Yavanas in Western Indian Cave Inscriptions", *Yavanika* 3, 1995.

Scmidt, L.1927. Philology, *Vockanshrift*, pp. 47, 176.

Sedlar, Jean W. 1980. *India and the Greek World.* Totowa, N.J.

Senart, Emile 1803. "The Inscriptions at the caves at Karle", *EI* 7, 1902-3, 47-74.

—1906. "The Inscriptions in the caves at Nasik", *EI* 8, 105-6, 59-96.

Sengupta, R. 1971. "On the Identity of the Mlecchhas" *K.A.N Sastri Fellicitation Volume*, Madras.

Shukla, Renu, 2004. *Milindpanho*, New Delhi.

Seth, H.C 1937 "Vrsala the kingly title of Chandragupta Maurya", *IHQ* 13, 641-653.

Sharma, G.R. 1980. *The Reh Inscription of Menander and the Indo-Greek Invasion of the Ganga Valley*, Allahabad.

Sharma, R.S. 1958. *Sudras in Ancient India*, Delhi. (Reprinted, New Delhi, 1980).

—1982. "The Kali Age: A period of Social Crisis', in S.N. Mukherjea ed., *India: History and Thought*, Essays in Honour of Professor A.L. Basham, Calcutta.

Sidebotham, Steven, E. 1991. "Ports of the Red Sea and the Arabia-India Trade", Begley and De Puma (eds.) 1991, 12-38.

Singh, Abhay Kumar, 1992. *Mauryan and Sungan Studies*, Delhi.

—1995."Identity of Yavana-Pancala", U.P. Arora (ed.) *Pancala/Rohilkhand through the Ages.* Bareilly.

Singh, Ajoy Kumar, 1988. *Indo–Roman Trade. An Archaeological Perspective.* New Delhi.

Singh, J.P. 1971. "A Religious Study of the Indo-Greek Coins", *JNSI* 33:2-24.

Singh, Madan Mohan 1961. "India's Overseas Trade as known from the Buddhist Canon", *IHQ* 37,177-182.

Sinha, A.K., *Time, Materialism and Historiography–Some Indo-Hellenic Parallels*, Delhi, 2006.

Sircar, Dinesh Chandra1952. "A note on the Bajaur casket of the reign of Menander", *EI* 26, 1941-42 (1952), 318-321.

1960 The Geography of Ancient and Medieval India, Delhi.

—1965. Select Inscriptions bearing on Indian History and Civilization, vol. I, revised & enlarged edition 2nd Calcutta.

—1967. *Inscription of Asoka*, Calcutta.

—1968. "Matrimonial Alliances between Seleucus and Chandragupta Maurya", *JAIH* 1, 1967-68, 87-93.

Smith, Vincent A. 1924. *The Early History of India.* Oxford (then reprinted).

Stein, M. Aurel 1927. "Alexander's Campaign in the Indian North-West Frontier ", The *Geographical Journal* 70, 417-439 & 515-540.

Stein, Otto 1920. *Megasthenes und Kautilya,* SWA 19, Wien.

—1935. "Yavanas in early Indian Inscriptions", *IC* 1, 1934-35, 343-357 (reprinted in Stein 1985, 351-365).

Tarn, W.W. 1951.*The Greeks in Bactria and India.* 2nd ed. (1st 1938) Cambridge (reprinted New Delhi 1980).

Techrina, A. 1993. *Review of Begley & De Puma* 1999, *Τοποι* 3, 525-534.

Thakurel, Pushpa 1991."Yavana Inscription from Mathura", *Indian Museum Bulletin,* 26, 23-25.

Thapar, Romila, 1966. *A History of India.* Volume 1. Harmondsworth.

—1987. *The Mauryas Revisited.* S.G. Deuskar Lecture on Indian History, 1984. New Delhi.

—2002. The Penguin History of Early India (from the origins to AD 1300) New Delhi.

Thapaliyal, U.P. 1979. *Foreign Elements in Ancient Indian Society*, New Delhi.

Thomas, F.W., 1914."*A Greek official title in a Kharosthi inscription*", *Festscrift Ernst WindischzumsiebzigstenGeburtstags..dargebracht*, Leipzig, 362-365.

—1906. Shakastan, *JRAS*, 281-216.

Thomson, J. Oliver, *History of Ancient Geography*, 1948, Cambridge.

Thorley, J., 1969."The Development of Trade Between the Roman Empire and the East Under Augustus", *Greece & Rome* 2.s.16, 1969, pp. 209-223.

Tory, C.C., "Yavana and Hellas" as the Designation of the Seluecid Empire. *JAOS*, 1904.

Thosar, H.S., "Epigraphical Glimpses of Indias foreign trade relations". *Journal of the Epigraphical Studies of India*, vol. xv.

Tottossy,Cs., "The name of the Greeks in Ancient India". *AAH.* 3, 1955, pp. 301-31.

Tripathi, M.P. *Development of Geography knowledge in Ancient India*, Varanasi.

Tripathi, Rama Shankar, 1940."Alexandar's Invasion of India: a revised Study", *IHQ*, 16, 538-559.

—1979. *Prachin Bharat Ka Itihas*, New Delhi.

Tucci, Giuseppe, 1977,"On Swat. The Dards and Connected Problem". *E & W.* 27, 9-103.

Upadhyay, B.S. 1989. *Feeders of Indian Culture,* New Delhi.

Vasant, Suresh. 1989."Yavanasin Western India", *BDCRI* 47-48, 1988-1989, 331-338.

Vats, Madho Sarup, "Unpublished Votive Inscription in the Chaitya Cave at Karle", *EI* 18, 1926, 325-329.

Vogel, Jeane Philippe, "The Garuda Pillar of Besnagar", *ASIAR,* 1908-1909.

Vogel, J.P.H., *Catalogue of the Archaeological Museum at Mathura*, 1970, Allahabad.

Vidyalankar, S., *Shudro Ka Itihas,* 1978, Meerut.

Warmington, E. H., *The Commerce Between the Roman Empire and India*, 1928, Cambridge.

Woodcock, G., *The Greeks in India*, 1966, London.

Zvelebil,Kamil, "The Yavanas in Old Tamil Literature", *Charisteria Orientaliapraecipue ad Persian pertinentesloanni Rypka sacrum*, Praha, 401-409.

नामानुक्रमणिका